国家社会科学基金教育学青年课题（CBA120105）

U0646432

# 大学生
# 社会责任感研究

黄四林◎著

DAXUESHENG
SHEHUI ZERENGAN YANJIU

北京师范大学出版集团
BEIJING NORMAL UNIVERSITY PUBLISHING GROUP
北京师范大学出版社

**图书在版编目(CIP)数据**

大学生社会责任感研究 / 黄四林著. —北京：北京师范大学
出版社，2019.6
ISBN 978-7-303-24474-4

Ⅰ.①大… Ⅱ.①黄… Ⅲ.①大学生－社会责任－责任感
－研究－中国 Ⅳ.①G641.7

中国版本图书馆 CIP 数据核字(2019)第 003003 号

营 销 中 心 电 话 010-58805072 58807651
北师大出版社高等教育与学术著作分社 http://xueda.bnup.com

出版发行：北京师范大学出版社 www.bnup.com
　　　　　北京市海淀区新街口外大街 19 号
　　　　　邮政编码：100875
印　　刷：北京京师印务有限公司
经　　销：全国新华书店
开　　本：730 mm×980 mm　1/16
印　　张：18
字　　数：245 千字
版　　次：2019 年 6 月第 1 版
印　　次：2019 年 6 月第 1 次印刷
定　　价：78.00 元

策划编辑：何　琳　　　　　责任编辑：李云虎　葛子森
美术编辑：李向昕　　　　　装帧设计：尚世视觉
责任校对：段立超　陈　民　责任印制：马　洁

# 自　序

　　每个人都必然在某个组织与群体中生活、工作或学习，都在稳定有序的社会环境下健康成长与自主发展。由此，每个人应具有强烈的社会责任感，勇于承担建设与奉献社会的责任，维护社会健康和谐发展。个人在自主发展的同时，如何形成高度的社会责任感，一直是众多学科研究者关注的话题。2012年在国家社会科学基金教育学项目的资助下，我承担了"大学生社会责任的心理结构及其培养研究（项目号CBA120105）"课题，才得以开展了有关社会责任的心理学研究。

　　我国历来高度重视对青少年学生社会责任感的培养。2010年《国家中长期教育改革和发展规划纲要（2010—2020年）》中将"着力提高学生服务国家服务人民的社会责任感"列入未来十年的教育战略主题。2012年中共十八大报告中明确提出把立德树人作为教育的根本任务，培养学生社会责任感、创新精神、实践能力。2017年国务院发布的《国家教育事业发展"十三五"规划》中再次提到要努力增强学生的社会责任感。2017年中共十九大明确提出要"强化社会责任意识、规则意识、奉献意识"。由此可见我国对培养具有高度社会责任感人才的重视与期望。我们认为，社会责任感是实现个人发展与社会发展相统一的关键核心素养。我们每个人在自主、全面发展和成功生活的同时，还需要意识到社会发展对个人发展所提出的挑战与要求。只有将个人发展与社会发展相统一，才能更好地适应社会和体现自我价值。无论是从社会文化的传承与创新，还是从人类物种的繁衍与进化来看，个人都应具有回报社会、回报组织的责任与义务。然而，个人的社会责任感如何形成，受哪些关键因素影响，如何有效培养等一系列问题仍然有待研究。为此，我们课题组从心理学视角出发，探索了大学生社会责任的心理结构及其影响因素，为培养大学生社会责任感积累一些资料与数据。

总体上来说，我们的工作主要包括以下几个方面。

第一，建构我国大学生社会责任的心理结构与编制测量工具。系统综述与梳理国内外有关社会责任感的研究，分析我国大学生社会责任感的心理结构，深入认识与理解大学生社会责任感的心理现象。然后，我们据此结构编制大学生社会责任感问卷，在经过小范围的初步试测与修改之后，采用来自我国多个地区、多所高校大学生样本进行问卷试测、信度与效度的检验，为大学生社会责任感测量提供有效的测评工具。

第二，揭示社会转型期我国大学生社会责任感的特点与变迁趋势。我国社会当前正处于急剧的社会转型期，包括经济、政治、文化、价值观念等都发生了明显改变，而且这种改变正在以各种方式引导与冲击着人们的生活方式、心理和行为。在这种大背景下，开展我国大学生社会责任感现状与变迁的研究，有助于掌握当前我国大学生社会责任感的现状与发展。我们采用横断历史研究的方法，对近十年我国大学生社会责任感的变迁进行分析，并考察这种变迁的性别、学校等特征差异。

第三，识别与确定影响大学生社会责任感的关键指标及其作用机制。在梳理已有文献的基础上，我们采用问卷调查与实验相结合的方法考察了人际关系、学校认同、公正感、国家认同、父母教养方式等关键预测指标，试图为建构大学生社会责任感的预测指标体系提供重要依据。突破了过去以问卷调查和思辨为主的方式，结合心理学的实验法，对确定该领域因果关系的研究结论具有一定的价值和借鉴。

第四，结合实际从文化视角探讨在我国当前社会背景下大学生社会责任感的培养。社会责任感是镶嵌在一定文化背景和社会现实情境中的，离不开所在社会文化的影响与熏陶。因此，我们从我国文化背景出发，结合我国当前主流价值观与信念，综合讨论了大学生培养的途径与方法。

虽然我们在上述几个方面做出了努力并取得了一些成果，但是必须承认，这仅仅是开端和尝试，有待进一步研究与完善。即便如此，我们已深感科学研究之艰辛与不易，然有幸获得很多机构和专家的大力指导与帮助，才能不忘初心，方得始终。

首先，感谢全国教育科学规划办公室批准立项并给予资助，感谢课题评审专家富有建设性的意见，感谢我原单位中央财经大学科研处和社会与心理学院的支持，感谢我现单位北京师范大学社科处和心理学部以及发展心理研究院的支撑。

其次，感谢多位专家学者给我们课题的指导与帮助，包括北京师范大学的林崇德教授、方晓义教授，中央财经大学的辛自强教授、张红川教授等。

再次，我们课题的研究成果包括在本书中的一些章节已经发表在《心理学报》《心理发展与教育》《北京师范大学学报》（人文社科版）等学术刊物上，而且已有两篇报告被人大复印资料《心理学》全文转载，感谢这些学术刊物编辑和审稿专家给予的宝贵建议。感谢我们所有引用和参考的前人研究，正是他们为我们撑起了巨人的肩膀。

最后，感谢我们课题组的全体成员，正是大家齐心协力、联合攻关才使得我们课题顺利完成和专著付梓，因此本专著是课题组全体成员集体智慧的结晶。在本书的撰写过程中，课题组成员安庆师范大学的夏小庆老师完成第七、第八章的撰写，天津师范大学的贾绪计博士完成第五章部分内容的撰写，最后由我统稿。我的研究生韩明跃、田园、明桦、罗蕾、易梅、蒋莹和王磊参与了课题的文献梳理、数据收集与分析、部分报告的撰写。

虽然我们的专著已经完成并将出版，但是我没有感到一丝的轻松，反而更加忐忑，因为深知研究的不足。因此，我们恳请读者能够给予批评指正，以促进我们继续提升与完善。

黄四林

2019 年 5 月于北京师范大学

# 目 录

第一章

# 社会责任感概述

社会责任感是一种相对稳定的积极的心理品质，是儿童青少年全面发展与成为人才的核心素养。已有研究发现，社会责任感是青少年志愿行为、心理健康、青年社会心理成熟、幸福感等一系列积极心理与行为的有效预测指标。这表明，社会责任感对于儿童青少年的健康成长与发展有不可忽视的作用。因此，培养儿童青少年，尤其是大学生的社会责任感已成为社会和学界共同关注的焦点问题。为有效地培养和增强大学生的社会责任感，本章首先对责任和社会责任等基本概念进行分析，试图准确理解社会责任感的概念，并系统地梳理有关责任的起源、影响因素和培养的相关研究。

## 第一节　社会责任感的概念

无论是从个体成长与发展层面，还是从家庭、集体、社会和国家发展等层面来说，责任感一直是人们高度强调和重视的一种积极心理品质与素养。我们无法想象一个人若是缺失了责任感，他对家庭、社会和国家的价值将体现在何处。正因为如此，责任感始终是众多学科高度关注的重要问题，不同的研究者从不同的角度对责任感进行了系统阐释与大量研究。在开展社会责任感研究时，我们首先界定了责任、社会责任和社会责任感这些基本概念的内涵。因此，本节将重点分析责任、社会责任和社会责任感这三个基本概念的含义。虽然这些概念是常见词汇，但是其意义仍然存在争议。其次我们对有关责任起源的三种基本理论进行了介绍，从而为责任感研究提供初步的理论基础。

## 一、社会责任感的界定

### （一）责任

在日常生活与工作中，虽然"责任"一词最为常见，但是人们对其本质意义的理解并不是那么清晰，它经常与"责任心""责任感"等词语替换使用。因此，对这些概念的辨析有助于我们准确地理解与把握"责任"的内涵。

《辞海》（2009年版）对"责"解释较为清晰明确，主要包括四方面的含义：①责任；职责。《书·金縢》："若尔三王，是有丕子之责于天。"蔡沈集传："丕子，元子也……盖武王为天元子，三王当任其保护之责于天。"②责问；责备。如：斥责；自责。《论语·卫灵公》："躬自厚而薄责于人，则远怨矣。"③责罚。《新五代史·梁家人传》："数加笞责。"④索取；责求；要求。如：求全责备。《左传·桓公十三年》："宋多责赂于郑。"《荀子·宥坐》："不教而责成功，虐也。"

《辞源》（2015年版）从五个方面解释了"责"的含义：①求，索取。《左传·桓公十三年》："宋多责赂于郑，郑不堪命。"②要求，督促。《荀子·宥坐》："不教而责成功，虐也。"参见"责成"。③谴责，诘问。《管子·大匡》："文姜通于齐侯，桓公闻，责文姜。"《史记·张汤传》："天子果以汤怀诈面欺，使使八辈簿责汤。"④处罚，加刑。《新五代史·梁家人传·文惠皇后王氏》："（刘）崇患太祖慵堕不作业，数加笞责。"⑤责任。《史记·张耳陈馀传》："贯高曰：所以不死一身无馀者，白张王不反也。今王已出，吾责已塞，死不恨矣。"

在中文词汇中，《现代汉语词典》（2016 年版）对"责任"的解释综合了《辞海》和《辞源》的释义，包括两个方面的含义：①分内应做的事：尽责；②没有做好分内应做的事，因而应当承担的过失：追究责任。

在英语词汇中，《英文字根字典》（刘毅，2013）中有三个单词与"责任"对应，第一个是"respond"（动词），即负责（应允约定），由词根 re（back，还回、支持）与 spond（promise，约定）组成；第二个是"responsibility"（名词），即责任、负担；第三个是"responsible"（形容词），即负责任的、可信赖的。

综上所述，责任是指个人应该承担或完成分内的事和没有做好分内的事而应承担的过失或处罚，即个人因具有某种角色或身份而必须做的分内事务，以及由此而应承担的后果。

## （二）社会责任

一般来说，与责任有关的研究主要包括三个方面：一是从责任客体或对象的角度来分析，如个人责任、家庭责任、集体责任、社会责任和国家责任等，范围从小到大；二是从心理领域来分析，包括责任认知、责任情感、责任意志、责任行为，以及责任意识、责任动机、责任能力等不同心理特征或活动；三是对前两方面的交叉与组合，从心理特征或活动的某个视角研究具体对象或客体的责任。例如，从情感体验来说，包括集体责任感、家庭责任感、社会责任感和国家责任感。

从责任对象来说，社会责任主要是指个体对社会所做的分内事务和没有做好分内事务而应承担的过失。在本书中，我们所指的社会责任是广义的概念，包括家庭责任、集体责任、国家责任等方面。

### (三)社会责任感

责任的心理特质或活动的研究中使用最多的两个概念就是"责任心"和"责任感"。不同学科强调的内容不同，也相应地用不同的概念来界定。综合目前的文献来看，责任心的内涵比较宽泛，既包括对自身责任的认知，又包括情感、行为等多方面的心理过程，研究者主要是从知、情、行三个方面来解释责任心的含义。例如，一些研究认为，责任心是个体在社会生活中对自身社会角色所应承担责任的认知，以及由此产生的情感体验和相应的行为。责任心包含认知、情感和行为三种成分。其中，责任认知是指主体按一定标准对责任所持有的态度和观点；责任情感是指一个人对自己的言论、行动、许诺等持认真负责、积极主动的态度，以及随之产生的情感体验和反应；责任行为是指主体在做出责任判断后采取的行动，它监督自己与其他成员遵守群体规范并促使共同活动的顺利进行(金芳，杨丽珠，2004；黄蔷薇，李丹，徐晓滢，2010)。

此外，有研究将责任心扩展到动机、能力和意识，甚至规则、事件和主体等更为广泛的层面。例如，张积家(1998)认为，责任心包括两种与人的个性特点有关的成分：责任动机和责任能力。前者是指一个人负责任的心理倾向，是责任心心理结构中具有动力性、积极性的心理成分，它源于人的责任需要。后者直接影响活动效率，是保证活动顺利进行的心理特征，是责任活动能够顺利进行的前提和保证。两者与责任认知、责任情感和责任行为相互联系、相互作用，共同构成人的责任心的统一体。施伦克尔(Schlenker)等人(1994)提出一个由责任规则、事件和主体三个要素建构的责任三角模型，并将责任心看作这三要素间的黏合剂，由此把行为者、事件和相关行为规则联结起来。同时，他们认为责任心意味着对他人负责任,这种责任既包括道德或法律中规定的责任,也包括特定社会角色对应的职责。谭小宏和秦启文(2005)认为,责任心是一种自觉地把分内的事做好的重要人格特质,即个体对自我应负责任的自觉意识与积极履行的行为倾向,包括个体的社会角色对应的职责、个体对行为后果的责任以及个体对其所承担的任务的责任等。

然而,与责任心不同的是,研究者们对于责任感的界定相对明确与具体。责任感主要是指个体对自己应做的分内事的情感体验,重点强调的是情感体验。例如,《现代汉语词典》(2016 年版)对责任感的释义是自觉地把分内的事做好的心情。《心理学大辞典》(2004 年版)指出责任感(sense of responsibility)是个体在道德活动中因对自己完成道德任务的情况持积极主动、认真负责的态度而产生的情感体验。它反映个体对承担任务负责的积极情绪体验和明确归因,决定道德任务的完成程度以及在没有完成时个体感觉到有过错或罪过的程度。

赵兴奎和张大均(2006a,2006b)明确指出了社会责任心与社会责任感的区别与联系:两者的区别在于,前者是个体的一种静态的心理品质,属于心理特征的范畴,后者是个体的一种动态的情感体验,属于心理过程的情绪范畴。但是二者又是相互关联的,社会责任心通过社会责任认知、社会责任感和社会责任适应三个动态的心理过程来实现。

由此可见,社会责任心是指个体的社会责任的心理特质或心理品质,包括对社会责任的认知、情感、行为,甚至包括意识、动机、能力等方面。但是社会责任感更为具体,主要强调的是个体的社会责任的情感体验。从这个角度来说,社会责任心包含社会责任感。然而,众多文献对两者基本上不做严格的区分,经常替代使用。因此,在本书中,我们使用"社会责任感"一词,同时强调个体的情感体验和心理活动过程,并将其定义为个体积极承担社会责任或帮助他人的一种比较稳定的心理品质。

## 二、责任的起源

研究者从不同的学科与研究方法出发，逐渐形成了关于责任的起源问题的三种基本理论观点，即社会依存观、进化与适应观和文化依存观。这三种理论分别从社会、进化和文化的视角探讨责任的起源并建构了各自的理论框架(况志华，叶浩生，2007)。

### (一)社会依存观

社会依存观认为责任起源于人际的社会性依存，是社会对个体的道德规范与行为要求。在人类发展历程中为了生存与发展，个体与个体之间逐渐形成了相互依存的群体和社会。为保护和巩固这种相互依存的社会关系，社会或群体提出了各种规定与要求，最为突出的就是个体对所在社会或群体应尽的责任与义务。责任是个体在社会化过程中由外在他律到内在自律，并逐渐内化为自身的一种思维模式和行为方式。因此，社会依存观认为责任是一定社会或群体对其成员的道德和行为进行规范的结果。

费孝通提出的中国人际关系差序格局主要从"缘"或情感的角度刻画中国人际关系，而黄光国(1985)从亲密度与效用两个维度将中国人际关系分为情感性、工具性和混合性三种类型。据此，我们认为人际关系对社会责任感具有影响作用，并采用实验法分别控制人际关系的亲密度与效用，揭示人际关系的"情"与"利"对社会责任感的影响，以及两者之间的共同作用效应，结果支持了社会依存观(黄四林，韩明跃，张梅，2016)。我们发现，人际关系越强的大学生其社会责任感也越高，而且与他人关系的效用("利")显著地影响着社会责任感的水平，但是效用对社会责任感的影响受到人际关系亲密度("情")的调节。具体来说，在与他人关系为低亲密度的情况下，人际效用越高其责任感就越强，但是在与他人关系为高亲密度的情况下，其责任感在高低效用条件下无差异，而且整体水平都比较高。这说明与他人之间关系的亲密程度直接影响着责任感的高低，在高亲密度关系的群体中，无所谓这种关系的效用或利益，其情感联结使大学生产生了一种较高水平的责任感，但是在低亲密度关系群体中，即情感联系弱化的条件下，利害关系的作用就凸显了出来。然而，无论是"情"还是"利"的关系，都说明人际相互依存对责任感的影响。

我们（黄四林，韩明跃，宁彩芳，等，2016）在对国内大学生学校认同与其责任感关系的研究中发现，大学生的学校认同对其责任感具有显著的正向影响作用，集体自尊在大学生学校认同对社会责任感的影响中发挥完全中介作用，而个体自尊无显著中介效应。这些研究结果说明了社会依存对人们的责任感的影响。

### （二）进化与适应观

一些研究者从社会生物学、进化心理学和文化人类学的角度提出了进化与适应观，并认为责任是人类某些先天倾向在生存适应与选择过程中为社会所接纳的结果，而不是源于社会依存所宣称的伦理道德规范。进化与适应观认为，虽然家庭责任是人类的基本责任，但是这种责任并不是人类所特有的一种责任形式，所有物种都具有与人类相似的亲代抚养行为，但是这种行为更应该是为了维持种族的基因延续，而不仅仅是一种伦理道德，只不过人类将它视为一种应该遵守的伦理道德规范而已。这种解释在人类的亲社会行为中得以表现，无论是人类还是动物，群体亲社会行为往往是以个体之间的互惠性为基础的，而这种互惠性更多的是物种本能的一部分（况志华，叶若生，2007）。换言之，包括责任在内的亲社会行为，其根源是人类的生物倾向。

泰勒等人（Taylor & Sherman，2012）提出的友好互助理论（Tend-and-Befriend）在一定程度上和进化与适应观是一致的。友好互助理论认为只要是动物，在面对应激情境时，不仅仅是战斗、逃跑或者是产生衰竭反应，还可能彼此团结起来。因此，在应激过程中，除了战斗或逃跑反应之外，人类可能会通过建立社会联盟关系和抚养行为来应对应激情境，而且这种反应在女性中尤为常见。

目前，支持友好互助理论的研究发现，催产素（oxytocin）是一种应激激素，它受雌性激素的调节。无论是动物还是人类，催产素都可以增强各种联盟行为，进而促进社会联盟关系的建立。它也可以增强母性行为，催产素分泌高的动物或人，都会表现得更为冷静和放松，从而有助于其产生亲社会行为与抚养行为（De Dreu，Greer & Van Kleef，et al.，2011；Kosfeld，Heinrichs & Zak，et al.，2005；Baumgartner，Heinrichs & Fischbacher，et al.，2008）。从友好互助理论中可以发现，人们的责任和亲社会行为具有一定的生物行为基础，这在一定程度上为责任的进化与适应观提供了支持证据。

### （三）文化依存观

以谢弗（Shaver）和斯切特（Schatte）等为代表的研究者从文化的特殊性角度提出了文化依存观，认为责任是人类社会发展的一种行为秩序与要求，是特定文化对其成员的期望与规定，因此责任的起源必然烙上文化的印迹。在一定社会中的文化、习俗和阶层等对个体成员的道德规范和责任等均具有明显特殊的影响。

例如，哈拉比等人（Halabi，Statman & Dovidio，2015）研究了公正世界信念（just world belief）对内群体和外群体成员的惩罚和责任归因的影响。他们以以色列犹太人和阿拉伯人之间的关系为背景，在完成公正世界信念测验之后，让一批犹太被试阅读一篇小故事，描述的是一名司机（犹太人或阿拉伯人）在一名无辜行人受害的车祸中有过错和无过错的情况。结果发现，对于相同事件，被试对同种族的内群体成员赋予更少的过错并且建议给予更宽松的惩罚，而且公正世界信念越强建议对内群体成员的惩罚程度就越宽松。由此可见，在一定文化背景下人们的信念对其责任归因具有明显的影响。

再如，任亚辉（2008）对中国传统儒家责任心进行了系统分析，认为中国儒家以"天人合契"思想为主旨，强调在关系伦理的价值体系中探求责任心理的定位，从而形成了一种以朴素的血缘亲情为基础、以"孝悌"为核心、外推"礼义"至人类社会与自然的责任心理观。此外，朱秋飞和何贵兵（2011）采用问卷调查的方法探讨了大学生的传统美德认同和责任情境因素对责任行为倾向的影响。结果表明，传统美德认同对大学生的责任行为倾向有显著影响，即传统美德认同高的大学生在履行责任中，其责任行为倾向显著强于传统美德认同低的大学生。

李明等人（李明，耿进昂，2010；李明，叶浩生，2010）认为责任意识是镶嵌于特定文化和人际关系中的社会心理现象，在中国的文化背景下，费孝通的差序格局反映了中国人际关系的结构。由此出发，他们将费孝通的差序人际关系套用在责任研究上，提出了基于中国文化的差序责任意识，即以自我为中心、一圈圈外推、越推越薄的责任差序。同时，他们提出"缘"是差序责任意识的认同基础，"缘"包括血缘、地缘、业缘等；"家"是差序责任意识的运作范围或者是个体应该或愿意承担责任的心理差序范围，但是中国人的"家"可大可小，小到一个人的单身家庭，大到全中国，甚至全天下；"礼"是差序责任意识的二维结构，即义务、利益和情感三个要素构成了"由情至义表示公私合一的、以人情—道义为不同标准的序维度"和"由情至利形成一个公私分明、人情—契约为不同标准的差维度"。由此可见，在中国文化下人们的责任感带有浓郁的儒家思想的气息。

从上述的一系列研究中可以发现，文化的差异性对个体责任的影响是显而易见的。从这个角度上来说，对中国大学生责任感的研究，必须基于我国的民族文化、社会习俗和道德规范的现实，将研究结果本土化，这样才会对我国大学生责任感的培养具有现实的指导意义。

## 第二节 社会责任感的影响因素

社会责任感，作为个体重要的心理品质，是个体因素和外部因素共同作用的结果。个体因素主要是指个体自身的情感、认知等；外部因素则是指个体生存的外部环境因素，如父母的教养方式等家庭环境因素以及个体所处的社会文化大环境等。本节将从个体因素、家庭因素和社会因素三个方面来梳理影响社会责任感的因素，为后续大学生社会责任感的研究提供依据。

### 一、个体因素

首先，个体的共情对社会责任感存在显著影响，众多研究结果表明共情与社会责任感存在显著相关（黄四林，韩明跃，张梅，2016；宋琳婷，2012；Wray-Lake & Syvertsen，2011）。同时，实验室研究也证明了两者之间存在密切关系。莱普龙（Lepron）等人通过对个体生理指标的测量来考查责任感与共情的关系，研究采用不同疼痛表演的方式考查被试的共情水平，结果发现责任感水平较高的被试，在面对同等疼痛程度表演时共情水平也较高（Lepron，Causse & Farrer，2015）。由此可见，社会责任感与共情之间存在着密切的正相关关系。共情对社会责任感的影响可以分别从情绪共情和认知共情两方面来理解。前者是指对他人情感状态的情绪反应，后者则是对他人目的、企图、信仰的理解，主要与推测他人的观点有关

（De Vignemont & Singer，2006；Gladstein，1983）。从情绪共情的角度看，情绪共情水平较高的个体较容易被周围他人或环境感染，尤其是在周围环境或他人需要个体出手帮助或履行职责的情况下，容易表现出履责行为；而从认知共情的角度看，认知共情较高的个体能更容易理解他人的观点，并站在他人的视角考虑他人的观点和想法，进而在需要个体进行履责或施以援助的情境下，更容易表现出责任行为和较高的社会责任感。

其次，个体的公正感水平会影响到其社会责任感，当人们感觉到在群体中拥有相等的权力和相同的关系时，群体的责任感水平较高（Flanagan，Cumsille & Gill，2007；Watts & Flanagan，2007）。在企业组织中的研究发现，薪酬公平感与员工责任感之间具有显著的相关（杨付，王飞，曹兴敏，2010）。在此基础上，黄四林等人（2016）通过情境材料启动被试的高公正感和低公正感，发现高公正感组与低公正感组之间的社会责任感水平差异显著，从而用实验的方法证明了公正感与社会责任感之间存在因果关系，即公正感的高低会影响社会责任感水平的变化。可见，公正感是影响社会责任感的重要因素之一。

最后，个体对其自身社会责任感的影响还体现在社会认同上。社会认同理论认为，当个体形成对某一群体的认同时，则会遵守群体的纪律，将群体规范内化为自身的行为准则，同时还会更加积极地捍卫群体的存在和发展，履行自己在群体中的职责。当群体利益受损时他们能够挺身而出，保护群体的利益（殷融，张菲菲，2015；赵志裕，温静，谭俭邦，2005；Roth & Steffens，2014；Tajfel，1982），这就是该群体有较强社会责任感的表现。研究者发现大学生对传统美德的认同对其责任行为具有正向的预测作用（朱秋飞，何贵兵，2011）。为进一步说明认同感与社会责任感之间的关系，黄四林等人（2016）通过实验的方法操纵学校认同，发现大学生学校认同对其在校的社会责任行为具有显著的影响，进一步验证了社会认同与社会责任感之间的因果关系。

## 二、家庭因素

有研究表明童年中期的家庭经验与儿童的社会责任感之间存在相关关系。从家庭经验中个体与家庭成员的互动来看，家庭中亲子关系与其社会责任感呈现显著的正相关(Schmid，2012；Taylor，Field & Yando，et al.，1997)，且在幼儿责任感的研究中也得到类似的结论(康丽，2014)。大量研究发现个体与家庭成员之间的家庭亲密度能够正向预测青少年的责任感(刘世宏，李丹，刘晓洁，等，2014；Wray-lake，Syvertsen & Flanagan，2016)。可见，拥有良好的亲子关系是培养和增强社会责任感的重要途径。

父母的教养方式同样是儿童重要的家庭经验之一。研究发现父母教养方式对社会责任感影响显著(张兰君，杨兆兰，马武玲，2006；Wray-Lake，2010；Wray-Lake & Syvertsen，2011；Schmid，2012)，情感温暖型父母对社会责任感具有显著的正向影响作用，拒绝型教养方式则对社会责任感具有负向影响作用(刘愫，2012；吴鹏，刘华山，鲁路捷，等，2013；张立，2010)。从个体的发展来看，个体的生存技能、行为规范、认知习惯等大部分是从父母的教养中学到的，不同的教养方式对个体产生不同的影响，如拒绝型的教养方式往往会促使青少年不道德行为的产生(吴鹏，刘华山，鲁路捷，等，2013)，消极的教养方式能有效预测青少年的违法行为(金凤仙，程灶火，2015)。这是因为在拒绝型的教养方式中，父母往往给予子女较少的关注，缺乏有效的家庭教育，从而导致子女在发展过程中朝消极的方向发展，伴随着较高的攻击行为以及社会责任感的淡漠，表现为较低的社会责任感；而在情感温暖型的教养方式下则相反。

## 三、社会因素

首先，人际互动会影响个体的社会责任感。研究发现受同伴欢迎程度高的大学生责任感水平高于受同伴欢迎程度低的大学生(刘海涛，郑雪，聂衍刚，2011）；青少年在社会互动中的良好人际关系能促进其社会责任感水平的提升（McDonough，Ullrich-French & Anderson-Butcher, et al.，2013；Schmid，2012；Wray-lake，Syvertsen & Flanagan，2016）；大学生的组织成员身份越多以及社会网络越广泛，其全球社会责任感就越高（Lee，Baring & Maira，2016）。为进一步探究人际关系与社会责任感之间的关系，黄四林等人（2016）通过实验对人际关系效用和人际关系亲密度进行了操纵，分别从人际关系中的情感和利益两个方面对人际关系与社会责任感之间的关系进行了探讨。研究发现，人际关系对社会责任感具有显著的影响，同时人际关系中的情感部分对人际关系中利益对社会责任感的影响产生调节作用，也就是说，不仅社会责任感会受到人际关系的影响，而且还会因人际关系类型的不同受到不同的影响。从社会依存角度看，个体的生活离不开社会的支持，无论是来自有血缘关系的家人还是来自存在利益关系的合作者，当个体感受到自身的发展离不开他人支持的时候，个体会积极地做出反应从而保障这一关系，也就是说当人际关系对个体支持越大时，个体就会表现出越高的社会责任感，从而积极履行自己在人际关系中的责任来维护这段关系。

其次，社会文化背景是影响个体生存的大环境，对个体心理具有重要的影响，当然对个体的社会责任感也不例外。不同文化背景下个体社会责任感不同（Miller，Bersoff & Harwood，1990；Wray-Lake & Syvertsen，2011；李明，叶浩生，2010），如富利尼（Fuligni）等人（1999）对不同种族的美国青少年责任感的研究发现，亚洲和拉丁美洲的青少年家庭责任感高于欧洲青少年。甚至同样是欧洲国家，由于国内社会环境和教育系统的不同，英国牛津的毕业生和法国巴黎的毕业生履行社会责任的方式也存在差异（Power，Allouch & Brown，2016），可见社会文化背景的不同不仅影响个体的社会责任观念还会影响其社会责任行为。对于东西方文化而言，不同文化的社会对个体的道德要求也不同，西方文化强调个体的发展，而东方文化则强调对所在"群体"的责任。中国人受儒家传统文化思想的影响，责任心理与西方并不相同，中国人责任心以血缘为基础，以"孝悌"为核心，外推"礼义"至人类社会与自然（任亚辉，2008）。对于文化的认同程度会影响个体的责任感，研究发现对传统美德认同度高的大学生责任行为高于对传统美德认同度低的大学生（朱秋飞，何贵兵，2011）。当个体越认同其所处的文化时，其责任感受文化背景的影响也就越大。

## 第三节　社会责任感的培养

增强儿童青少年的社会责任感是社会责任感研究的出发点和归宿。大学生社会责任感的培养是一个复杂的系统任务，需要家庭、学校和社会三方面协力合作完成（陈斌，2010），由此，研究者们在对社会责任感进行研究的基础上提出了培养社会责任感的观点。综合以往文献发现对于大学生社会责任感的培养可以从个体、家庭和社会因素三个方面进行。

### 一、个体因素

#### （一）共情能力

众多研究发现，提高大学生的共情能力，是增强其社会责任感的重要途径。共情与社会责任感具有显著的相关关系（Lepron，Gausse & Farrer，2015；黄四林，韩明跃，张梅，2016；宋琳婷，2012；Wray-Lake & Syvertsen，2011；Sanmartín et al.，2011）。个体正确感受到他人的情感或处境时，便会站在他人的角度思考问题，从而引发个体对于他人或社会的责任行为。多恩等人(Doorn & Kroesen，2013)通过实证研究的方式验证了共情对于社会责任感增强的作用，该研究采用角色扮演的方式进行，旨在通过角色扮演提升学生对于其扮演的社会角色的共情能力，结果发现通过角色扮演，学生的社会责任感显著增强，由此可以说明共情能力的培养是社会责任感培养的重要方面，提高共情能力有利于社会责任感的增强。共情能力是个体社会责任感培养和发展的基础(Wray-Lake & Syvertsen，2011)，研究者可以从共情的角度入手探讨社会责任感的培养。

（二）价值观

价值观是人们关于事物重要性的观念，是依据客体对于主体的重要性，对客体进行价值评判和选择的标准(金盛华，2010)。个体随着年龄的增长，受学校教育、家庭教育和个人阅历等因素的影响，对于社会的认识会不断发生变化，其中包括对于社会公正的认识，研究者们发现个体的公正感会对社会责任感产生显著的影响，由此提出正确引导大学生对于社会公正的认识可以有效增强其社会责任感(黄四林，韩明跃，孙铃，等，2016；Wray-Lake & Syvertsen，2011)。所以，学校教育可以从对大学生"三观"的培养入手(肖英艳，2012)，通过正确培养大学生对于社会的认知，加强对其爱国主义和民族精神的教育(严萍昌，2009)，围绕社会主义核心价值观，培养大学生社会本位价值观(黄芳，2014)，进而有效增强大学生的社会责任感。

（三）社会认同

社会认同理论认为当个体对自身所处群体产生认同时，个体会积极履行责任从而维护群体的运行、捍卫群体的利益(殷融，张菲菲，2015；赵志裕，温静，谭伶邦，2005；Roth & Steffens，2014；Tajfel，2003)，相关实证研究也证明了认同对于社会责任感的影响（Lam，Lau & Chiu，1998；黄四林，韩明跃，宁彩芳，等，2016；朱秋飞，何贵兵，2011）。

我们课题组对大学生的社会认同因素的研究主要从学校认同和国家认同两个方面入手，考查大学生群体社会认同与其社会责任感的关系。首先，对学校认同的研究，我们采用问卷调查与实验相结合的方法，通过系列研究揭示大学生学校认同与其社会责任感之间的相关和因果关系，并检验集体自尊和个体自尊的中介效应。结果发现，大学生学校认同对其责任感具有显著的正向影响作用，同时，集体自尊在大学生学校认同对责任感的影响中发挥完全中介作用，而个体自尊无显著中介效应。这表明大学生的学校认同通过形成集体自尊而增强其责任感。我们的研究显示，通过呈现介绍学校某种成就的文字材料，就能有效地启动大学生的学校认同，这对大学生责任感的培养具有重要借鉴意义。学校对学生责任感的培养，可以从丰富学校文化内涵和提高学校社会影响力入手，通过加强学生对学校的认同，进而激发学生的集体自尊，实现对学生责任感的培养与强化。其次，通过对国家认同因素的研究，我们发现大学生的国家认同与其社会责任感呈显著的正相关，而且大学生的自我建构在国家认同与其社会责任感的关系中发挥部分中介作用。这说明可以通过提高大学生对国家的认同进而提高其社会责任感。因此，对于个体社会责任感的培养还可以从加强对其所处学校、国家等方面的社会认同入手（黄四林，韩明跃，宁彩芳，等，2016；Wray-Lake & Syvertsen，2011）。

## 二、父母教养方式

父母教养方式是个体成长的重要影响因素，直接影响到个体价值观的塑造和行为的形成。因此，众多研究表明，良好的父母教养方式与理念，可以有效地熏陶与成就个体的积极心理品质。对于社会责任感的培养来说，良好的父母教养方式同样起着重要的作用。家庭是个体成长的最小的单位，良好的亲子关系能够有效预测青少年的社会责任感（刘世宏，李丹，刘晓洁，等，2014；Wray-lake，Syvertsen & Flanagan，2016），情感温暖型的父母对个体的社会责任感也有显著的正向作用（刘愫，2012；吴鹏，刘华山，鲁路捷，等，2013；张立，2010）。因此，亲子关系和教养方式都可以成为培育和增强大学生社会责任感的重要因素。

我们课题组考查了父母教养方式（包括关爱与控制）与大学生社会责任感的关系，以及自我控制的中介作用与性别差异。结果发现，父母关爱与大学生社会责任感呈显著正相关，父母控制与社会责任感呈显著负相关；自我控制与社会责任感呈显著正相关；自我控制在父母关爱与社会责任感之间发挥着部分中介作用，但在父母控制与社会责任感之间不存在中介作用；自我控制的中介效应存在明显的性别差异，主要表现在女生群体中，而在男生中不存在该效应。这表明，父母关爱可以明显增强大学生社会责任感，并且在女生群体中自我控制是两者关系的中间桥梁，但是父母控制却阻碍了大学生社会责任感形成。由此可见，父母教养方式由控制型转变为关爱型，可以消除阻碍并抑制社会责任感形成发展的不良因素，从而有效增强大学生的社会责任感。

### 三、学校教育与志愿活动

首先，学校教育是培养和增强在校大学生社会责任感最直接的途径。大学生社交网络的广泛性和组织成员身份的多重性能够影响大学生社会责任感，平均绩点（Grade-Point Average，GPA）越高也会导致更高的全球社会责任感（Lee，Baring & Maria，2016）。可见，良好的学业绩效能够更好地促进社会责任态度的发展（Carbonero，Martín-Antón & Monsalvo，et al.，2015）。因此，培养和增强大学生的社会责任感可以从扩展大学生的交际范围和提高学业成绩入手。

学校的课堂教学中，以学科为载体，通过培养大学生对国家、文化和身份的认同感来增强他们的责任感。例如，有研究者提出，初中历史教育是学生责任感培养的载体，教师在教学过程中借助历史的情境再现，使学生能够身临其境地感受和体验，从而将学生带入历史情境中，让其获得认识和感受。课程标准中应设置活动探究，提倡教学形式的多样化，注重对学生情感与价值观的教育。教师让学生参与教学活动，潜移默化地引导学生形成正确的价值取向。教师还可以通过一些历史事件，激发学生的爱国主义精神，增强学生的民族意识和社会责任感，培养学生正确的价值观和人生观(陈卫东，2016)。这种以学科知识和内容为媒介的方法应该成为当前培养学生社会责任感的一种主要途径和方式。

其次，众多研究发现，组织和鼓励学生参与各种类型的志愿服务活动，有助于学生深入社会、接触现实生活，体会帮助他人、奉献社会的情感，并能有效增强学生的社会责任感(谢玮，李锦红，曹军强，2016)。例如，魏海苓(2016)调查研究发现，参与志愿服务有助于大学生社会责任感水平的提高，尤其是在帮助大学生提高自我认知，并将社会服务融入其生活或职业生涯规划时效果明显。另外，参与志愿服务的时间与经历都对社会责任感的发展变化有显著的影响。积极参与志愿服务的大学生的社会责任感变化最大，表现也最为突出。

最后，我国历史悠久并拥有自己独特的社会文化环境。在这种环境下我们也形成了独特的"以血缘为基础，以'孝悌'为核心，外推'礼义'以至人类社会与自然的责任心理观"(任亚辉，2008)。合理利用传统文化对大学生的影响，加强对我国传统文化的宣传与学习，增强大学生对传统文化的认同与情感体验，这些形式都有利于培养和增强大学生的社会责任感。

综合来说，当前对社会责任感培养的具体研究仍然极为匮乏，少有针对性的培养或干预研究。因此，大学生社会责任感的培养模式、培养课程、培养活动等问题亟待进一步地系统研究。

第二章

# 大学生社会责任感的现状与变迁

    对于人类来说，社会责任感是一个永恒的话题，从人类社会文明起源开始就已经萌发了用于约束社会成员并要求其必须承担的各项责任，而且越是具有责任感和表现出责任行为的成员，越容易被拥护成为不同层次的领袖并受到其他成员的尊敬。然而，随着时代的发展、人类社会的进步，社会责任的内涵与要求也相应地发生了重大变化，人们的社会责任感也随之发生了变化与波动。毋庸置疑，当前我国社会正处于急剧转型期，经济、政治、文化、价值观念等都发生了明显的改变，并且这种改变正在以各种方式引导与冲击着人们的生活方式、心理与行为。在这种大背景下，研究我国大学生社会责任感的总体水平如何，存在哪些群体差异，主要受哪些因素影响，以及随着社会发展大学生社会责任感的变化与发展趋势如何等问题，有助于我们掌握当前我国大学生社会责任感的现状与发展情况。

## 第一节　大学生社会责任感的现状

    为全面而准确地描述和反映我国大学生社会责任感的现状，本节采用已有的责任感量表和问卷考查了三所大学的 355 名在校大学生的社会责任感，并试图从整体水平、个体特征、家庭背景、学业成绩等方面来探讨大学生社会责任感的现状、群体特征及其影响因素。

## 一、问题提出

责任感是个体的重要心理品质与积极特质，虽然已有研究开展了大量的相关探讨，为开展该领域的后续研究积累了大量资料并提供了有益的借鉴，但是国内对社会责任感的研究仍然相对缺乏，尤其是实证研究更是严重不足。例如，有研究以"社会责任感"为篇名检索词，以中国知网 (CNKI) 为主要文献源，检索了 1994—2013 年的研究文献，发现以大学生作为研究对象的文献共 396 篇，而且主要集中分布在 2009—2013 年。这些文献中，思辨性研究有 376 篇，占 94.9%，实证类研究仅有 20 篇，占 5.1%（虞亚君，张奇勇，周炎根，2014）。正因为如此，大学生责任感的研究现状与实际需求之间仍然存在较大的差距，目前的研究更多的是强调某一个方面，且大多研究都是对现象的思辨分析与罗列，缺乏系统的、有效的理论体系建构与实证研究（赵兴奎，张大均，2006）。并且，有针对性的基于学生责任感的培养与干预的研究更是极为缺失。因此，对责任感或社会责任感的系统性实证研究成为当前急需的一项重要课题。

### （一）大学生社会责任感的现状

准确掌握和描述我国大学生责任感的现状和特征成为责任感实证研究课题的首要任务，一方面可以反映当前我国大学生责任感的整体水平，发现存在的问题，为后续研究提供有效的数据支持与研究方向；另一方面，更为重要的是，探索影响大学生责任感的重要因素可以为开展责任感影响因素和培养责任感的研究奠定可靠基础。

众多研究表明我国大学生的社会责任感整体上处于中等偏上的水平

（刘海涛，郑雪，聂衍刚，2011；魏娜，2015；魏海苓，2014），这反映出我国大学生社会责任感的水平良好且培养效果有效。但是，仍然存在一些亟须完善的方面。例如，魏海苓（2014）采用大学生社会责任感发展阶段量表（Scale of Social Responsibility Development）调查发现，当代大学生的社会责任感呈现一种担当与疏远的矛盾状态：一方面，大学生在参与社会服务活动时具有较强的自我认知，能够主动关注民生、关爱弱势群体，能够意识到社会服务过程是与被服务对象相互学习的过程；另一方面，大学生尚未将社会服务融入自己的生活或职业生涯中，社会服务活动的持续性较差，且对产生弱势群体的社会根源关注不够。

魏娜（2015）基于全国大样本的调查发现，虽然大学生总体上社会责任感水平较高，但是在生命责任感和学习责任感等方面出现"知行不一"的现象。具体来说，大学生在知道应该承担社会责任方面的意识较强，但是在具体担当社会责任时有所减弱，在落实学习目标规划上执行力较弱。研究者甚至还发现大学生的社会责任感出现"知行倒挂"的现象，他们在情感上对于应当承担社会责任的认同度较高，但是更可能会在不了解应担当社会责任的情况下，或更关注社会责任担当的"功利预期"的情况下，去担当社会责任。这样的结果很可能导致怀抱满腔社会责任情感的大学生，在不十分了解"真相"的情况下，盲目或"有目的"地担当社会责任。

虞亚君等人（2014）在综合近20年我国大学生社会责任感现状的研究时发现，我国大学生的责任感总体上是正面的、积极的，但是部分大学生的责任感水平较低，具体表现为存在自我责任感偏弱、家庭责任感不足、社会责任感缺失、国家责任感淡薄等让人担忧的现象。

总而言之，结合上述研究结果可以发现，我国大学生社会责任感总体水平较高，具备了较好的担当意识和责任情感，初步形成了良好的践行责任氛围。然而，大学生的社会责任感也存在两个明显的问题。首先，在整体责任感水平较高的情况下，责任感的某些方面仍然较弱或严重不足。其次，已有研究一致反映出责任认知和责任情感较强，但是责任行为与责任能力有待继续加强和提升的问题。

（二）大学生社会责任感的特征

准确掌握大学生社会责任感的现状与水平，比较大学生社会责任感在不同背景条件下的差异，可以更为有效地反映大学生社会责任感的群体特征。综合已有文献可以发现，众多研究主要集中在对大学生社会责任感的个体特征、家庭、学校和社会因素的影响的分析这四个方面。

首先，在个体特征方面，研究者主要集中分析大学生社会责任感在性别、年级、人格等方面的差异。例如，已有研究发现，在大学生群体中，女生的社会责任感水平明显高于男生，但在年级因素上差异不显著（刘海涛，郑雪，聂衍刚，2011），人格特质也对大学生的社会责任感具有影响作用（刘海涛，郑雪，2010）。其次，在家庭和学校层面，大学生社会责任感受到父母教养方式（刘海涛，郑雪，聂衍刚，2011；张兰君，杨兆兰，马武玲，2006；Wray-Lake，2010；Wray-Lake & Syvertsen，2011）和学校认同（Faircloth & Hamm，2005；黄四林，韩明跃，宁彩芳，等，2016）的影响；最后，在社会大背景下，个体的社会公正感（黄四林，韩明跃，孙铃，等，2016）以及对社会文化的认同（朱秋飞，何贵兵，2011）显著影响大学生的社会责任感。

基于上述分析，本节试图调查我国大学生的社会责任感的现状，并对大学生的责任感水平在个体因素（包括性别、年级、专业）、家庭背景（包括户口类型、家庭所在地、父母受教育程度、家庭经济状况）和学习成绩等方面的情况进行比较与分析，以期揭示我国大学生社会责任感的特征。

## 二、研究方法

### (一)被试

以安徽、浙江和北京地区三所大学的 335 名大学生为调查对象,被试具体信息见表 2-1。另外,有 1 名被试缺失年级信息,有 10 名被试缺失专业信息,有 1 名被试缺失户口类型信息,有 1 名被试缺失生源地信息,有 3 名被试缺失上学期成绩信息,有 2 名被试缺失父亲受教育程度信息,有 5 名被试缺失母亲受教育程度信息,有 2 名被试缺失家庭经济状况信息。以下统计分析均是以有效数据进行处理。

表 2-1　被试的基本信息

| 被试变量 | 被试类别 | 人数 | 比例(%) |
|---|---|---|---|
| 性别 | 男 | 109 | 32.54 |
| | 女 | 226 | 67.46 |
| 年级 | 大一 | 78 | 23.28 |
| | 大二 | 167 | 49.85 |
| | 大三 | 89 | 26.57 |
| 专业 | 自然科学专业 | 129 | 38.51 |
| | 人文社会科学专业 | 196 | 58.50 |
| 户口 | 农业户口 | 187 | 55.82 |
| | 非农业户口 | 147 | 43.88 |
| 家庭所在地 | 城市 | 104 | 31.04 |
| | 县城 | 57 | 17.01 |
| | 乡镇 | 79 | 23.58 |
| | 村庄 | 94 | 28.06 |

| 被试变量 | 被试类别 | 人数 | 比例(%) |
|---|---|---|---|
| 上学期成绩 | 非常不好 | 3 | 0.9 |
| | 不好 | 23 | 6.9 |
| | 一般 | 179 | 53.9 |
| | 较好 | 109 | 32.8 |
| | 很好 | 18 | 5.4 |
| 父亲受教育程度 | 未受教育 | 6 | 1.8 |
| | 小学 | 39 | 11.7 |
| | 初中 | 142 | 42.6 |
| | 高中(含职高、中专) | 77 | 23.1 |
| | 大专或本科 | 65 | 19.5 |
| | 研究生及以上 | 4 | 1.2 |
| 母亲受教育程度 | 未受教育 | 19 | 5.8 |
| | 小学 | 88 | 26.7 |
| | 初中 | 121 | 36.7 |
| | 高中(含职高、中专) | 55 | 16.7 |
| | 大专或本科 | 39 | 11.8 |
| | 研究生及以上 | 8 | 2.4 |
| 家庭经济状况 | 上游水平 | 6 | 1.8 |
| | 中上水平 | 73 | 21.9 |
| | 中等水平 | 174 | 52.3 |
| | 中下水平 | 70 | 21.0 |
| | 下游水平 | 10 | 3.0 |

(二)研究工具

1. 学生个人责任感问卷

采用辛(Singg)和阿德(Ader)(2001)编制的学生个人责任感问卷

(Student Personal Responsibility Scale-10)进行评定。问卷共包含 10 个项目，如"当我承诺参与某个项目时，我会坚持到底"等。所有的项目采用 4 点计分，从 1(完全不符合)到 4(完全符合)，得分越高说明大学生责任感越强。以往的研究表明该量表具有良好的信效度(Singg & Ader，2001)。本研究中 $\alpha$ 系数为 0.76。

2. 大五人格问卷"尽责性"分量表

采用约翰(John)等人(1991)编制的大五人格问卷(Big Five Inventory，BFI)中的"尽责性"分量表测量社会责任感。该分量表共 12 个项目，采用 5 点计分，从 1(非常不同意)到 5(非常同意)，得分越高说明社会责任感水平越高。该量表是目前国内外应用最普遍的量表，是测量责任感的常用工具(谭小宏，秦启文，2005)，在大五人格中是工作绩效最为有效的预测因子(钟建安，段锦云，2004)，并且具有良好的信度(黎红艳，徐建平，陈基越，等，2015；李启明，陈志霞，2015)。本研究中的 $\alpha$ 系数为 0.60。

## 三、研究结果

### (一)大学生社会责任感的总体水平

我们调查发现，大学生社会责任感的总体水平处于中等偏上(见表 2-2 和图 2-1)。从学生责任感指标上看，均值达到了 2.77，超过了取值范围的均值 2。从尽责性指标上看，均值为 3.47，超过了均值 2.50 的标准。由此可见，我国大学生社会责任感的整体水平仍然是较好的。

表 2-2　大学生社会责任感的总体水平

| 指标 | M | SD | 取值范围 |
|---|---|---|---|
| 学生责任感 | 2.77 | 0.54 | 1—4 |
| 尽责性 | 3.47 | 0.41 | 1—5 |

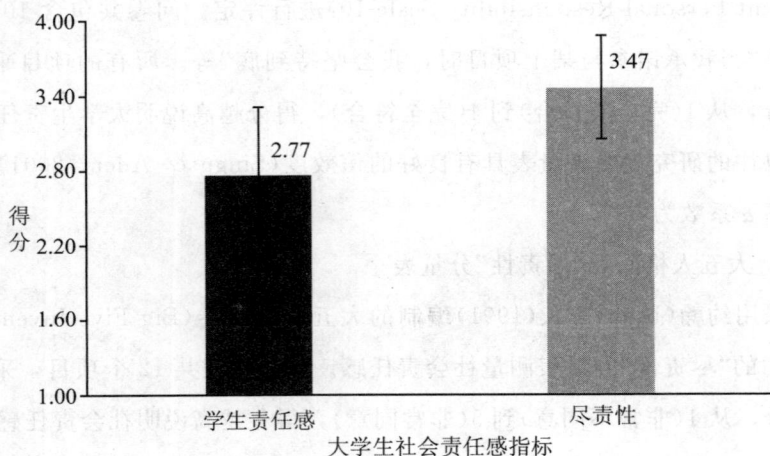

图 2-1　大学生社会责任感的总体水平

## （二）大学生社会责任感的个体差异

### 1. 性别差异

研究者采用独立样本 $t$ 检验分析大学生社会责任感的性别差异，结果发现，在学生责任感和尽责性这两个指标的得分上，男生的责任感均略高于女生，但是两者之间无显著差异（见图 2-2）。

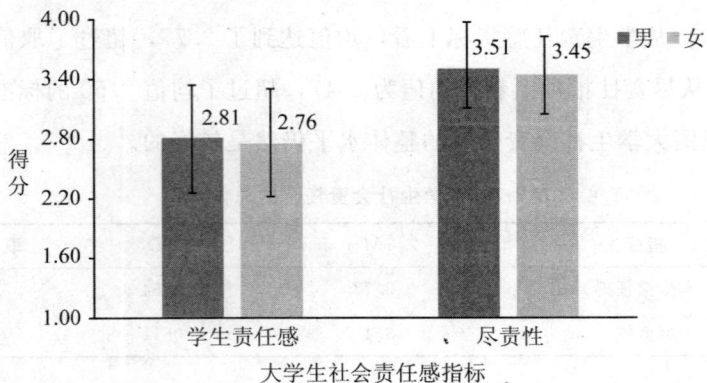

图 2-2　大学生社会责任感的性别差异

## 2. 年级差异

本研究采用单因素方差分析方法比较大学生责任感的年级差异，由于样本中大四学生样本量过少，因此在分析时未予以考虑，主要考查大一、大二和大三三个年级学生社会责任感的差异。在学生责任感指标上，研究者发现随着年级的增长，大学生社会责任感的水平在下降，并且年级差异显著（$p < 0.001$）；在尽责性指标上，研究者发现随着年级的增长，大学生的社会责任感水平在下降，但是年级之间无显著差异（见表 2-3）。

表 2-3 大学生责任感的年级差异

| 指标 | 一年级<br>($M \pm SD$) | 二年级<br>($M \pm SD$) | 三年级<br>($M \pm SD$) | $F$ |
|------|------|------|------|------|
| 学生责任感 | 3.17±0.44 | 2.77±0.55 | 2.44±0.34 | 47.89*** |
| 尽责性 | 3.53±0.51 | 3.49±0.41 | 3.39±0.30 | 2.55 |

注：* $p < 0.05$，** $p < 0.01$，*** $p < 0.001$，下同。

研究者对学生责任感指标进一步进行事后简单效应检验，结果发现，大学生的责任感具有随着年级的增长而下降的趋势，如图 2-3。

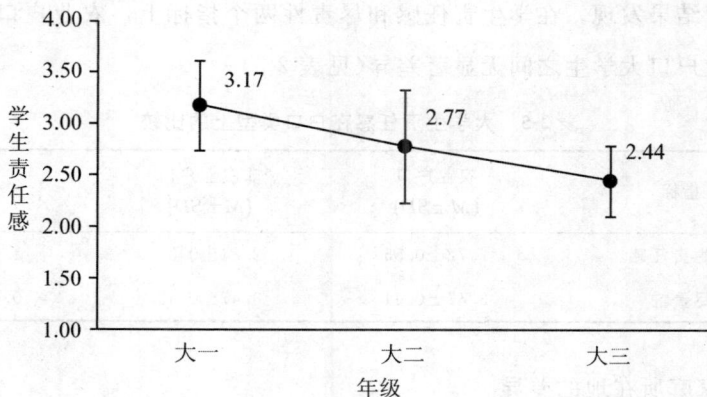

图 2-3 大学生责任感水平随年级的变化情况

### 3. 专业差异

本研究采用独立样本 $t$ 检验分析大学生责任感的专业差异,结果发现,无论是在学生责任感还是尽责性指标上,人文社会科学专业大学生的责任感得分均高于自然科学专业大学生的得分,但两者之间无显著差异(见表 2-4)。

表 2-4 大学生责任感的专业差异

| 指标 | 自然科学专业<br>($M\pm SD$) | 人文社会科学专业<br>($M\pm SD$) | $t$ |
|------|------------------|-------------------|------|
| 学生责任感 | 2.71±0.55 | 2.81±0.53 | 1.64 |
| 尽责性 | 3.44±0.38 | 3.50±0.44 | 1.17 |

### (三)大学生社会责任感的家庭背景差异比较

### 1. 户口类型差异

本研究采用独立样本 $t$ 检验分析大学生责任感得分在家庭户口类型上的差异,结果发现,在学生责任感和尽责性两个指标上,农业户口大学生与非农业户口大学生之间无显著差异(见表 2-5)。

表 2-5 大学生责任感在户口类型上的比较

| 指标 | 农业户口<br>($M\pm SD$) | 非农业户口<br>($M\pm SD$) | $t$ |
|------|------------------|-------------------|------|
| 学生责任感 | 2.72±0.55 | 2.84±0.53 | 1.90 |
| 尽责性 | 3.47±0.41 | 3.47±0.42 | 0.01 |

### 2. 家庭所在地的差异

本研究采用单因素方差分析考查大学生责任感在家庭所在地(城市、县城、乡镇、农村)上的差异。研究者对学生责任感指标的分析发现,大学生责任感存在显著的差异($p<0.05$),见表 2-6。进一步事后检验表明,

家庭所在地为城市和乡镇的大学生的责任感得分显著高于家庭所在地为农村的大学生，但是其他家庭所在地因素之间均无显著差异（如图 2-4）；在尽责性指标上，大学生责任感在家庭所在地方面无显著差异。

表 2-6　大学生责任感在家庭所在地上的差异分析

| 指标 | 城市<br>($M\pm SD$) | 县城<br>($M\pm SD$) | 乡镇<br>($M\pm SD$) | 农村<br>($M\pm SD$) | $F$ |
|---|---|---|---|---|---|
| 学生责任感 | 2.85±0.52 | 2.76±0.51 | 2.83±0.56 | 2.65±0.55 | 2.68* |
| 尽责性 | 3.45±0.41 | 3.47±0.44 | 3.48±0.40 | 3.49±0.43 | 0.15 |

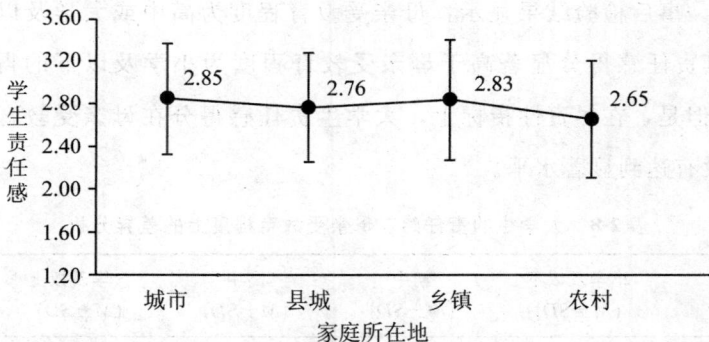

图 2-4　大学生责任感在家庭所在地上的差异

### 3. 父母受教育程度的差异

由于在父亲和母亲受教育程度中，"未受教育"和"小学"的较少，因此将两者合并为"小学及以下"；"研究生及以上"的偏少，因此与"大专或本科"合并为"大学及以上"。最终在父亲受教育程度中，小学及以下有 45 人（13.5%），初中 142 人（42.6%），高中 77 人（23.1%），大学及以上 69 人（20.7%）。在母亲受教育程度中，小学及以下有 107 人（32.4%），初中 121 人（36.7%），高中 55 人（16.7%），大学及以上 47 人（14.2%）。

首先，考查大学生社会责任感得分在其父亲受教育程度上的差异，结果发现在学生责任感和尽责性两个指标上，大学生的社会责任感在父亲受教育程度上的差异均不显著，见表 2-7。

表 2-7　大学生的责任感在父亲受教育程度上的差异分析

| 指标 | 小学及以下<br>($M\pm SD$) | 初中<br>($M\pm SD$) | 高中<br>($M\pm SD$) | 大学及以上<br>($M\pm SD$) | $F$ |
|------|------|------|------|------|------|
| 学生责任感 | 2.74±0.61 | 2.71±0.53 | 2.89±0.53 | 2.80±0.50 | 1.90 |
| 尽责性 | 3.53±0.48 | 3.47±0.38 | 3.43±0.43 | 3.47±0.42 | 0.57 |

其次，考查大学生责任感得分在其母亲受教育程度上的差异，结果发现，在学生责任感指标上，大学生责任感得分存在显著差异（$p<0.05$），见表 2-8。事后检验结果显示：母亲受教育程度为高中或大学及以上的大学生，其责任感得分显著高于母亲受教育程度为小学及以下的得分，见图 2-5。但是，在尽责性指标上，大学生责任感得分在母亲受教育程度上的差异没有达到显著水平。

表 2-8　大学生的责任感在母亲受教育程度上的差异分析

| 指标 | 小学及以下<br>($M\pm SD$) | 初中<br>($M\pm SD$) | 高中<br>($M\pm SD$) | 大学及以上<br>($M\pm SD$) | $F$ |
|------|------|------|------|------|------|
| 学生责任感 | 2.67±0.53 | 2.78±0.53 | 2.88±0.59 | 2.89±0.48 | 2.81* |
| 尽责性 | 3.50±0.43 | 3.45±0.35 | 3.48±0.47 | 3.44±0.44 | 0.39 |

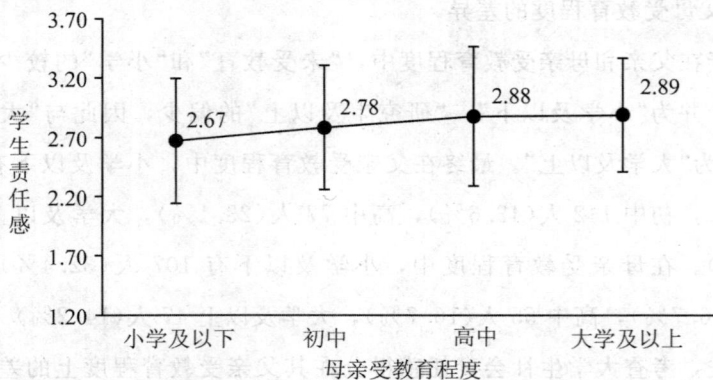

图 2-5　大学生责任感在母亲受教育程度上的差异

### 4. 家庭经济的差异

学生报告的家庭经济状况可分为三个层次：上游水平和中上游水平合并为上游水平（79人，占总人数的23.7%）、中等水平（174人，占总人数的52.3%）和中下游水平与下游水平合并为下游水平（80人，占总人数的24.0%）。结果发现，无论是在学生责任感指标还是在尽责性指标上，大学生责任感得分在家庭经济状况方面均无显著差异，见表2-9。

表 2-9　家庭经济的差异分析

| 指标 | 上游水平<br>($M \pm SD$) | 中等水平<br>($M \pm SD$) | 下游水平<br>($M \pm SD$) | $F$ |
|---|---|---|---|---|
| 学生责任感 | 2.77±0.57 | 2.73±0.53 | 2.88±0.53 | 2.12 |
| 尽责性 | 3.48±0.48 | 3.43±0.36 | 3.53±0.45 | 1.60 |

### （四）大学生责任感在学习成绩上的差异

由于在学生主观报告的成绩的评估中，"非常不好"和"不好"的较少，因此两者合并为"不好"；"很好"的偏少，因此与"较好"合并，称为"好"。因此，在学生学习成绩的三个水平上，"不好"有26人（7.8%），"一般"179人（53.9%），"好"127人（38.3%）。

结果发现，在学生责任感指标上，大学生的学习成绩水平越高，其责任感得分也越高，但是在统计上没有达到显著水平；在尽责性指标上，大学生的学习成绩水平越高其责任感得分也越高，且三种学习成绩水平之间的差异达到了显著水平（$p < 0.05$），见表2-10。事后简单效应分析发现，学习成绩好的大学生在尽责性指标的得分上显著高于成绩不好的大学生，见图2-6。

表 2-10　大学生责任感在学习成绩水平上的差异

| 指标 | 不好 (M±SD) | 一般 (M±SD) | 好 (M±SD) | F |
|------|------|------|------|------|
| 学生责任感 | 2.60±0.49 | 2.77±0.52 | 2.82±0.57 | 1.87 |
| 尽责性 | 3.34±0.44 | 3.45±0.39 | 3.54±0.43 | 3.53* |

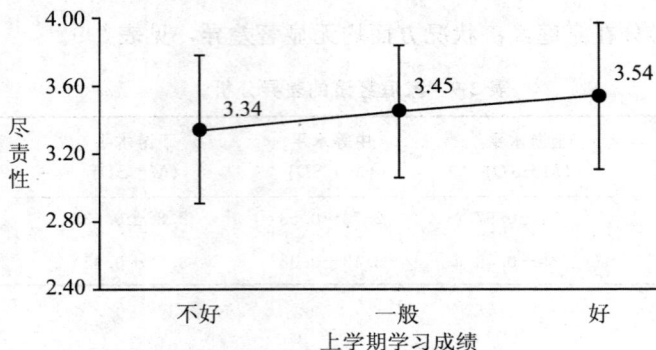

图 2-6　大学生责任感在学习成绩上的差异

　　此外，我们还使用斯皮尔曼等级相关的方法，计算学习成绩和学生责任感指标的相关，结果发现，两者之间呈直线相关，两者的相关系数为0.08，未达到显著性水平，变化趋势为，上学期学习成绩越好的人，学生责任感水平越高，具体见图2-7。

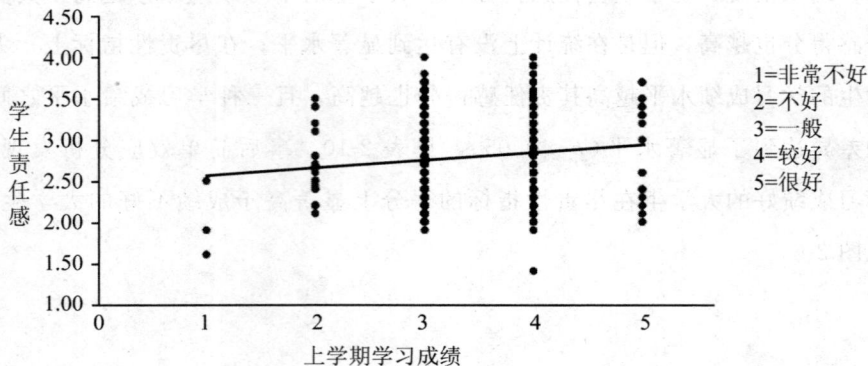

图 2-7　上学期学习成绩和学生责任感的相关图

使用斯皮尔曼等级相关的方法，计算上学期学习成绩和尽责性指标的相关，得到的结果呈直线相关，相关系数为 0.13（$p=0.017$）。具体来说，学习成绩越好的人，其尽责性越高，具体见图 2-8。

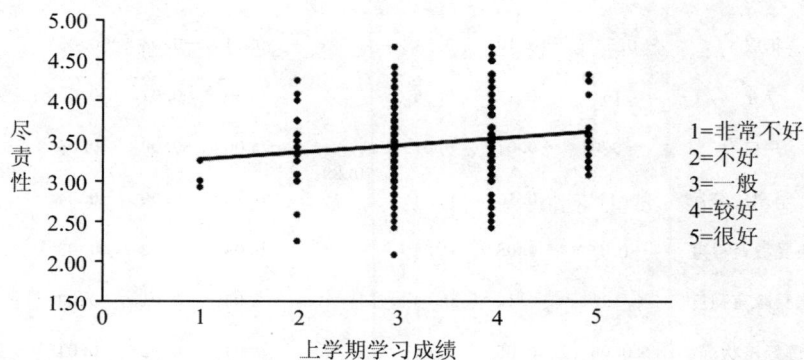

图 2-8　上学期学习成绩和尽责性的相关图

### （五）大学生社会责任感影响因素的回归分析

以学生责任感和尽责性两个指标为结果变量，以上述人口统计学等变量（性别、年级、专业、户口、上学期成绩、父亲受教育程度、母亲受教育程度、家庭经济状况）为预测变量，进行逐步回归分析（Stepwise）。

结果显示，在对学生责任感指标的作用上，大学生的年级、专业、上学期成绩、母亲受教育程度和父亲受教育程度均为显著的预测变量。在对尽责性指标的作用上，只有大学生的年级和上学期成绩是显著的预测变量，见表 2-11。

表 2-11　大学生责任感的回归分析

| 预测变量 | 学生责任感 | | | | 尽责性 | | | |
|---|---|---|---|---|---|---|---|---|
| | $\beta$ | $B$ | $SE$ | $\Delta R^2$ | $\beta$ | $B$ | $SE$ | $\Delta R^2$ |
| 性别 | 0.04 | 0.05 | 0.06 | | 0.10 | 0.09 | 0.05 | |
| 年级 | −0.53*** | −0.40 | 0.04 | | −0.14* | −0.08 | 0.03 | |
| 专业 | 0.16** | 0.17 | 0.06 | | 0.09 | 0.07 | 0.05 | |
| 户口 | −0.01 | −0.01 | 0.07 | 0.29 | −0.00 | −0.00 | 0.06 | 0.03 |
| 上学期成绩 | 0.11* | 0.10 | 0.04 | | 0.13* | 0.09 | 0.04 | |
| 父亲受教育程度 | −0.15* | −0.08 | 0.04 | | −0.04 | −0.02 | 0.03 | |
| 母亲受教育程度 | 0.19** | 0.10 | 0.04 | | −0.03 | −0.01 | 0.03 | |
| 家庭经济状况 | 0.06 | 0.05 | 0.04 | | 0.04 | 0.02 | 0.04 | |

## 四、研究结论

首先，大学生的社会责任感的总体水平较高，大学生在学生责任感问卷的平均得分为 2.77，"尽责性"分量表的平均得分为 3.47。

其次，我们的调查结果发现，无论是在学生责任感指标还是在尽责性指标上，虽然男生的责任感得分均略高于女生，但是没有显著差异。同样，在这两个指标上，人文社科专业大学生的责任感得分均略高于自然科学专业大学生的得分，但两者也无显著差异。尤其值得注意的是，虽然在尽责性指标上没有发现年级差异，但是在学生责任感上，随着大学生年级的上升其责任感得分却显著下降。这一结果虽然有待进一步验证，却警示我们应该关注当前大学生责任感培养中可能存在的潜在问题与不乐观的趋势。

再次，我们的研究发现，在户口类型上，大学生社会责任感得分在两个指标上均无显著差异；但是在家庭所在地上，大学生个人责任感得分存在显著差异，主要表现在家庭所在地为城市和乡镇的大学生的责任感得分显著高于家庭所在地为农村的大学生。因为在尽责性指标上并没有发现家庭所在地的差异，所以该结果的稳定性有待进一步检验。在父亲受教育程度上，两个指标的得分均无显著差异。然而，在母亲受教育程度上，学生责任感指标上的得分存在显著差异，而且主要表现在母亲受教育程度为高中和大学及以上的大学生，其责任感得分显著高于母亲受教育程度为小学及以下的大学生。同样，这一结果在尽责性指标上并没有获得一致的结论。在学生主观报告的家庭经济状况上，两个指标的得分均无显著差异。

此外，在学生主观评价的学业成绩上，大学生在学生责任感指标上的得分无显著差异，但是在尽责性上却有明显的差异，而且表现为大学生的学习成绩水平越高其责任感得分也越高。相关分析结果也表明，学习成绩与学生责任感指标之间的相关不显著，但是其与尽责性指标相关显著，且表现为学习成绩越好，尽责性指标的得分越高的趋势。该结果与已有研究发现大学生责任感与其学校表现、今后工作绩效之间存在显著高相关是一致的。当然，因为我们的研究采用的是学生主观报告的成绩评定方式，今后还需要用学生客观成绩与教师评定等多方面指标进一步验证结果。

最后，为了整体检验影响大学生社会责任感的因素，我们分别以学生责任感和尽责性为指标，采用回归分析同时纳入所获得的所有可能的预测因素。结果发现，对学生责任感来说，大学生的年级、专业、成绩、母亲受教育程度和父亲受教育程度均为显著的预测变量。在尽责性指标上，只有大学生的年级和学习成绩是显著的预测变量。综合来看，对两个指标都可以进行有效预测的是年级和学习成绩因素。尤其值得注意的是，年级指标是显著的负向预测效果，而学习成绩却是正向的预测效果。

## 第二节 大学生责任感的变迁：2004—2013

为揭示过去十年间我国大学生责任感的变迁，我们（黄四林，田园，明桦，孙铃，2017）对 2004 年至 2013 年采用五因素人格量表中的责任感（conscientiousness）维度测量大学生责任感的 65 篇研究进行了横断历史分析，以揭示 47029 名大学生责任感的变化趋势。结果发现：2004 年至 2013 年，大学生的责任感得分与年代之间呈现显著正相关，即大学生责任感整体水平在上升。男女大学生责任感变化表现出了共同上升的趋势，但是男大学生的责任感上升更为明显。重点大学的大学生责任感呈现缓慢上升趋势，但是普通大学的大学生责任感呈现缓慢下降趋势。

### 一、引言

近几十年来，我国正处于社会转型期，社会结构、经济结构和价值观念等都发生了深刻的变化。宏观社会环境的变迁正在改变着人们的工作、学习与生活，同时也深深地影响了人们的心理。已有研究发现，我国大学生的心理健康、人际信任、幸福感等心理状况随着社会变迁发生了不同变化（李双双，李雪平，2015；辛自强，张梅，何琳，2012；辛自强，周正，2012）。责任感作为个体的一种核心品质和心理特征，与个体的价值观念紧密关联，那么它是如何随时间变化的呢？该问题的研究，有助于揭示社会转型期宏观社会背景对人们价值观念的深层影响。但是迄今为止，学界仍然缺乏描述责任感变化的研究。为此，我们试图采用横断历史研究来揭示近十年来我国大学生责任感的变化趋势及其性别差异。

（一）大学生心理与行为的横断历史研究

国内研究者就社会变迁对大学生心理与行为的影响展开了一系列研究，为掌握我国社会转型期大学生的心理变化累积了重要资料。例如，研究发现，从 1986 年至 2010 年，大学生心理健康的整体水平逐步提高，心理问题逐渐减少（辛自强，张梅，何琳，2012）。同时，在 2000 年至 2011 年大学生的幸福感也在提升（李双双，李雪平，2015）。但是，1993 年至 2009 年大学生的焦虑水平却在逐年上升（辛自强，辛素飞，张梅，2011）。这些研究从心理健康、焦虑、人际信任、幸福感等心理指标随时间的变化，揭示了我国社会转型期大学生心理的变迁。但是，这些研究主要集中在心理状态层面，明显缺乏对责任感等心理特质层面的研究，难以反映历史背景对人们心理的深层影响。因此，本研究试图分析大学生责任感的变化趋势，为揭示宏观社会背景对人们心理的影响提供事实证据。

虽然宏观社会背景对责任感的作用是心理学研究的重要问题，但是限于现实的困难，心理学家难以采用实证的方法进行研究。其主要原因是人们无法同时面对不同的社会历史背景，也因研究难度的限制，鲜有大跨度、长时期的有关责任感变迁的追踪研究。横断历史研究（Cross-temporal Meta-analysis），是美国学者特文格（Twenge）提出的一种新的元分析技术（Twenge，2000；Twenge & Im，2007），与传统的元分析相比，该方法并不依赖于某个常模或控制组的均值来计算效果量 $d$，而是从宏观上揭示心理量（如人际关系、自尊）随年代的变化趋势（辛自强，池丽萍，2008）。特文格（Twenge）运用此方法进行了大量研究，为探索美国近半个世纪以来心理与行为的变化趋势做出了重要贡献。辛自强等人（2012）对中国青少年自尊、焦虑、抑郁等心理指标进行了系列研究，揭示了我国自改革开放以来青少年心理的变迁趋势（辛自强，张梅，何琳，2012；Xin，Niu & Chi，

2012）。由此可见，与传统的元分析相比，横断历史研究不仅可以定量分析已有调查数据从而获得更为一般性的结论，而且还可以考查某个历史时期个体或群体心理与行为的变化规律。该方法已经在国内外被广泛应用，并取得了一系列有价值的研究成果（Twenge，2000，2001a，2001b，2015；辛自强等，2008，2011，2012）。因此，我们试图采用该方法来分析我国大学生责任感的变化。

（二）大学生责任感的测量

有关大学生责任感变迁的研究缺乏的另一个重要原因，是难以找到一个稳定、有效且可以比较的测量标准或工具。已有研究者开发了众多的测量工具或标准，针对大学生编制的主要有：辛（Singg）等人（2001）开发的学生个人责任心量表（Student Personal Responsibility Scale，SPRS-10），马特尔（Martel）等人（1987）编制的专门的个人责任心量表（Personal Responsibility Scale，PR），斯塔雷特（Starrett，1996）编制的全球社会责任心量表（Global Social Responsibility Scale）等测量工具与指标。然而，因为研究者的角度不同或研究目的的差异，导致这些测量工具或指标存在众多差异性，所以难以开展大跨度、长期的大学生责任感变迁的比较与分析。

（三）大学生责任感研究工具的确定

基于上述考虑，我们采用五因素人格问卷（NEO Five-Factor Inventory，NEO-FFI）中的责任感（conscientiousness，又翻译为"责任心"或"尽责心"）因子为测量工具，以分析近十年我国大学生责任感的变迁及其性别差异。主要原因有以下两方面：首先，已有研究发现五因素人格问卷中的责任感因子是测量责任感的有效工具，而且责任感对职务绩效具有很高的预测效度，是最为有效的预测因子（钟建安，段锦云，2004；赵国祥，王明辉，凌文辁，2004；谭小宏，秦启文，2005）。辛（Singg）等人（2001）开发的学生个人责任心量表与大五人格的责任感问卷之间存在显著的正相关。此外，赵国祥等人（2004）的研究发现，责任心与工作绩效之间存在一定的关系，管理者责任心对关系绩效的预测明显高于对任务绩效的预测。

其次，已有研究表明，责任感作为道德品质的重要组成部分，在人格测量的子维度中得以体现。例如，明尼苏达多相人格测验（MMPI）中的社会责任感分量表，用于评估个体愿意对自己的行为负责任和对群体尽义务的程度。卡特尔的 16 种人格因素量表（16PF）中，因素 G 指有恒性（亦称为规范性），高分反映个体崇尚并遵从社会标准与规则、处事尽责。此外，大五人格的责任感维度反映个体自信、有条理、有计划等（黄蔷薇，李丹，徐晓滢，2010）。

其中，五因素人格问卷（NEO-FFI）是科斯塔（Costa）和麦克雷（McCrae）（1989）依据大五人格结构和五因素模型理论编制的人格测评工具，是国内人格研究应用最为广泛的有效工具（陈基越，徐建平，黎红艳，等，2015）。它具有跨语言和跨文化的一致性和稳定性，并且在人格维度层面得到了人格心理学家的认同和接受（罗杰，周瑷，陈维，等，2016）。五因素人格问卷包括五个维度，神经质（neuroticism）代表人格特质方面情绪稳定的程度；外向性（extraversion）代表个人在性格上外向的程度；开放性（openness）代表个人态度观念开放的程度；宜人性（agreeableness）代表个人与人相处的性格特质；责任感（conscientiousness）代表个人行事的审慎程度（张厚粲，龚耀先，2012）。这五个特质可以用于评估一般人在人格上的个体差异。由于五因素人格问卷在国内运用最为广泛，搜集文献资料最多，并且可以在大跨度、长时期的范围内测评责任感，因此我们以该问卷中的责任感维度作为大学生责任感测评工具，来搜集与整理相关研究报告，试图刻画大学生责任感的变化趋势及其性别差异。

## 二、研究方法

### (一)研究工具

五因素人格问卷(NEO-FFI)是自陈式人格测验工具，由科斯塔
(Costa)和麦克雷(McCrae)依据大五人格测验(NEO-Personality Inventory,
NEO-PI)简化而成。简版的五因素人格问卷(NEO-FFI)题量更为精简，共
有五个因子，其中包括责任感因子，每个因子有12道题目，共60道题目，
采用5点计分。该量表简单易行，简化后的题目在每个维度上的载荷都是
最高的，并确保其尽量覆盖每个维度下的各个层面，该量表具有良好的信
度，是国际上常用的人格五因素测量工具(陈基越，徐建平，黎红艳，等，
2015)。目前，NEO-FFI是国内人格测量中能够搜集到文献数量最多的工
具，因此本研究使用NEO-FFI量表中的责任感维度作为横断历史研究的
筛选工具。

### (二)文献检索

根据横断历史研究方法的要求，结合大学生人格研究的实际情况，我
们确定了文献检索的标准：①研究对象是我国在校大学生；②研究使用五
因素人格问卷(NEO-FFI)量表中的责任感维度问卷；③研究报告五因素人
格问卷(NEO-FFI)量表中的责任感维度的描述统计结果($n$，$M$，$SD$)；
④文献搜集截止时间为2015年12月。

按照上述标准，我们在中国知网、万方数据、维普资讯、Elsevier
SDOS/SDOL、JSTOR、ProQuest、Ebrary、Wiley等期刊全文数据库与
硕博士论文库中，分别以"大学生"和"责任感""责任心""责任""NEO-FFI"
等中英文词汇进行匹配组成并列的题名、关键词、摘要等主题词进行全面

检索。

我们对搜集到的所有文献进行筛选，删除出现下列任何一种情况的文献：①责任感维度的基本数据($n$，$M$，$SD$)没有报告或者存在明显错误并无法修正的研究；②按照特殊标准，被试本身有躯体或者精神疾病的群体，因为在某个测验上的特殊得分以及其他特殊身份选择被试的研究；③同一批数据重复发表，仅保留数据完整且发表时间最早的一篇；④元分析文献。按照这些要求进行排查后，符合标准的文献有 66 篇，共涉及 47178 名大学生。

在符合上述标准的 66 篇文献中，数据收集时间最早的一篇文献是 1994 年，但是 1995—2003 年没有符合要求的文献，我们为保障研究结果的稳定，删除了该文献。本研究最后选取了数据收集年份分布在 2004—2013 年的 65 篇文献，具体结果见表 2-12。本研究中的数据收集年代(以下简称"年代")以文章中作者所提供的取样时间为准。对于未报告取样时间的文献，采用以往研究的做法(Twenge & Im，2007；辛自强，张梅，何琳，2012)，用发表年份减 2 获得调查年份。

表 2-12　大学生责任感文献数量及其历年分布

| 年代 | 文献数量(篇) | 样本(人) | 性别 | | 学校 | |
|---|---|---|---|---|---|---|
| | | | 男生 | 女生 | 重点大学 | 普通大学 |
| 2004 | 2 | 456 | 0 | 0 | 1 | 1 |
| 2005 | 4 | 4043 | 0 | 0 | 2 | 1 |
| 2006 | 7 | 5783 | 4 | 5 | 2 | 2 |
| 2007 | 6 | 3555 | 2 | 2 | 2 | 1 |
| 2008 | 8 | 2983 | 5 | 5 | 8 | 1 |
| 2009 | 5 | 2027 | 2 | 2 | 3 | 0 |

| 年代 | 文献数量(篇) | 样本(人) | 性别 | | 学校 | |
|---|---|---|---|---|---|---|
| | | | 男生 | 女生 | 重点大学 | 普通大学 |
| 2010 | 9 | 2878 | 5 | 6 | 5 | 2 |
| 2011 | 9 | 8234 | 3 | 3 | 3 | 3 |
| 2012 | 13 | 14906 | 3 | 3 | 3 | 7 |
| 2013 | 2 | 2164 | 0 | 0 | 0 | 1 |
| 合计 | 65 | 47029 | 24 | 26 | 29 | 19 |

### (三)建立责任感数据库

将最终符合要求的 65 篇文献录入数据库,在录入责任感维度均值和标准差的同时,将包括了性别等变量的数据作为子研究录入。对只报告子研究的数据而未报告总体数据的,通过下列两个公式对子研究结果进行加权合成:

$$\bar{x} = \sum x_i n_i / \sum n_i \qquad (公式 1)$$

$$S_T = \sqrt{\left[ \sum n_i s_i^2 + \sum n_i (x_i - \bar{x}_i)^2 \right] / \sum n_i} \qquad (公式 2)$$

($\bar{x}$, $S_T$, $n_i$, $x_i$, $s_i$ 分别代表合成后的平均数、标准差,某研究的样本量、平均数和标准差)

从最终文献初步分析来看,有 30 篇文献来源于核心期刊(根据北京大学中文核心期刊目录 2012 年版),21 篇是未发表的硕博论文,非核心期刊的文献数量最少,仅有 14 篇。在 65 篇文献中,明确报告了女生数据的文献共 26 篇,男生数据的有 24 篇。大学生被试来自重点大学的有 29 篇,来自普通大学的有 19 篇。详细情况见表 2-13。

表 2-13　研究变量编码赋值表

| 变量名称 | 编码 | 文献数量 | 样本总量 |
|---|---|---|---|
| 期刊类型 | 1＝核心期刊 | 30 | 27809 |
| | 2＝非核心期刊 | 14 | 10055 |
| | 3＝未发表硕博论文 | 21 | 10031 |
| 被试地区 | 1＝东部地区 | 24 | 19043 |
| | 2＝中部地区 | 19 | 11408 |
| | 3＝东北地区 | 5 | 2012 |
| | 4＝西部地区 | 12 | 7315 |
| | 5＝其他 | 6 | 8117 |
| 学校类型 | 1＝重点大学 | 29 | 12357 |
| | 2＝普通大学 | 19 | 16782 |
| | 3＝其他 | 18 | 18756 |
| 性别 | 0＝女生 | 26 | 10249 |
| | 1＝男生 | 24 | 6334 |
| | 2＝既有男生又有女生 | 28 | 25796 |
| | 3＝无报告 | 7 | 3672 |

## 三、研究结果

（一）大学生责任感在十年间的整体变化

根据每个研究的样本量，我们通过公式 1 计算了大学生责任感历年的加权平均数，将年代作为横坐标，绘制了责任感随年代变化的散点图（如图 2-9）。直观结果显示，在 2004—2013 年，大学生责任感得分总代上与年份之间呈现出直线相关，并且随着年代变迁均呈现上升趋势。

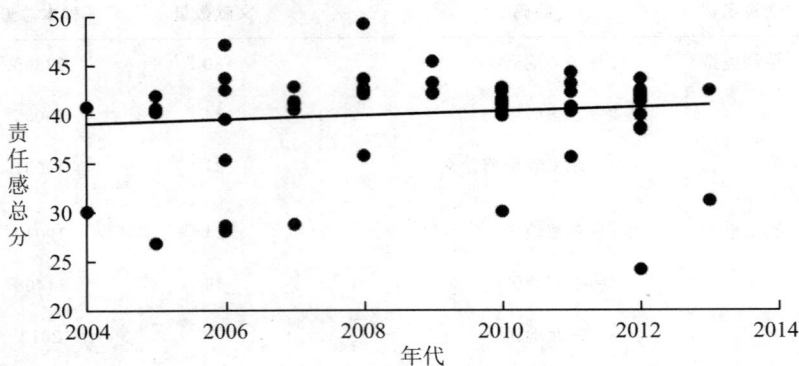

图 2-9　大学生责任感总体水平随年代变化

　　为描述大学生责任感得分与年代之间的相关，采用以往研究者（Twenge & Im，2007；辛自强等，2012）的数据处理方法，以责任感得分为因变量，以年代为自变量，用样本量进行加权，拟合线性回归模型。结果发现，责任感得分与年代之间具有显著的正相关（$\beta=0.36$，$R^2=0.13$，$p<0.01$）。这说明，从 2004 年至 2013 年大学生的责任感得分随着年代变化而显著提高，整体发生了变化。

　　同时，为确切地获得大学生责任感的变化程度，本研究采用已有方法计算效果量 $d$。首先，我们以责任感得分为因变量，以年代为自变量，对样本量进行加权并建立回归方程：$y=Bx+C$（其中 $B$ 为未标准化的回归系数，$x$ 为年代，$C$ 为常数项，$y$ 为各因子的总分）。其次，我们将年代 2004 和 2013 分别代入回归方程，获得这两年的平均得分 $M_{2004}$ 和 $M_{2013}$。最后，计算 $M_{2004}$ 和 $M_{2013}$ 之差 $M_{变化}$，再除以 10 年间的联合标准差 $SD$，即可得到 $d$ 值。这种采用个体层面变量而获得效果量 $d$ 的计算方法有效地避免了生态谬误（Twenge & Im，2007；辛自强等，2012）。结果发现，$M_{2004}=36.46$，$M_{2013}=43.06$，$M_{变化}=6.60$，$SD=5.47$，$d=1.21$。

从效果量 $d$ 来看，从 2004 年至 2013 年，责任感得分上升了 1.21 个标准差。依据科昂（Cohen，1988）对效果量（绝对值）大小的区分，效果量的绝对值小于 0.5 为"小效应"，在 0.5～0.8 的为"中等效应"，大于 0.8 的为"大效应"。按此标准，在这 10 年期间，大学生责任感的变化属于大效应。这说明近 10 年来，我国大学生责任感的上升幅度达到了足以引起重视的程度。

然而，大学生责任感与年代的正相关是否受到期刊类型、被试学校类型、被试的城乡背景及被试地区类型的影响呢？为了进一步确定两者之间的关系，在纳入这四个变量后，我们对责任感与年代进行进一步的回归分析，结果发现，偏回归系数 $B=0.41$，偏回归系数标准误 $SE=0.01$，标准回归系数 $\beta=0.21$，$t=49.30$，$p<0.001$。由此可见，在引入其他控制变量之后，大学生责任感的年代效应依然显著。这说明大学生责任感与年代之间的正相关关系是稳定的。

(二)大学生责任感变化的性别差异

对大学生责任感变化的性别差异进行分析，有助于深入揭示责任感变化模式的差异性与特殊性。为准确掌握大学生责任感的群体变化提供依据，我们在现有数据的基础上，对男女大学生责任感变化分别进行分析。由表 2-13 可以看出，报告性别数据的文献主要分布在 2006—2012 年，其中，报告男生的有 24 篇，报告女生的有 26 篇。据此，我们采用与上面相同的方法考查了大学生责任感与年代相关和变化量的性别差异。从散点图可以发现，男生和女生的责任感均有所上升(见图 2-10、图 2-11)。

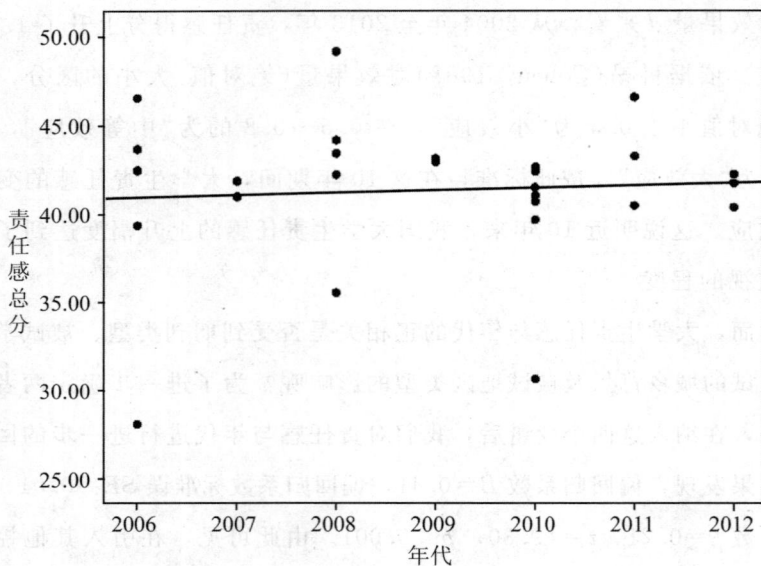

图 2-10 女大学生责任感随年代的变化

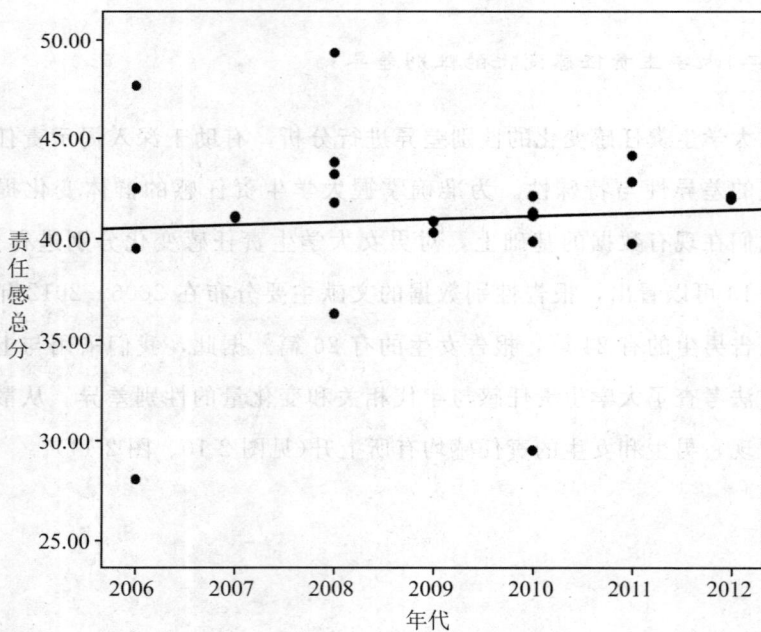

图 2-11 男大学生责任感随年代的变化

采用回归分析方法进行分析，结果发现在控制样本量之后，年代可以显著预测男、女大学生责任感的水平，具体结果见表 2-14。

表 2-14　大学生责任感变化的性别差异(2006—2012)

| 性别 | 与年代相关 | | 变化量 | | | | |
| --- | --- | --- | --- | --- | --- | --- | --- |
| | $\beta$ | $R^2$ | $M_{2006}$ | $M_{2012}$ | $M_{变化}$ | $SD$ | $d$ |
| 男生 | 0.21** | 0.04 | 39.13 | 41.96 | 2.83 | 5.37 | 0.53 |
| 女生 | 0.06** | 0.00 | 42.14 | 43.14 | 1.00 | 4.76 | 0.21 |

总体上看，男生责任感得分与年代之间显著正相关，而且 $d$ 值达到 0.53，属于"中等效应"。同时，女生责任感与年代之间也呈显著的正相关，但是变化幅度没有男生明显，其 $d$ 值为 0.21，属于"小效应"。这表明，从 2006—2012 年，男女大学生的责任感都明显上升了，其中男生上升的幅度更为明显。

(三)大学生责任感变化的学校类型差异

为考查大学生责任感变化趋势在学校类型上的差异，本研究比较了来自重点大学和普通大学的大学生责任感与年代之间的具体趋势(见表 2-15)。

表 2-15　大学生责任感变化的学校类型差异(2004—2013)

| 学校类型 | 与年代相关 | | 变化量 | | | | |
| --- | --- | --- | --- | --- | --- | --- | --- |
| | $\beta$ | $R^2$ | $M_{2004}$ | $M_{2013}$ | $M_{变化}$ | $SD$ | $d$ |
| 普通大学 | −0.10** | 0.01 | 44.31 | 41.97 | −1.34 | 3.36 | −0.40 |
| 重点大学 | 0.06** | 0.00 | 42.41 | 43.26 | 0.85 | 3.54 | 0.24 |

如表 2-15 所示，在相关系数上，重点大学的大学生责任感依然与年代呈现显著正相关，但是，普通大学的大学生责任感与年代呈负相关。从变化量上来看，重点大学学生责任感的得分从 2004 年的 42.41 分到 2013 年的 43.26 分，增加了 0.85 分，$d$ 值为 0.24，属于"小效应"。普通大学学生

责任感的得分从 2004 年的 44.31 分到 2013 年 41.97 分，下降了 2.34 分，$d$ 值为 0.40，也属于"小效应"。这说明，从 2004 年到 2013 年，重点大学的大学生责任感在缓慢上升，而普通大学的大学生责任感却在缓慢下降。

## 四、讨论

本研究发现，2004—2013 年，大学生责任感呈现上升趋势，与年代之间存在显著的正相关，并且年代可以解释责任感得分变化的 1.21 个标准差。这说明，我国大学生的责任感得分在 10 年间明显提高，责任感发生了整体变化。

本研究结果显示，近 10 年来我国大学生责任感明显上升，越来越向良性方向发展。这种年代变迁的背后反映了宏观社会背景对大学生心理与行为的影响。因为我们采用了大五人格问卷中的责任感维度，当前研究结果在一定程度上可以反映宏观社会环境对人格特征的影响。宏观社会环境是影响人格变化的重要因素之一，对人格的影响仅次于遗传的作用，甚至比家庭环境的影响更大（Twenge，2001）。经过近几十年的改革与发展，我国的社会文化背景正处于明显的转型时期。社会安定、经济快速发展、综合国力提升、文化繁荣，尤其是高等教育的快速发展，为当代大学生成长创设了一个良好的政治、经济和文化氛围。这种宏观的社会背景可能使得我国大学生变得更富有责任感。同样，Twenge（2001）研究发现，美国大学生的外向性得分从 1966 年到 1993 年增加了 0.79～0.97 个标准差，年代可以解释外向性 14% 至 19% 的变化，研究者认为美国宏观社会文化环境是导致这种变化的主要原因。由此可见，大学生责任感变化趋势的背后原因主要是宏观社会环境的变迁。

本研究发现，2006—2012 年，男、女大学生责任感变化具有较高的一致性，与年代之间均为显著正相关关系，但是男生责任感的上升幅度明显高于女生。前者责任感变化的 $d$ 值达到 0.53，属于"中等效应"，而后者责

任感变化的 $d$ 值为 0.21，属于“小效应”。这说明男女大学生责任感在近 7 年间的变化方向上是一致的，但是在变化程度上存在差异。由此可见，在宏观社会变化背景之下，虽然男女大学生责任感发生了整体变化，但因为所经历的文化与情境经验的不同，导致该群体的责任感变化出现了性别差异。这提示我们教育者在积极保持和继续促进男生责任感上升趋势的同时，更应该关注和提高女生责任感的表现。

对于责任感变迁的学校类型差异，研究发现，普通大学的大学生责任感与年代之间存在显著负相关，并且呈现缓慢下降的趋势。这可能是因为高校扩招导致在校大学生的数量急剧增加，在对大学生责任感的教学与管理上没有给予足够的重视。重点大学的大学生责任感与年代之间存在显著正相关，且呈现缓慢上升的趋势。这可能是重点大学在社会教育环境下，依然保持着严谨治学的好风范，优秀的大学氛围和治学条件与大学生责任感的培养是密不可分的。

在对社会转型期大学生心理与行为变迁的研究中，国内研究者们主要集中在心理健康、焦虑、人际信任、幸福感等心理指标的年代变化上（辛自强，张梅，何琳，2012；辛自强，周正，2012；李双双，李雪平，2015），少有涉及责任感等内在特质层面或与价值观关联密切的研究。本研究结果发现，大学生责任感与心理健康、焦虑、人际信任等一样，都随着年代而发生了变化。这表明，社会背景对个体的影响不仅涉及如心理健康等心理状态层面，而且深入影响到其内在的、作为核心品质的责任感层面。

## 五、研究结论与局限

我们采用横断历史研究的方法对 2004 年至 2013 年使用大五人格问卷中责任感维度的 65 篇实证调查研究进行分析，结果发现：①2004—2013年，大学生的责任感得分与年代之间呈现显著正相关，大学生责任感整体水平在上升；②男女大学生责任感变化表现出了共同上升的趋势，但是男生的责任感上升更为明显；③重点大学的大学生责任感呈现缓慢上升趋势，但是普通大学的大学生责任感反而呈现缓慢下降趋势。

我们采用横断历史研究的定量分析方法，揭示了我国大学生责任感的变化趋势及其性别差异，但是仍然存在一定的局限性。首先，本文对大学生责任感变化的分析主要集中在 2004—2013 年，性别差异的分析主要在 2006—2012 年。虽然这主要是由于有效文献与数据的限制，但是总体年代跨度较短，对研究结果的稳定性与外部效度存在一定的影响。其次，我们定量分析了大学生责任感的变化及其性别差异，但是并没有收集相关的宏观社会变量与指标进一步明确解释大学生责任感变化背后的社会原因与机制。因此，随着针对我国大学生责任感研究的增加，今后我们可以进一步增加其文献数量，扩大年代跨度，并收集与责任感有关的宏观社会变量与数据，深入掌握我国大学生责任感的变化趋势及其社会影响因素。

第三章

# 社会责任的心理结构与测量

虽然我们在第二章中根据已有的责任感或社会责任感测量工具对我国大学生社会责任感的现状及其变迁进行了初步调查与分析，获取了大量一手资料和数据，但是这并不能满足我们对社会责任感研究的需求，尤其是不能满足服务于大学生社会责任感提升与培养的需要。从心理学视角来研究社会责任感，首先研究者会沿用结构理论或要素理论来探讨社会责任的心理结构，然后据此编制具有针对性的测量工具。因此，在本章中我们首先系统地梳理关于社会责任的心理结构与测量的文献资料，然后在此基础上提出我们对社会责任的心理结构的设想，并据此编制我国大学生社会责任感问卷，继而检验该问卷的信、效度，使其成为我国大学生社会责任感的有效测量工具。最后，我们使用该问卷，分析我国大学生社会责任感的特征。

## 第一节　社会责任心理结构与测量的综述

综合已有文献可以发现，研究者们针对社会责任或责任的心理结构与测量开展了大量的研究与探索，为社会责任感的后续研究积累了许多有价值的资料与数据。因此，系统地综述已有研究成果，既有助于深入理解社会责任的内涵，又能为社会责任的心理结构与测评工具开发提供重要资料与借鉴。因此，本节主要对社会责任的心理结构与测量进行综述，然后在此基础上开展大学生社会责任感问卷的编制。

## 一、社会责任的心理结构

从多种视角来分析与讨论社会责任的结构，有助于我们更为准确地认识与理解社会责任，为社会责任的测量和评估提供理论支持与基本依据。由于社会责任是一个多学科共同关注的主题，心理学、教育学、社会学和人类学等众多学科分别从不同的视角对社会责任的结构进行了广泛的探讨，并且积累了大量的资料和经验。我们主要从心理学领域出发，对社会责任的心理结构进行梳理，试图对社会责任有一个更为深入的了解。综合已有对社会责任的心理结构的研究成果，可以发现存在多种结构并存的观点与争议。我们将其归纳为四种主要的研究取向。

### (一)心理过程取向

目前，采用心理过程的知、情和行等方式分析社会责任的心理结构是一种主要模式。相应地，将社会责任分为社会责任认知、社会责任情感和社会责任行为三个基本成分或维度（刘国华，张积家，1997；陈蓉，2013）。其中，社会责任认知是指个体对自身所应承担社会责任的一种知觉和认识，包括对责任的内容、意义、重要性的认识，是社会责任情感和行为产生的前提与基础。社会责任情感是指个体在社会责任认知与践行社会责任的过程中所产生的情感体验，包括爱心、怜悯、良心、羞耻心等，又称为社会责任感，是个体社会责任行为的重要动力。社会责任行为是指个体完成应承担的分内的社会事务的具体行为与表现，是个体在认知与情感基础上产生的一种积极主动的行为。此外，也有研究者从社会责任形成的角度出发，认为社会责任的心理结构包括社会责任认知、认同和行动三个环节（魏进平，杨易，2015）。

心理过程取向主要是沿袭着人们对心理过程的分类或责任的心理学研究范式来进行的，比较简单、明确，也更容易理解与接受。从整体上来说，社会责任的认知、情感和行为是一体的，三者相互联系、相互作用，形成了个体的社会责任心理。如果从更加广泛的角度上来说，社会责任当然还应该包含社会责任动机、能力和意识等方面。

**（二）责任对象取向**

从对象或客体来分析社会责任的结构有助于确定社会责任发生的具体领域和范围。例如，石世祥（2009）将社会责任分为一般责任心、个体责任心和社会责任心三个维度，其中社会责任心包括集体、同伴、家庭、道德和社会发展五个二阶指标。这里的一阶指标和二阶指标都是从具体的责任对象的角度来划分的。魏进平等人（2016）将社会责任分为政治责任感、生命责任感、学习责任感、学校责任感和网络责任感五个维度。赵兴奎（2007）将社会责任分为文化、物质和群体三个维度。

很显然，从责任对象的角度来划分社会责任存在两个难以回避的问题，一是将社会责任分解为具体的领域或范围的依据（标准）难以确定和统一，其结果是所划分的维度或类型存在交叉重叠，或者是难以穷尽所有的对象与客体。二是社会责任的内涵与外延的问题，这直接关系到类似家庭责任、集体责任、国家责任、学习责任、生命责任等是否应该包含于社会责任范围之内。从目前的文献来看，研究者们对社会责任的研究更多采用的是广义的概念，即社会责任包含更多的内容。

（三）发展取向

德尔夫（Delve）等人（1990）认为社会责任感的形成是一个复杂的动态过程，并从个体认知发展的角度提出了社会责任感发展的五阶段理论，包括尝试阶段（exploration）、明确阶段（clarification）、领会阶段（realization）、主动阶段（activation）和内化阶段（internalization）。具体来说，尝试阶段：个体饱含热情参与各类社会服务活动，认为自己所面对的人都是需要帮助的，并因能帮助别人或得到他人认可而备受鼓舞，对兴趣、社交和被他人认可的积极性较高，更多地关注自身表现。明确阶段：个体在选择服务活动上更为明确，更加有识别能力，会在参与之前权衡利弊得失，努力实现自身利益最大化。领会阶段：个体更为自知，更加坚信自己的信念，更专注于某些特定的人群或者事件，并且开始真正关注那些需要帮助的人们，而不仅仅是为了有趣或是得到他人的赞扬，开始意识到服务过程是相互学习的过程。主动阶段：个体具有更强的自我认知，更积极地参与服务活动，且觉得自己与服务对象密不可分。内化阶段：个体开始将社会服务融入其生活或职业生涯中，更加关注社会公平问题（魏海苓，2014，2016）。

（四）综合取向

1. 将心理过程与责任对象相组合

将心理过程与责任对象相组合来分析社会责任的心理结构已经成为该领域的主要模式，这不仅可以反映社会责任的心理过程，而且还可以结合重要而又具体的责任对象进行综合分析。例如，刘海涛等人（2011）认为社会责任感是指个体对社会责任的态度、动机和策略等方面表现出来的稳定的心理倾向，并且社会责任的一阶维度包括社会责任态度、社会责任动机、社会责任策略、社会责任内容四个方面。其中，社会责任态度是对社会责任的总的认识、态度体验以及行为表现，表现出稳定的心理特点，包括认知成分、情感成分和行为倾向。社会责任动机是个体参与社会责任的根本动力，包括自我约束要求、自我价值实现和避免舆论压力三个方面。社会责任策略指个体在承担社会责任中采用的策略，包括主动承担、逃避承担两个方面。社会责任内容包括个人责任感、家庭责任感、社会责任感和集体责任感等方面。

此外，罗香群(2007)将社会责任分为一般责任心和具体责任心两个维度，其中一般责任心包括责任认知、责任情感和责任行为，具体责任心包括自我责任心、家庭责任心、社会责任心和集体责任心。

这种组合心理过程与责任对象或责任内容的方式，试图涵盖社会责任的所有成分，实现全面与准确地认识社会责任的目的。但是，社会责任的心理结构应该是一个整体，是各个成分或维度相互作用下的有机体，而不应该是简单相加或组合的一个拼装结构。责任三角模型和责任心理的三侧面模型试图从整体视角来建构社会责任的理论，力图避免产生将心理过程与对象组合而出现的问题。

2. 责任三角模型

施伦克尔(Schlenker)等人提出责任三角模型，即责任是由责任规则、事件和主体的身份三个要素构成的，他们以三要素间的联结程度来解释责任心的强弱，认为责任心是把行为者身份、事件和相关行为规则关联在一起的"心理黏合剂"。规则—事件联结是一系列明确可以用于某个事件的规则；规则—身份联结是行为者由于身份而受规则的限制与约束；身份—事件联结是行为者与特定事件相关联，尤其是个体必须负责这个事件的原因而产生的关联，而且责任归因直接关系到这三个联结的强度(Schlenker, Britt & Pennington, et al., 1994)。随后，有研究者在美国军队中对责任三角模型的有效性进行了检验，来预测和解释士兵的奉献(Britt, 1999)。

3. 责任心理的三侧面模型

在施伦克尔(Schlenker)等人(1994)提出的责任三角模型的基础上,李明等人(2009)提出了责任心理的三侧面模型。他们认为责任心是影响责任行为的心理倾向、心理活动和心理内容的统一体,包括责任品质、责任情感和责任认知三个不可分割的侧面,它们在相互作用中影响责任行为,并构成了责任心理的三侧面模型。其中,责任品质是个体在长期社会化过程中,被主体认知操作和责任情感塑造出来的个体特征,包括内隐和外显的各种与责任相关的动机、情感、价值观、效能感、信念、意志特征,以及在认知操作过程中表现出来的认知、行为和能力特征。责任心是个体在责任品质基础上对情境进行认知操作前后出现的情感反应。责任认知则是具有某种特定责任品质的个体对环境条件和自我资源的认知操作,包括自我认知、人际知觉、角色认知、规则认知、结果预期等内容。该模型试图从整体上分析责任心及其各个侧面或维度之间的相互关系,但是如何用实证的方法来检验与验证该模型是一个亟须解决的问题。

## 二、社会责任感的测量

社会责任感的测量是研究社会责任感的重要手段,也是评估和提升社会责任感的重要前提与基础。从责任感作为道德品质的重要成分的角度来看,责任感的测量最早可以追溯到皮亚杰的对偶故事法和科尔伯格的两难故事。他们根据孩子对故事人物与事件关系的判断与认识,评价儿童道德观念或责任感的形成与发展阶段。目前,对责任感的测量主要是以自我报告的量表或问卷测量法为主,根据研究者的关注点不同,所开发工具的测量目的也存在较大的差异。我们试图从一般责任感和社会责任感两个方面梳理已有测量方法与工具,为后续研究提供资料积累和借鉴。

### (一)一般责任感的测量

以责任感或责任心为研究对象编制或开发的测量工具,主要包括早期所采取的人格量表中的一些维度和针对特定群体的问卷两种。

1. 采用人格测量工具评价责任感

已有研究表明，责任感作为道德品质的重要组成部分，在人格测量的子维度中得以体现。例如，明尼苏达多相人格测验（MMPI）中有一个社会责任感分量表，用于评估个体愿意对自己的行为负责任和对群体尽义务的程度。卡特尔的16种人格因素量表（16PF）中，因素 G 指有恒性（亦称为规范性），高分反映崇尚并遵从社会标准与规则，处事尽责。此外，大五人格的责任心维度（conscientiousness，又翻译为"尽责心"，或"严谨性"等）反映个体自信、有条理、有计划等（黄蔷薇，李丹，徐晓滢，2010；徐玉玲，叶浩生，2007）。

2. 青少年责任感问卷

（1）学生个体责任感问卷

辛（Singg）等人（2001）编制的学生个体责任感问卷（Student Personal Responsibility Scale-10）的主要测量对象是大学生，问卷共包含10个项目。例如，"当我承诺参与某个项目时，我会坚持到底。""无论是在家还是在学校，我都会完成分内的日常打扫工作。""对于之前约好的事，如果不想去了我可能会爽约。"所有项目采用4点计分，从1（完全不符合）到4（完全符合），其中有5个项目为反向计分，对反向计分重新处理之后，总均分越高说明个体的责任感越强。以往研究表明该量表具有良好的信、效度（Singg & Ader，2001；黄四林，韩明跃，宁彩芳，等，2016；黄四林，韩明跃，孙铃，等，2016）。

（2）中学生责任心问卷

中学生责任心问卷是由谭小宏（2004）开发的，共包括57个题目，采用5点计分。问卷分为一般责任心和特殊责任心两个维度，其中特殊责任心再进一步分为学业责任心、他人责任心、家庭责任心、社会责任心和集体责任心。例如，"我是一个信守承诺的人。""体育比赛中，我常常为我班队员加油鼓劲。""我对自己不小心损坏了公共财物而感到愧疚。"等，该问卷具有较好的信、效度。

（3）青少年责任心问卷

程岭红（2002）编制了针对青少年的一般责任心问卷，共包括54个题目，采用5点计分，问卷包括一般责任心、个体责任心和社会责任心三个维度。例如，"我对自己目前的责任有清楚的认识。""能够履行自己的职责我觉得很自豪。""如果有环保宣传活动我会很乐意参加。"从总体上看，该问卷具有较好的信、效度。

（二）社会责任感的测量

整体上来看，研究者对社会责任感的测量主要依据某种理论来构建社会责任感的结构，然后沿着这种结构编制测量题目与问卷。

1. 全球社会责任感量表

斯塔雷特 Starrett（1996）开发了针对大学生和成年人的全球社会责任感量表（Global Social Responsibility Scale），共包括45个题目，例如，"我会尽我所能去帮助别人"。已有研究显示，该量表与个体责任感量表等具有较高的正相关，表明其效度较好。但是该量表的题目主要是基于美国社会设计的，具有较强的文化色彩，所以对该问卷的引入和应用需要进一步根据我国的文化进行修改与检验。

2. 大学生社会责任感问卷

(1)从认知、情感和行为等方面测量社会责任感

陈蓉(2013)编制的大学生社会责任感问卷分为社会版和学生版,其中社会版包含 23 个题目,学生版包含 36 个题目,主要采用社会责任感的认知、社会责任感的态度和情感、社会责任感的行为三个维度来测量,采用 5 点等级计分,得分越高表示责任感水平越高。

(2)从文化、物质和群体等方面测量社会责任感

赵兴奎(2007)编制了针对大学生群体的社会责任感问卷,分为文化责任感、物质责任感和群体责任感三个维度,共包括 36 个题目,采用 5 点计分。例如,"我对现代科技对于臭氧层的破坏感到不安。""不管物质条件如何,赡养父母是我的责任。"已有研究显示,该问卷具有较好的信、效度(赵兴奎,2007;魏海苓,2016)。

3. 社会责任感发展阶段量表

奥尔尼(Olney)等人(1995)根据社会责任感发展五阶段模型开发了基于大学生的社会责任感发展阶段量表(the Scale of Social Responsibility Development,SSRD),但是他们将五个阶段合并为尝试阶段、领会阶段和行动阶段这三个阶段。魏海苓(2014,2016)修订了社会责任感发展阶段量表,修订后的问卷包括 35 个题目,采用 5 点计分,修订后的问卷具有较好的结构效度。尝试阶段包含 6 个题目,处于该阶段的个体对社会责任感的积极性较低,对兴趣、社交和被他人认可的积极性较高,更多地关注自身的表现,并因能帮助别人或得到他人认可而备受鼓舞。领会阶段包含 9 个题目,处于该阶段的个体更为自知,能够认识到表面上看起来不同的社会服务是相互联系的,意识到服务过程是相互学习的过程。行动阶段包括 20 个题目,处于该阶段的个体能积极参与行动。整个问卷的内部一致性系数是 0.833,三个维度分别为 0.672,0.720 和 0.857。

已有社会责任感问卷的测量大多是从责任对象或心理领域出发编制量表或问卷，但是社会责任感发展阶段量表则是从责任感的三个发展阶段来测量，另辟蹊径，为社会责任感的测量提供了较好的启示。

### (三)社会责任感测量的述评

总体上来说，社会责任感的研究可分为问卷调查法、实验室法和现场干预方法，其中以问卷调查法为主。从上文的介绍来看，问卷调查法作为当前社会责任感研究的主要方法，主要用于对社会责任感现状的调查以及与对社会责任感相关影响因素的分析。当前社会责任感问卷基本可以分为量表问卷和情境问卷两大类。

首先，量表问卷是指研究者编制完整的量表，通过不同的维度对被试的社会责任感进行测量。常见的维度主要有个人责任感、家庭责任感、群体责任感和社会责任感等，研究者通过个体在不同维度责任感的情感、认知、行为三个方面的表现考查个体在该维度的责任感水平，从而对个体整体的社会责任感进行测量。例如，赵兴奎(2007)编制的社会责任感量表通过考查个体对于文化、物质、群体等方面的社会责任感从而测量个体的社会责任感。

其次，情境问卷则是指研究者根据研究的不同情境设置问题，从而考查不同情境下个体的社会责任感水平。这种测量方式常用于实验操作后，对不同操作情境下的社会责任感水平进行测量(朱秋飞，何贵兵，2011；黄四林，韩明跃，张梅，2016；Mantler，Schellenberg & Page，2003)。例如，黄四林等人(2016)通过设置人际关系情境中的问题考查人际关系与社会责任感之间的关系，发现不同人际关系情境下个体的社会责任感的差异。

最后，现场干预法常用于对社会责任感培养的探讨中，研究者通过比较实施某种干预手段前后社会责任感的变化，从而考查此干预手法是否能够有效地提升个体的社会责任感。多恩（Doorn）等人（2013）考查角色扮演对学生社会责任感的影响时，设定一个制订法案的情境，让学生扮演不同的利益群体，围绕法案如何制订进行讨论。通过对不同角色的扮演从而让学生从不同的角度思考问题，加深学生对其所扮演角色的认知程度，从而提升学生的社会责任感。巴硕桑（Prasertsang）等人（2013）通过对岗前教师服务意识的培训，提升岗前教师的服务意识，从而提升其责任感水平。

## 第二节　大学生社会责任感问卷的编制

通过第一节对社会责任心理结构与测量文献的梳理我们可以发现，目前对大学生社会责任的心理结构的认识仍然存在争议，且缺乏有效的测评工具。因此，我们结合专家访谈和国内外已有研究结果，综合责任对象与心理过程两个方面建构了社会责任的心理结构，并据此编制了大学生社会责任感问卷。经过对小规模样本的初步测量与修订后，我们选取了国内 5 所高校共 826 名大学生为被试再次检验量表的信、效度，结果发现，我们编制的大学生社会责任感问卷包括家庭责任、集体责任和国家责任三个维度，具有良好的信、效度，能够作为我国大学生社会责任感测量的有效工具。

### 一、问题提出

大学阶段是大学生个体发展的重要时期，是个体从青年时期向成人期过渡和准备的时期。大学生社会责任感的发展直接影响着大学生志愿行为（Cheung，Lo & Liu，2015），学业成就（Carbonero，Martíb-Antón &

Monsalvo，et al.，2015），心理健康（Sadeghi，Asghari & Mehdi，2014）等一系列积极心理与行为。大学生社会责任感的发展也是高等教育的重要成果表现，并影响到大学生一生的发展（Hui，Hun & Quinlan，2016）。研究表明社会责任感的改变主要集中在大学教育期间（Dey，2008）。因此，开展大学生社会责任感的评价与培养研究是十分有必要的。为此，我们试图从社会责任感领域出发，结合专家访谈的结果，以大学生为主体，提出我国大学生社会责任的心理结构，并据此编制适用于我国大学生的社会责任感问卷，为今后的大学生社会责任的研究与评价提供有效的测量工具。

社会责任感是个人的一种重要心理品质与素养，它不仅直接影响个人的心理与行为，而且关系到国家和社会的整体发展。在心理学、教育学等学科领域，对社会责任研究使用最多的概念就是"社会责任心"或"社会责任感"（Schlenker，Britt & Pennington，1994；Wray-Lake & Syvertsen，2011；李明，叶浩生，2009；赵兴奎，张大均，2006a）。综合已有文献来看，社会责任心主要是指个体的社会责任心理特质或心理品质，包括对社会责任的认知、情感、行为，甚至包括意识、动机、能力等方面。社会责任感就相对比较具体，主要强调的是个体的社会责任情感体验。从这个角度来说，社会责任心包含了社会责任感。但是，在众多文献中，研究者对两者基本上又不做严格的区分，经常交替使用。显然，社会责任心包含的范围太广泛了，甚至等同于社会责任的心理；社会责任感仅仅包括对社会责任的情感体验方面，又过于狭窄、单一，除此之外，它还应包括对社会责任的认识和行为表现等方面。在综合已有文献后，我们采用社会责任感这一概念，但是强调的是个体社会责任的心理特质或活动过程，所以将社会责任感界定为个体积极承担社会责任或帮助他人的一种比较稳定的心理品质。

社会责任的心理结构的研究既可以使人们深入认识与理解社会责任感

的本质与形成过程，又可以作为社会责任感测量与培养的重要理论依据。然而，目前对社会责任的心理结构的界定仍然存在争议，甚至存在从两个维度到九个维度多种观点并存的现象（李明，叶浩生，2009）。综合已有文献可以发现，研究者对社会责任的心理结构的分析主要存在四种典型取向。首先，心理过程取向将"知、情、行"三个过程应用于对社会责任的心理结构的分析上，从而形成了社会责任认知、社会责任情感和社会责任行为三个基本维度（刘国华，张积家，1997；陈蓉，2013）。此外，还包括社会责任意志（燕国材，1997）和社会责任认同（魏进平，杨易，2015）。其次，责任对象取向，这种取向没有统一的逻辑与模式，主要是根据研究者对社会责任内涵的理解与研究目的而定。例如，石世祥（2009）将社会责任分为一般责任心、个体责任心和社会责任心三个维度，其中社会责任心包括集体、同伴、家庭、道德和社会发展五个二阶指标。魏进平等人（2016）将社会责任分为政治责任感、生命责任感、学习责任感、学校责任感和网络责任感五个维度。赵兴奎（2007）将社会责任分为文化、物质和群体三个维度。再次，发展取向。德尔夫（Delve）等人（1990）认为社会责任感的形成是一个复杂的动态过程，并从个体认知发展角度提出社会责任感发展的五阶段理论，包括尝试阶段、明确阶段、领会阶段、主动阶段和内化阶段。最后，综合取向，这种取向主要是将心理过程与责任对象相组合来分析社会责任的心理结构，不仅可以反映社会责任的心理，而且还可以与重要而又具体的责任对象相结合（陈蓉，2013；刘海涛，郑雪，2011；罗香群，2007）。

目前，采用综合取向分析社会责任的心理结构是大家比较一致认可的方法，可以从多个方面综合解析社会责任的心理结构。因此，我们首先根据责任对象将社会责任分为个体责任、家庭责任、集体责任和国家责任四个方面，然后对每个责任对象从知、情和行三个过程做进一步划分，如国家责任认知、国家责任情感和国家责任行为等。这样构成了一阶四个维度、二阶 12 个指标的社会责任心理结构。如此我们确定社会责任的心理结构主要有两方面的依据：一方面是将责任对象与心理过程结合，既包含了我们较为关注的责任发生的具体领域，包括家庭、集体和国家，又从心理学的角度考查大学生对这些责任的知、情和行为等心理过程；另一方面是，虽然其他研究者还提出了社会责任动机、认同等心理，以及文化责任、政治责任等具体领域的责任，但是我们所提出的这四个维度与 12 个指标，是众多文献都涉及的而且也是社会责任中最为基本的方面。

因此，我们据此结构编制大学生社会责任感的问卷。已有研究从各自的角度出发也开发了一些有价值的大学生社会责任的问卷。例如，大学生社会责任感评价量表(陈蓉，2013)从大学生自身和社会两个角度来评价大学生的认知、情感和行为三个方面；从物质、文化、群体这三个维度出发的大学生社会责任心问卷(赵兴奎，2007)等。然而，这些问卷之间的理论构思存在很大差异，所测查社会责任的重点也各有不同。鉴于上述原因，我们认为有必要重新编制一份大学生社会责任感的有效测量问卷。

## 二、量表的初定与修订

### (一)被试

本研究选取北京师范大学 152 名学生进行施测，平均年龄为 21.53±1.89 岁，其中男生 31 人，女生 121 人。

### (二)量表的编制过程

首先，我们结合已有文献与社会责任感测量工具，初步拟定大学生社会责任的心理结构，包括一阶四个维度，二阶 12 个指标。

其次，根据这个初步的结构，我们进行了专家访谈，对社会责任感的概念与心理结构进行专家评定。

最后，我们根据专家访谈确定社会责任的心理结构之后，编制社会责任感问卷的题目。我们参考了以往研究的题目，包括大学生社会责任感评价量表（陈蓉，2013）、大学生社会责任心问卷（赵兴奎，2007）、中学生责任心问卷（谭小宏，2004）、青少年学生责任心问卷（程岭红，2002）这 4 个量表。我们对其中的部分题目进行了修改，以使项目的指向性更加具体明确，最终形成了社会责任感问卷的初稿，该问卷采用 5 点计分，1 表示完全不符合，5 表示完全符合。四个维度的项目数分别是：个体责任 22 个、家庭责任 24 个、集体责任 25 个、国家责任 21 个。

我们采用初测问卷对被试进行施测，对数据结果进行项目分析和探索性因素分析，最终确定社会责任的正式问卷。

（三）问卷初试结果

首先，研究采用两种方法进行项目区分度的分析。一是高低分组的差异性检验。计算问卷的总分，将总分按照从高到低的顺序排列，得分前 27% 的被试被记为高分组，得分后 27% 的被试记为低分组。对高分组和低分组的被试在每个项目上的得分进行独立样本 $t$ 检验，删除差异不显著的项目。二是项目与总分相关分析。计算各个项目与总分的相关，删除相关系数小于 0.30 的项目。根据以上两种方法，共删除 1 个项目，余下 91 个项目。

其次，问卷结构的探索性分析。结果显示 $KMO = 0.84$，Bartlett's 球形检验 $\chi^2 = 6360.90$，$p < 0.001$，这表明可以进行因素分析。我们通过因素分析，抽取出 12 个因素，它们能够解释总变异的 67.31%。因素 1 至因素 12 的特征根的值范围从 1.30 至 20.34，变异率从 1.83% 至 30.35%。虽然全部项目的因素载荷都在 0.30 以上，但是个别因素下的项目数只有 2

个，且出现了同一因素下的项目归属于不同的构想维度的现象。

### (四)问卷的问题与修订

结合探索性因素分析的结果，我们发现个别项目会出现在不属于原来理论构想的因素之中。例如，"不是自己的事情不需要关心。"这在最初的理论构想中属于个体责任，但在探索性因素分析结果中却归在集体责任的因素之内。这可能是由于个别项目没有充分地体现潜在构想。因此，我们对问卷的具体项目进行了修改和删减。

首先，我们从具体项目的表达上进行修改或删减，包括句式、文字等。例如，"我崇尚'多一事不如少一事'的哲学"，"崇尚"带有明显的积极倾向，而且"哲学"一词也过于抽象，且去掉该词也不会影响语义，最终该项修改为"我认为多一事不如少一事"。又如，"我关心家人的健康"，在该项中"家人"的指向性并不明确，"健康"所指的范围也不够具体，因此我们直接删除了此项，重新编制了新的题项"我会主动与父母联系"。

其次，我们根据结果并结合对各维度的界定，对问卷的结构进行了调整，将部分项目从原来的维度调整至探索性因素分析结果所划分的维度中。例如，根据我们的构想，"我不做有损学校荣誉的事"是集体责任的行为指标，但分析结果将其归为集体责任的认知层面。根据语义判断该项目确实存在认知层面的倾向，我们修改后将其划入集体责任的认知子维度中。经过修改与删减，最终形成了正式施测的社会责任感问卷。

## 三、正式施测

### (一)被试

研究选取北京、苏州、安庆、上海、厦门地区的 5 所高校共 852 名大学生进行测验，收回有效问卷 826 份。其中男生 256 人，女生 564 人，6

人缺失性别信息；大一 270 人，大二 321 人，大三 197 人，大四 29 人，9
人缺失年级信息；年龄在 17～25 岁，平均年龄 20.44±1.18 岁。

### (二)研究工具

#### 1. 大学生社会责任感问卷

研究采用我们初步修订后的大学生社会责任感问卷，问卷中包括"我
认为实现中国梦是我们的使命"等题目。该量表共 90 个题目，分为个人责
任、家庭责任、集体责任、国家责任 4 个分量表，采用 5 点计分，从 1(完
全不符合)到 5(完全符合)，得分越高表示个体的社会责任感水平越高。

#### 2. 青少年亲社会倾向量表(PTM)

研究采用寇彧等(2007)修订的青少年亲社会倾向量表进行测量，题目
包括"有人在场时，我会竭尽全力帮助别人"等。该量表共包含 26 个题目，
分为 6 个分量表，依次为公开的、匿名的、利他的、依从的、情绪性的、
紧急的。量表采用 5 点计分，从 1(非常不像我)到 5(非常像我)，分数越高
表示个体的亲社会倾向水平越高。虽然量表为青少年版，但在大学生群体中
同样被广泛地应用，且信效度良好(寇彧，马艳，谭晨，2004；洪慧芳，寇
彧，2008；王兴超，杨继平，2013)。该量表在本研究中的 α 系数为 0.89。

#### 3. 集体自尊量表(CSES)

集体自尊量表由卢赫塔宁(Luhtanen)等人(1992)编制，内容包括"我
是所属社会团体里的一名有价值的成员"等问题。该量表共包含 16 个题目，
分为 4 个分量表，依次为资格集体自尊、私密性集体自尊、公众性集体自
尊、身份重要性。该量表采用 5 点计分，从 1(非常不符合)到 5(非常符
合)，分数越高表示集体自尊水平越高。该量表在已有研究中显示出良好
的信、效度(林辉，潘小娴，陈新苗，2015)。该量表在本研究中的 α 系数
为 0.85。

## 4. 物质主义价值观量表(MVS)

物质主义价值观量表由李静等人(2009)修订，内容包括"我羡慕那些拥有昂贵的房子、汽车和衣服的人"等问题。该量表共包含 13 个题目，分为 3 个分量表：以财物定义成功、以获取财物为中心和通过获取财物追求幸福。量表采用 5 点计分，从 1(完全不同意)到 5(完全同意)，分数越高表示物质主义价值观水平越高。该量表在已有研究中显示出良好的信、效度(李静，曹琴，胡小勇，郭永玉，2016；何安明，惠秋平，2015)，该量表在本研究中的 $\alpha$ 系数为 0.81。

### (三)研究程序

首先，我们对修订的社会责任问卷进行项目分析、探索性因素分析、验证性因素分析及信度分析。根据被试编号，我们将正式施测样本分为奇数组($n=414$)和偶数组($n=412$)，其中，奇数组用于项目分析、探索性因素分析；偶数组用于验证性因素分析。

其次，分析最终确定的社会责任感问卷的会聚效度和区分效度，我们采用效标关联的方法，使用与亲社会倾向量表、集体自尊量表之间的相关考查会聚效度，而使用与物质主义价值观量表之间的相关考查区分效度。

### (四)研究结果

### 1. 项目分析

首先，我们计算问卷的总分，将总分按照从高到低的顺序排列，得分前 27％的被试记为高分组，得分后 27％的被试记为低分组。我们再对高分组和低分组的被试在每个项目上进行独立样本 $t$ 检验，删除差异不显著的项目。其次，研究采用相关分析法，计算各个项目与总分的相关，删除相关系数小于 0.30 的项目。根据以上两种方法，共删除 6 个项目，余下 82

个项目。

## 2. 探索性因素分析

探索性因素分析结果表明，$KMO=0.91$，Bartlett's 球形检验 $\chi^2 = 8666.74$，$p<0.001$。这表明各个项目之间存在共同因素，可以进行因素分析。因此我们采用主轴因子分解，斜交旋转法提取因子。以特征值大于1作为因子提取的原则，删除因子载荷小于 0.30 的条目，最终形成 13 个因子，包含共 54 个项目。13 个因子共解释总变异的 48.22%。因素 1 至因素 13 的特征根的值从 1.01 至 12.64，变异率从 0.89% 至 22.48%。虽然每个项目的载荷都大于 0.30，但与初测存在相同的问题，因子所对应的项目与理论构想之间存在明显差异且个别因子下的项目数少于 3 个，其中更是缺失了个体责任之中的情感维度。为了保持因子下项目的一致性以及对理论构想进行修正，我们决定将个体责任维度删除，并且再次进行探索性因素分析。

第二次探索性因素分析的结果表明，$KMO=0.84$，Bartlett's 球形检验 $\chi^2=3504.36$，$p<0.001$。这表明各个项目之间存在共同因素，适合做因素分析。采用主轴因子分解，斜交旋转法提取因子。以特征值大于 1 作为因子的提取原则，删除因子载荷小于 0.30 以下的条目，最终形成 9 个因子，共包含 30 个项目。9 个因子共解释总变异的 45.24%。因素 1 至因素 9 的特征根的值从 1 至 5.54，变异率从 1.43% 至 20.02%。其中，因子 3 中同时包含国家责任的情感和行为两个维度，虽然该结果优于最初的结构模型，但是与改进后的理论模型仍存在部分差异。因此，根据理论模型将因子 3 中的两个维度进行分割，合并因子 4 与因子 7，以达到对该结果的理论修正，然后使用修正后的结构进行验证性因素分析。

## 3. 验证性因素分析

根据理论构想，我们使用 Mplus7.0 分析并设置了 9 因子，其中包括了 30 个项目，结果发现模型拟合指标为：$\chi^2 = 951.91$，$p < 0.001$，$RESEA = 0.06$，$CFI = 0.83$，$TLI = 0.80$。结果表明模型仍需修正，修正后的结果为：$\chi^2 = 687.80$，$p < 0.001$，$RESEA = 0.05$，$CFI = 0.90$，$TLI = 0.88$，结果表明模型拟合良好，可以进行下一步的验证。但在家庭责任的行为维度中，T1(0.17)和 T3(0.08)的标准化系数小于 0.30，因此删除这两个项目再次进行验证性因素分析，修正后的结果见表 3-1。

表 3-1　修正后的拟合指数

| | $\chi^2$ | $df$ | $\chi^2/df$ | $RESEA$ | $CFI$ | $TLI$ |
|---|---|---|---|---|---|---|
| 一阶验证性分析 | 664.61 | 411 | 1.62 | 0.05 | 0.89 | 0.87 |
| 二阶验证性分析 | 629.05 | 411 | 1.53 | 0.05 | 0.91 | 0.89 |

注：通常 $\chi^2/df$ 小于 3，$RESEA$ 小于 0.08，$CFI$、$TLI$ 大于 0.90，表示拟合结果较好。

由表 3-1 可知，一阶与二阶维度的 $\chi^2/df$ 均小于 3（分别为 1.62、1.53），$RESEA$ 均小于 0.08（分别为 0.05、0.05），$CFI$、$TLI$ 的值均在 0.90 左右。因此，修正后的一阶维度与二阶维度拟合结果可以接受，修正后的各维度载荷具体见表 3-2。

表 3-2　社会责任心理结构各维度载荷

| 题目 | 家庭责任 | | | 集体责任 | | | 国家责任 | | |
|---|---|---|---|---|---|---|---|---|---|
| | 认知 | 情感 | 行为 | 认知 | 情感 | 行为 | 认知 | 情感 | 行为 |
| T5 | 0.64 | | | | | | | | |
| T6 | 0.80 | | | | | | | | |
| T9 | 0.67 | | | | | | | | |
| T2 | | 0.63 | | | | | | | |
| T7 | | 1.00 | | | | | | | |
| T8 | | | 0.93 | | | | | | |
| T15 | | | 0.58 | | | | | | |
| T14 | | | | 0.66 | | | | | |
| T17 | | | | 0.50 | | | | | |
| T21 | | | | 0.73 | | | | | |

| 题目 | 家庭责任 | | | 集体责任 | | | 国家责任 | | |
|------|------|------|------|------|------|------|------|------|------|
| | 认知 | 情感 | 行为 | 认知 | 情感 | 行为 | 认知 | 情感 | 行为 |
| T22 | | | | | 0.45 | | | | |
| T27 | | | | | 0.56 | | | | |
| T23 | | | | | | 0.64 | | | |
| T24 | | | | | | 0.35 | | | |
| T25 | | | | | | 0.73 | | | |
| T28 | | | | | | 0.59 | | | |
| T29 | | | | | | 0.38 | | | |
| T30 | | | | | | 0.52 | | | |
| T4 | | | | | | | 0.64 | | |
| T10 | | | | | | | 0.70 | | |
| T11 | | | | | | | 0.65 | | |
| T12 | | | | | | | 0.57 | | |
| T18 | | | | | | | | 0.64 | |
| T19 | | | | | | | | 0.62 | |
| T26 | | | | | | | | 0.50 | |
| T20 | | | | | | | | | 0.76 |
| T13 | | | | | | | | | 0.61 |

## 4. 信度分析

研究根据验证性因素分析的结果，将最终确定的 28 个项目进行信度分析，计算得到总维度及各个维度的克伦巴赫 $\alpha$ 系数，社会责任、家庭责任、国家责任、集体责任四个子维度的 $\alpha$ 系数分别为 0.87、0.73、0.76、0.81。这说明社会责任感量表无论是总体上还是各维度上的内部一致性均较高。

## 5. 效标关联效度分析

本研究分别采用亲社会倾向量表、集体自尊量表及物质主义价值观量表与大学生社会责任感量表进行效标关联效度的检验，具体结果见表 3-3。

表 3-3　社会责任感问卷的效标关联效度分析

| | 亲社会倾向 | 集体自尊 | 物质主义价值观 |
|---|---|---|---|
| 社会责任感 | 0.43** | 0.45** | −0.16** |
| 家庭责任 | 0.28** | 0.23** | −0.16** |
| 国家责任 | 0.36** | 0.31** | −0.07 |
| 集体责任 | 0.37** | 0.46** | −0.16** |

注：* $p < 0.05$，** $p < 0.01$，*** $p < 0.001$，下同。

由上表可知，大学生社会责任感以及三个子维度均与亲社会倾向和集体自尊呈显著正相关；整体上大学生社会责任与物质主义价值观呈显著负相关。这表明自编的大学生社会责任感问卷具有较高的效标效度。

# 四、讨论

本节我们研究的主要目的是建构社会责任的心理结构，并据此编制大学生社会责任感问卷，使其能够对当代大学生的社会责任感进行有效的测量。正式施测的结果表明，我们编制的问卷具有良好的信、效度，是大学生社会责任感的有效测量工具。

问卷主要采用专家访谈和文献整理两种方式拟定问卷的初步维度以及进行题目的编制，我们随后进行小规模的问卷施测，主要从题目的文字表达与预期结构之间的一致性上进行修订。正式施测最终收回 852 份数据，我们在进行被试的删除与缺失值的处理之后，最终得到 826 名被试的有效数据做进一步的统计运算。为了保证研究结果的准确性，我们将被试分为奇数被试和偶数被试两部分进行计算。研究经过计算最终将个体责任感删除，得到家庭责任、国家责任、集体责任三个维度，以及这三个维度下包含的认知、情感、行为三个子维度。验证性因素分析调整和修正后的结果显示我们问卷的二阶模型拟合良好。此外，进一步的信度分析表明，问卷的总 $\alpha$ 系数为 0.87，量表具有良好的信度。

在确定大学生社会责任的最终维度后，我们采用亲社会倾向量表、集体自尊量表、物质主义价值观量表这三个已成型的量表对其进行效标关联效度的检验。主要分为两个方面，一方面从会聚效度来考查，包括亲社会行为和集体自尊两个方面。其中，亲社会行为指一切自愿使他人受益的行为，包括助人、分享、谦让、安慰、捐赠、自我牺牲等一切积极的、有社会责任感的行为(寇彧，洪慧芳，谭晨，等，2007)，从概念上看，社会责任行为包含在亲社会行为当中。集体自尊与社会责任同样对幸福感有显著的正向预测作用(贾绪计，王胜男，2009)。同时，集体自尊在大学生学校认同对责任感的影响中发挥完全中介的作用(黄四林，韩明跃，宁彩芳，等，2016)，可见集体自尊能够积极地预测社会责任。另一方面是通过区分效度来考查，主要是物质主义价值观。综合这两方面的关联效度可以说明我们编制的大学生责任感问卷是具有良好效度的。

以往对于大学生社会责任的结构的研究主要是从心理结构和心理过程(刘海涛，2006)以及社会责任的不同对象(赵兴奎，2007)两方面进行的。目前看到的较为全面的结构是将这两者相结合的研究(程岭红，2002；谭小宏，2004)，与单独从一方面进行研究相比，这样的研究方法更加全面，但同时也存在评价指标的选取有待检测、量表效度评价指标的选取不够准确等问题。在最终确定的问卷中，我们将个体责任删除了，这主要是因为与最初的理论构想不一致。在最初的理论构想中个体责任的指向对象是除却个体本身之外的其他人，但在实际的题目中，该维度很容易出现指向性不明确的现象。例如，"承诺了的事情就应该认真去做"，该题在统计分析时很容易被归于其他维度，这可能是由于社会责任的产生本身就是发生在内群体之中，个体之外的其他人较为容易被归类于某一群体的成员，而不是单纯的作为一个独立的个体存在。因此，个体责任的题目很容易分散在其他的维度内，最终导致数据结果不理想，从而被删除。所以，我们根据数据结果进行反思，修改了最初的理论构想，将个体责任删除，仅保留了家庭责任、集体责任、国家责任三个维度。

综上所述，我们编制的大学生社会责任感问卷，不仅结合了前人研究中的相关维度，而且汲取了有关专家的意见，经过统计分析得到的大学生社会责任的最终维度，包含了家庭、集体、国家3个一阶维度，从认知、情感、行为方面进一步划分为9个二阶指标。总体上说，我们的问卷不仅包含个体直接接触到的群体(家庭、集体)，还包含对于个体而言更加宏观的群体(国家)，能够较为全面地测量大学生社会责任感的水平。

## 五、结论

通过我们的研究可以获得如下两个主要结论：①大学生社会责任感问卷包括一阶家庭责任、集体责任、国家责任三个维度，二阶9个指标，即家庭责任认知、家庭责任情感、家庭责任行为、集体责任认知、集体责任情感、集体责任行为、国家责任认知、国家责任情感、国家责任认知；②我们编制的大学生社会责任感问卷具有良好的信、效度，能够作为我国大学生社会责任感的有效测量工具。

## 第三节　大学生社会责任感的特征

本章第二节中的检验结果表明，我们编制的大学生社会责任感问卷具有良好的信、效度，可以成为我国大学生社会责任感测量的可靠工具。因此，我们在本节中以该问卷作为测量工具，分析我国大学生社会责任感的总体状况，以及在性别、年级、家庭情况上的特征与表现。

## 一、问题提出

高度的社会责任感一直是我国历代社会主流文化所倡导的一种品质与精神，也是中华民族优秀传统文化的重要组成部分。当前，公民社会责任感既是我国社会主义精神文明建设的核心内容，也是社会主义核心价值观的内在要求。无论是为了文化传承传播和国家繁荣昌盛，还是为了社会的和谐发展，大学生社会责任感的培养都是当前教育的重要主题。作为国家重要人力资源财富的大学生群体，其社会责任感的强弱既直接关系到他们自身的全面发展和人生价值的实现，也关系到国家和社会的发展与进步。党的十八届三中全会也强调：要深化教育领域综合改革，加强社会主义核心价值体系教育，形成爱学习、爱劳动、爱祖国的有效活动形式和长效机制，增强学生的社会责任感。因此，有必要开展大学生社会责任感研究，探讨大学生的社会责任感现状、发展特点及其影响因素，为更好地培养和增强大学生社会责任感提供借鉴和参考。

当前，国内对大学生社会责任感的评价偏重定性研究（魏进平，刘雪娟，薛玲，2015）。近年来，我国学者初步编制了一些测量社会责任感的问卷或量表，如李雪（2004）编制的青少年社会责任心问卷；刘海涛、郑雪和聂衍刚（2011）编制的大学生社会责任感问卷；肖波（2009）编制的青少年社会责任心问卷等。这些研究较多关注青少年的社会责任感状况，编制的问卷或量表基于不同的理论和研究视角，各有特色和侧重点。对于我国大学生社会责任感的现状的认识，学术界的研究结果并不一致。有研究者认为当代大学生具有较高或中上等水平的社会责任感（刘佳，2012；彭定光，2003；阳萍，刘辉，2014）；有些学者则认为大学生社会责任感明显淡化（王永明，夏忠臣，2012）、喜忧参半（朱晨静，2010）。

总的来看，目前国内对大学生社会责任感现状的研究，在测量工具的科学性、研究设计的规范性、样本的代表性等方面还稍显不足(魏进平,刘雪娟,薛玲,2015)。本研究着眼于大学生社会责任感的现状,以北京、安徽、浙江、江苏等多省市的高校大学生作为研究对象,采用标准化的社会责任感调查量表进行大规模取样,为深入了解我国大学生社会责任感的现状及其发展特点提供有力的科学支撑。

## 二、研究方法

### (一)研究对象

本研究以北京、安徽、江苏、浙江等多个省市高校大学生作为调查对象,共调查大学生 806 名。其中男生 256 人(31.8%),女生 550 人(68.2%);大一学生 260 人(32.3%),大二学生 319 人(39.6%),大三学生 198 人(24.6%),大四学生 29 人(3.6%)。研究对象的详细情况见表3-4。

表 3-4 研究对象信息表

| 被试变量 | 被试类别 | 人数 | 比例(%) |
|---|---|---|---|
| 性别 | 男 | 256 | 31.8 |
| | 女 | 550 | 68.2 |
| 年级 | 大一 | 260 | 32.3 |
| | 大二 | 319 | 39.6 |
| | 大三 | 198 | 24.6 |
| | 大四 | 29 | 3.6 |
| 户籍 | 农业户口 | 341 | 42.3 |
| | 非农业户口 | 465 | 57.7 |
| 家庭所在地 | 城市 | 343 | 42.6 |
| | 县城 | 169 | 21.0 |

| 被试变量 | 被试类别 | 人数 | 比例(%) |
|---|---|---|---|
| | 乡镇 | 153 | 19.0 |
| | 村庄(寨) | 141 | 17.5 |
| 父亲受教育程度 | 未受教育 | 9 | 1.1 |
| | 小学 | 87 | 10.8 |
| | 初中 | 235 | 29.2 |
| | 高中(含职高、中专) | 214 | 26.6 |
| | 大专或本科 | 235 | 29.2 |
| | 研究生及以上 | 26 | 3.2 |
| 母亲受教育程度 | 未受教育 | 32 | 4.0 |
| | 小学 | 158 | 19.6 |
| | 初中 | 205 | 25.4 |
| | 高中(含职高、中专) | 191 | 23.7 |
| | 大专或本科 | 171 | 21.2 |
| | 研究生及以上 | 13 | 1.6 |
| | 未报告 | 36 | 4.5 |

(二)研究工具

研究采用我们自编的大学生责任感问卷,该问卷由家庭责任感(7 个项目)、集体责任感(10 个项目)和国家责任感(11 个项目)三个维度构成。家庭责任感主要测量大学生对于自身应履行的对父母或家庭的责任的认知、情感和行为倾向,项目包括"替父母完成家务我会很高兴""作为家庭成员,我有责任维护家庭的稳定"等。集体责任感主要测量大学生对于自身应履行的对集体(学校或班级等)责任的认知、情感和行为倾向,测试项目包括

"在我看来，违反校规校纪也无所谓"（反向计分）"体育比赛中，我会为我班队员加油鼓劲""即使同学不理解我，我还是会为集体的发展提供建议"等。国家责任感主要测量大学生对于自身应履行的对国家责任的认知、情感和行为倾向，测试项目包括"国家发展的好坏与我息息相关""我赞成'天下兴亡，匹夫有责'的观点"等。量表采用 Likert 5 点计分，从"完全不符合"（1 分）到"完全符合"（5 分）。在本研究中，该量表分维度和总量表的内部一致性系数分别是：0.73，0.81，0.75，0.87。

另外，还需要被试填写性别、年级、考入大学前的户籍所在地、家庭所在地等基本人口统计学信息。

## 三、研究结果

### （一）大学生社会责任感的总体状况

大学生社会责任感总体水平的描述性统计结果显示，家庭责任感、集体责任感和国家责任感的总得分分别是 4.25，3.75，3.75（见表 3-5）。采用单样本 $t$ 检验分析表明，它们都显著高于中位数 3（"不确定"），$t$ 值分别为 73.04（$p<0.001$）、40.36（$p<0.001$）和 42.41（$p<0.001$）；它们与中位数 4（"比较符合"）的单样本 $t$ 检验分析结果表明，$t$ 值分别为 14.47（$p<0.001$），$-13.37$（$p<0.001$）和 $-13.98$（$p<0.001$）。这说明，总体而言，大学生家庭责任感处于中等偏上水平，集体责任感和国家责任感处于"不确定"和"比较符合"之间，并表现出向积极方面发展的趋势。

表 3-5　描述性统计结果

| 社会责任感 | 最小值 | 最大值 | 平均数 | 标准差 |
| --- | --- | --- | --- | --- |
| 家庭责任感 | 1.43 | 5.00 | 4.25 | 0.48 |
| 集体责任感 | 1.36 | 5.00 | 3.75 | 0.53 |
| 国家责任感 | 2.10 | 5.00 | 3.75 | 0.50 |

（二）社会责任感的人口统计学变量差异分析

1. 社会责任感的性别差异分析

本研究采用独立样本 $t$ 检验分析家庭责任感、集体责任感和国家责任感的性别差异，结果表明，女生的集体责任感得分显著高于男生（$p <$ 0.05），而女生的家庭责任感、国家责任感得分与男生的差异没有达到统计显著性水平（$p > 0.05$），见表 3-6。

表 3-6　社会责任感的性别差异分析

| 社会责任感 | 男 | 女 | $t$ |
|---|---|---|---|
| 家庭责任感 | 4.20±0.55 | 4.27±0.45 | −1.75 |
| 集体责任感 | 3.68±0.58 | 3.78±0.50 | −2.41* |
| 国家责任感 | 3.74±0.56 | 3.76±0.48 | −0.57 |

2. 社会责任感的年级差异分析

本研究采用单因素方差分析考查家庭责任感、集体责任感、国家责任感的年级差异，由于调查数据中大四学生只有 29 人，样本量过少，因此我们在分析时未予以考虑，主要考查大一、大二、大三学生的年级差异。结果表明，无论是在家庭责任感、集体责任感还是国家责任感方面，年级差异都没有达到统计显著性水平（$p > 0.05$）（表 3-7）。

表 3-7　社会责任感的年级差异分析

| 社会责任感 | 大一 | 大二 | 大三 | $F$ |
|---|---|---|---|---|
| 家庭责任感 | 4.12±0.47 | 4.29±0.48 | 4.24±0.51 | 2.97 |
| 集体责任感 | 3.77±0.50 | 3.73±0.52 | 3.76±0.57 | 0.56 |
| 国家责任感 | 3.74±0.52 | 3.74±0.52 | 3.76±0.46 | 0.12 |

3. 社会责任感的户籍差异分析

本研究采用独立样本 $t$ 检验分析家庭责任感、集体责任感、国家责任感的户籍差异，结果表明，调档前是农业户口的大学生的家庭责任感和集体责任感得分显著高于非农业户口（$p < 0.001$）；而在国家责任感方面，户籍差异没有达到统计显著性水平（$p > 0.05$），见表 3-8。

表 3-8　社会责任感的户籍差异分析

| 社会责任感 | 农业户口 | 非农业户口 | $t$ |
|---|---|---|---|
| 家庭责任感 | 4.33±0.47 | 4.19±0.49 | 4.12*** |
| 集体责任感 | 3.84±0.50 | 3.69±0.54 | 4.36*** |
| 国家责任感 | 3.73±0.51 | 3.77±0.50 | −1.08 |

4. 社会责任感的家庭所在地差异分析

本研究采用单因素方差分析考查家庭责任感、集体责任感、国家责任感的家庭所在地（城市、县城、乡镇、农村）差异，结果显示，家庭责任感和集体责任感在家庭所在地上的差异达到统计显著性水平（$p < 0.05$），而国家责任感的差异则没有达到统计显著性水平（$p > 0.05$）（表 3-9）。进一步事后检验的结果表明：来自城市的大学生的家庭责任感得分显著低于其他三类（图 3-1），来自农村的大学生的集体责任感得分显著高于其他三类（图 3-2）。

表 3-9　社会责任感的家庭所在地差异分析

| 社会责任感 | 城市 | 县城 | 乡镇 | 村庄（寨） | $F$ | 事后检验 |
|---|---|---|---|---|---|---|
| 家庭责任感 | 4.17±0.50 | 4.29±0.44 | 4.29±0.50 | 4.33±0.46 | 5.38*** | 1<2=3=4 |
| 集体责任感 | 3.71±0.52 | 3.75±0.53 | 3.74±0.55 | 3.89±0.51 | 3.61* | 1=2=3<4 |
| 国家责任感 | 3.78±0.49 | 3.77±0.49 | 3.69±0.53 | 3.72±0.53 | 1.45 | |

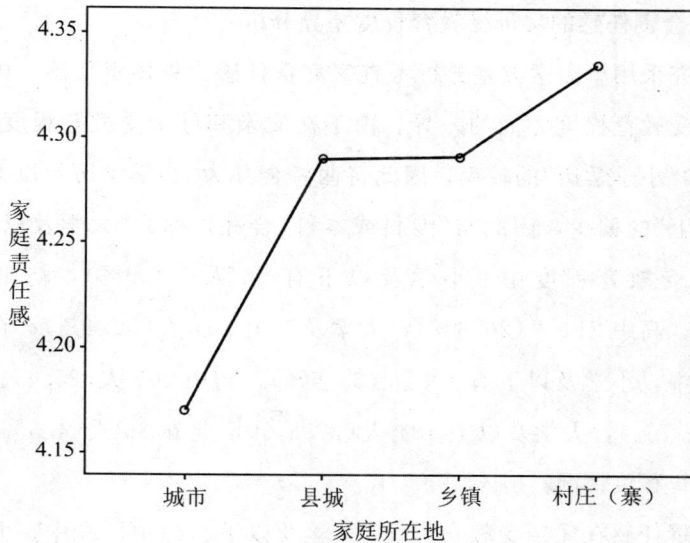

图 3-1　家庭责任感在家庭所在地上的差异的事后检验结果

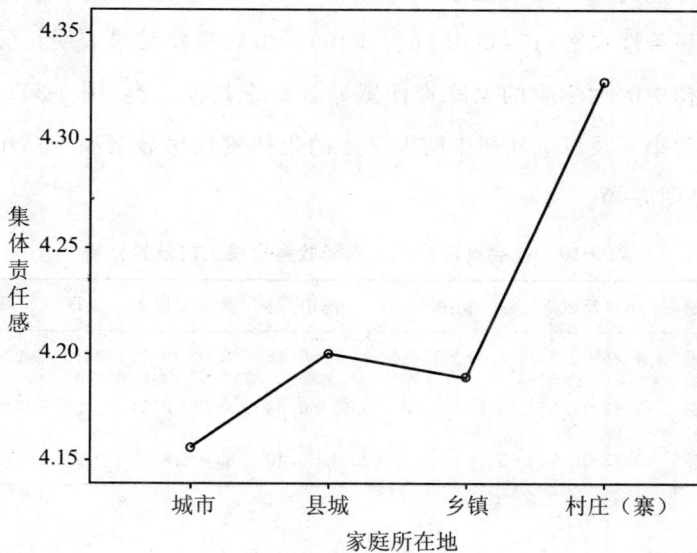

图 3-2　集体责任感在家庭所在地上的差异的事后检验结果

5. 社会责任感的父母受教育程度差异分析

本研究采用单因素方差分析考查家庭责任感、集体责任感、国家责任感在父母受教育程度方面的差异。由于在父亲和母亲受教育程度中,"未受教育"和"小学学历"的较少,因此将两者合并为"小学学历及以下";"研究生及以上"的偏少,因此与"专科或本科"合并,称为"大学及以上"。因此在父亲受教育程度中,小学及以下有 96 人(11.9%),初中 235 人(29.2%),高中 214 人(26.6%),大学及以上 261 人(32.4%);在母亲受教育程度中,小学及以下有 190 人(23.6%),初中 205 人(25.4%),高中 191 人(23.7%),大学及以上 184 人(22.8%),此外 36 人(4.5%)未报告母亲受教育程度情况。

社会责任感在父亲受教育程度(小学及以下、初中、高中、大学及以上)方面的差异分析结果显示:家庭责任感和集体责任感在父亲受教育程度上的差异达到统计显著性水平($p < 0.05$),而国家责任感的差异则没有达到统计显著性水平($p > 0.05$)(表 3-10)。事后检验结果表明:父亲受教育程度为初中的大学生的家庭责任感显著高于其他三类(图 3-3);父亲受教育程度为小学及以下和初中的大学生的集体责任感显著高于高中和大学及以上(见图 3-4)。

表 3-10　社会责任感在父亲受教育程度上的差异分析

| 社会责任感 | 小学及以下 | 初中 | 高中 | 大学及以上 | $F$ | 事后检验 |
|---|---|---|---|---|---|---|
| 家庭责任感 | 4.26±0.53 | 4.31±0.45 | 4.26±0.48 | 4.18±0.50 | 3.12* | 2>1=3=4 |
| 集体责任感 | 3.83±0.55 | 3.82±0.49 | 3.67±0.53 | 3.72±0.54 | 3.82* | 1=2>3=4 |
| 国家责任感 | 3.73±0.53 | 3.75±0.49 | 3.71±0.49 | 3.79±0.52 | 0.28 | |

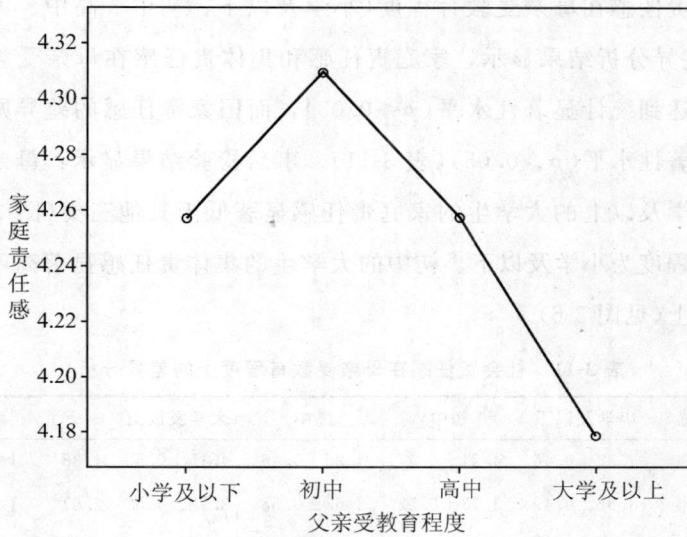

图 3-3　家庭责任感在父亲受教育程度上的事后检验结果

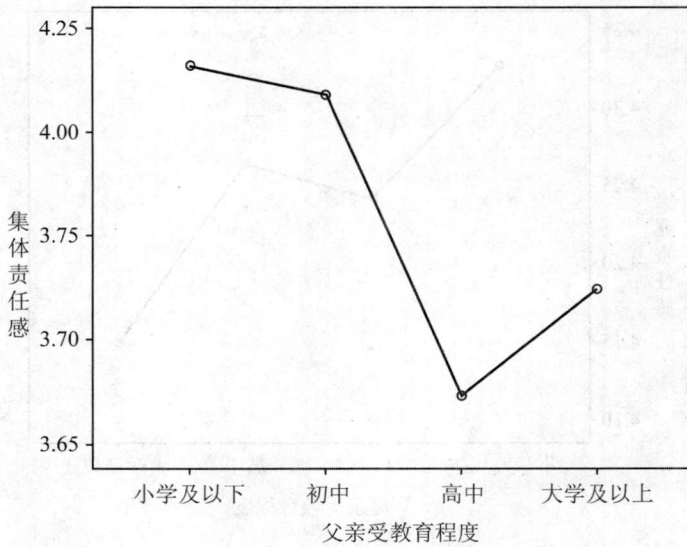

图 3-4　集体责任感在父亲受教育程度上的事后检验结果

社会责任感在母亲受教育程度（小学及以下、初中、高中、大学及以上）上的差异分析结果显示，家庭责任感和集体责任感在母亲受教育程度上的差异达到统计显著性水平（$p < 0.05$），而国家责任感的差异则没有达到统计显著性水平（$p > 0.05$）（表 3-11）。事后检验结果显示：母亲受教育程度为大学及以上的大学生的家庭责任感显著低于其他三类（图 3-5）；母亲受教育程度为小学及以下、初中的大学生的集体责任感显著高于高中和大学及以上（见图 3-6）。

表 3-11 社会责任感在母亲受教育程度上的差异分析

| 社会责任感 | 小学及以下 | 初中 | 高中 | 大学及以上 | $F$ | 事后检验 |
|---|---|---|---|---|---|---|
| 家庭责任感 | 4.32±0.46 | 4.24±0.47 | 4.26±0.46 | 4.15±0.53 | 4.38** | 1=2=3>4 |
| 集体责任感 | 3.82±0.49 | 3.78±0.52 | 3.68±0.58 | 3.72±0.52 | 2.67* | 1=2>3=4 |
| 国家责任感 | 3.70±0.53 | 3.72±0.46 | 3.80±0.49 | 3.79±0.51 | 2.11 | |

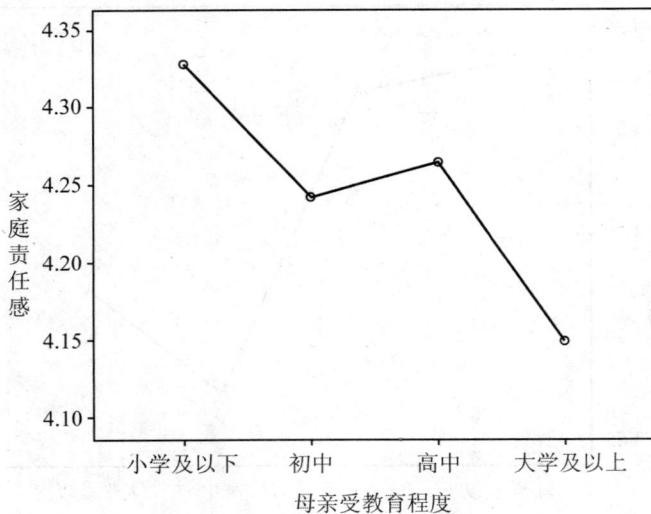

图 3-5 家庭责任感在母亲受教育程度上的事后检验结果

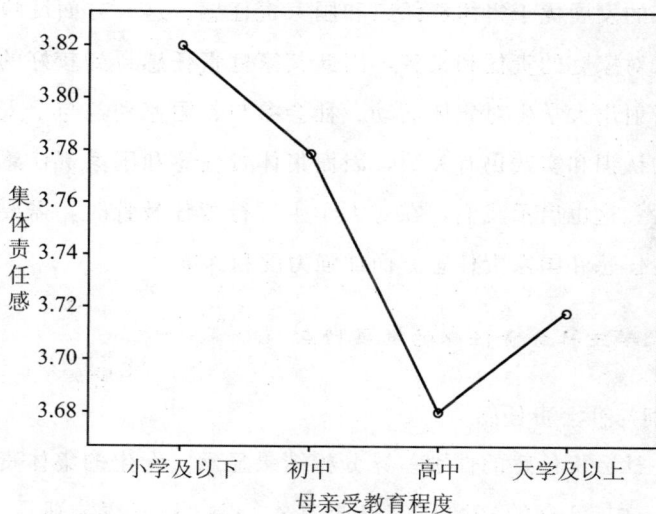

图 3-6　集体责任感在母亲受教育程度上的事后检验结果

## 四、讨论

### (一)大学生社会责任感的总体特征

我国社会的深刻转型、社会思潮的日益多元化,以及大学生成长环境的复杂性,使得大学生的心理发展状况成为政府和研究者们广泛关注的问题,其中社会责任感作为大学生发展的重要核心素养之一,尤其值得重视。我们的研究采用信、效度良好的社会责任感问卷,在全国多个省市进行问卷调查,结果表明,大学生的家庭责任感得分最高(4.25 分),集体责任感(3.75 分)和国家责任感(3.75 分)次之,这反映出大学生社会责任感的两个主要特征。①大学生的社会责任感在总体上呈现正向、积极的状态,该结果与其他对大学生社会责任感的研究所得结果一致(彭定光,2003;魏海苓,2014)。但在更高层次的责任感(国家责任感)方面仍有较大的提升空间。②大学生的社会责任感表现出结构维度发展的不均衡性,家庭责任感的发展优于集体责任感和国家责任感。这一方面反映了大学生意识到自己对家庭的责任和义务，因此其家庭责任感得到较好的发展；另一方面又折射出大学生对集体活动、社会参与、国家利益与个人利益的关系等方面的认识和实践仍有欠缺，因而集体责任感和国家责任感方面的发展相对滞后。这也启示我们，在对大学生进行责任教育时，需要在相对薄弱的集体责任感和国家责任感方面加强力度和深度。

### （二）大学生社会责任感的发展特点

#### 1. 性别与社会责任感

大学生社会责任感的性别差异分析结果显示，女生的集体责任感明显高于男生，这与已有的多数研究结果基本一致（刘海涛，郑雪，聂衍刚，2011；魏进平，刘雪娟，薛玲，2015）。例如，陆雷娜、况志华等人的（2016）研究发现，在社会责任认知、社会责任认同和社会责任行动方面，女生得分显著高于男生；魏海苓（2014）的调查发现，女生在参与社会服务活动方面表现得更为执着和投入。究其原因，魏进平等人（2015）认为，这可能与男女之间的性格因素有关：女生的性格比男生更为内敛，更偏向于理论知识的学习，而男生的性格则较为外向、好动，这就使女生对集体责任的认知和认同更为深刻，进而能更好地指导其行为。另外，吉利根（Gilligan）1982 年也认为，女性移情能力更强，情感丰富，富有同情心，更容易站在他人的立场感受和体会他人的情感体验，因此女性做责任判断和归因时，会感到自己拥有更多的集体责任感，进而做出负责任的行为。此外，我们研究发现，男女大学生在家庭责任感和国家责任感两个维度上没有差异，这可能与随着社会的发展，男女平等的观念深入人心有一定关系，但更具体的原因还有待进一步探讨。

#### 2. 年级与社会责任感

社会责任感的年级差异分析结果显示，大学生的家庭责任感、集体责任感和国家责任感不存在显著的年级差异。该结果与已有研究结果存在不一致之处。例如，有研究显示，大四年级学生的责任认知得分明显高于其余三个年级；而大二年级学生的责任行动得分最高，高年级学生得分偏低（陆雷娜，况志华，李雨霏，等，2016）。这些结果的不一致可能部分与研究工具和样本不同有关。如前所述，不同年级大学生在责任认知、责任情感和责任行为等方面是不同的，如大四学生的社会责任认知较高，但由于专业学习压力和就业压力等导致责任行为较少，而大二学生更乐于将社会责任认知付诸行动，积极参与社会活动。本研究中采用的研究工具将责任认知、责任情感和责任行为置于同一个维度内，没有对责任认知、责任情感和责任行为做出明确区分，而只是从家庭、集体和国家的维度做划分，这可能是不同年级没有表现出显著年级差异的重要原因之一。另外，这一结果也反映出大学生社会责任感本身的复杂性和社会责任感发展的特殊性，为进一步的深入、持续研究提供了启示。在未来的研究中，应该进一步对社会责任感进行细分，将责任感的认知、情感、行为维度与家庭、集体、国家维度结合起来，更精细地探讨大学生社会责任感的发展特点。

3. 户籍与社会责任感

社会责任感的户籍差异分析表明，农业户口大学生的家庭责任感和集体责任感显著高于非农业户口的大学生。这可能是由于在农村长大的大学生的主要居住地是在农村，人与人之间的关系比较融洽和谐，家庭内部以及邻里之间经常互相关心、互相帮助，因此他们有较高的家庭责任感；同时，户籍的差异使得农村学生更加敏感，更加在意周围人的看法，总是在观察外界是否与自己有关，因此他们更乐于参与集体活动，希望在集体中凸显自己的价值，得到尊重，这可能导致农业户口大学生在集体责任感方面得分更高。

4. 家庭所在地与社会责任感

社会责任感的家庭所在地差异分析结果显示，来自农村（村寨）的大学生的家庭责任感和集体责任感显著高于来自城市的学生，而在国家责任感方面没有显著差异。这一结果与罗香群(2007)的研究结果一致：农村来源的大学生与城市来源的大学生在责任认知、责任情感、责任行为和自我责任心、家庭责任心五个方面存在显著差异，而且在这五个维度上，农村来源的大学生责任心水平高于城市来源的大学生。究其原因，一方面可能是由于来自农村家庭的学生比来自城市家庭的学生较早地体验到了生活的艰辛，会主动帮助父母料理家务，具有较强的自理能力。因此，他们的家庭责任感水平高于来自城市家庭的学生；另一方面，来自农村家庭的学生思想较单纯，较少受到功利主义、个人利益至上等思想的熏陶，当他人或班级遇到困难时，更容易受到责任情绪的推动，做出相应的责任行为，这一推论得到已有实证研究结果的支持(刘微，2000；金盛华，孙娜，史清敏，田丽丽，2003；张良才，孙继红，2006)。例如，金盛华等人(2003)认为，农村学生愿意为社会做贡献的比例高于城市学生。国家责任感是一个相对宏大、抽象的概念，无论是城市还是农村的大学生都缺少相应的直接认知和情绪体验，这可能导致他们的国家责任感没有显著差异。

5. 父母受教育程度与社会责任感

本研究结果显示，父母受教育程度越高，大学生的家庭责任感和集体责任感水平越低。这一结果与潘琪等人(2015)对清华大学研究生的调查结果基本一致。受教育程度高的父母受到西方文化的影响更为深刻，因而其子女接触西方思想和观念的可能性较大，容易受到西方个人主义、自由主义的影响，因而受教育程度高的父母在对子女的教育中更强调个人主义，更重视对子女思想的引导而非强调对纪律的遵守。因此父母受教育程度高的大学生更容易表现出不受家庭和集体观念约束的倾向，喜欢独立、自由地做出决定，从而在家庭责任感和集体责任感方面得分较低。

## 五、研究结论与启示

通过调查，我们获得如下结论。①大学生的社会责任感总体上呈现正向、积极的状态；大学生的社会责任感表现出结构维度发展的不均衡性，家庭责任感的发展优于集体责任感和国家责任感。②大学生社会责任感在性别、户籍、家庭所在地、父母受教育程度等变量上存在显著差异：女生的集体责任感显著高于男生；农业户口大学生的家庭责任感和集体责任感显著高于非农业户口的大学生；来自农村的大学生的家庭责任感、集体责任感显著高于来自城市的大学生；父母受教育程度高的大学生的家庭责任感和集体责任感显著低于父母受教育程度低的大学生。

通过对大学生社会责任感特点的探讨，我们得出如前所述的一些有价值的结论，它们可以为大学生社会责任感的培养提供一定的借鉴和启示。首先，大学生社会责任感的发展现状既令人欣慰又值得警醒：一方面，大学生责任感总体上呈现积极向上的状态，说明父母、学校对大学生的责任教育有一定效果；另一方面，大学生的集体责任感、国家责任感距离教育目标尚有一定的差距，这也为今后的责任教育指明了努力的方向。

其次，作为教育工作者，我们应该特别关注特定群体大学生（如男生、来自城市家庭的大学生）的社会责任感的发展。例如，鉴于男生集体责任感的发展低于女生，我们应该注意引导男生的集体责任认知，调动男生参与集体活动、承担集体责任的积极性；鉴于城市户口大学生的家庭责任感和集体责任感显著低于农业户口的大学生，我们应注意加强对来自城市家庭的大学生的家庭责任和集体责任的教育，引导他们与来自农村家庭的大学生积极沟通交流，在互动中增强责任认知、激发责任情感，进而做出责任行为。

第四章

# 人际关系与社会责任感

为揭示人际关系对社会责任感的影响，本章我们采用问卷调查与实验相结合的方法，探讨两者之间的相关与因果关系，以及共情的中介效应。在第一节中我们采用问卷调查法探讨这三者的关系，结果发现，人际关系对社会责任感具有显著的正向预测作用，并且共情在两者之间发挥着部分中介效应。在第二节中我们首先采用实验法操纵了人际关系效用，结果显示，高效用组的社会责任感显著高于低效用组和控制组，并且低效用组显著低于控制组。这表明人际关系效用对社会责任感产生了明显的影响。在第三节中我们进一步操纵了人际关系的亲密度，结果发现，亲密度对效用与社会责任感之间的关系具有调节作用，在低亲密度条件下，高效用组的社会责任感明显高于低效用组，但是在高亲密度条件下，社会责任感均维持较高水平。因此，人际关系对社会责任感具有明显的正向影响作用。

## 第一节　人际关系与社会责任感的相关

在本节里，我们采用问卷调查来考查大学生人际关系与其社会责任感之间的关系，并试图探讨共情在两者之间的中介作用。

## 一、前言

"天下兴亡，匹夫有责。""先天下之忧而忧，后天下之乐而乐。"高度的社会责任感是个体的核心品质，也是实现社会进步和民族兴盛的关键因素。从心理学角度上看，社会责任感是指个体积极承担社会责任或帮助他人的一种比较稳定的心理品质，具有重要的进化意义和现实意义。已有研究表明，责任感是工作绩效（冯明，袁泉，焦静，2012；钟建安，段锦云，2004），学业成就（Singg & Ader，2001），人格健全发展（刘海涛，郑雪，2010），积极自我评价（刘海涛，郑雪，聂衍刚，2011；Singg & Ader，2001），面对挫折与失败（刘海涛，郑雪，聂衍刚，2011）和利他行为（宋琳婷，2012；Such & Walker，2004)等一系列积极心理与行为的有效预测指标。这说明，社会责任感是实现个人全面发展、幸福生活和成就事业的核心素养。因此，社会责任感始终是社会和学界共同关注的焦点问题。

以往对社会责任感的研究主要集中在社会责任感的概念、心理结构、影响因素和培养方式四个方面。首先，社会责任感是一个多学科关注的主题，不同学科依照各自的逻辑和范式，从不同角度进行了系统阐释，积累了大量成果。但是学界对责任感的概念的界定仍然存在争议，出现了不同领域使用不同的术语表达与责任相关概念的现象。例如，"责任""责任心""责任感""责任观""责任意识"等术语经常混用（李明，叶浩生，2009；Schlenker，Britt & Pennington，et al.，1994；Wray-Lake & Syvertsen，2011)。其次，虽然多数研究者认为社会责任感是个体内化了的行为规范或自我规定性，具有特定的心理结构（冯明，袁泉，焦静，2012；Schlenker，Britt & Pennington，et al.，1994)，但是就心理结构的具体内容的认识却存在着明显分歧，从两个维度到九个维度，并且每种维度的具体结论不尽相同（李明，叶浩生，2009；Schlenker，Britt & Pennington， et al.，1994）。再次，关于社会责任感影响因素的问题一直是该领域关注的重点，已有研究考查了人口学特征。例如，性别、家庭背景群体的社会责任感差异（刘海涛，郑雪，聂衍刚，2011；Kennemer，2002；Nakamura，Watanabe-Muraoka，2006），人格特征（刘海涛，郑雪，2010），社会文化与情境等（任亚辉，2008；朱秋飞，何贵兵，2011）对社会责任感的影响。最后，基于已有研究成果，一些研究开展了社会责任感培养的理论探讨（赵兴奎，张大均，2006a，2006b）和教学实验（Prasertsang，Nuangchalerm & Pumipuntu，2013）。由此可见，大量研究为深入认识社会责任感提供了可靠的依据。然而，在已有研究中，有关社会责任感的影响因素及其产生机制的探讨明显缺乏。目前的研究更多集中在探讨性别、家庭环境和人格等一般变量对社会责任感的影响，并且主要采用问卷调查法，其结果仍然局限于相关关系的范围之内。这既无法确定影响社会责任感的具体因素，也难以揭示影响社会责任感的内在机制。

## （一）人际关系与社会责任感的关系

在影响社会责任感的诸多因素中，人际关系逐渐成为一个重要预测指标（李明，耿进昂，2010；Wray-Lake & Syvertsen，2011）。人际关系是指人与人之间通过直接交往形成的相互之间的情感联系。已有研究结果显示，同伴关系、同事关系或亲子关系对社会责任感具有正向预测作用（刘海涛，郑雪，聂衍刚，2011；McDonough，Ullrich-French & Anderson-Butcher，et al.，2013；Schmid，2012）。更为重要的是，人际关系是在中国文化背景下研究社会责任感的一个重要切入点。社会责任感具有明显的文化差异，在不同社会文化中有着不同的内涵与表现（Thornton & Jaeger，2008；Nakamura，Watanabe-Muraoka，2006；Wray-Lake & Syvertsen，2011；朱秋飞，何贵兵，2011；李明，叶浩生，2010）。因此，在中国文化背景下研究社会责任感便成了一项具有重要学术价值和现实意义的本土化课题。强调人际关系的合理性一直被认为是中国文化最显著的特性之一（黄光国，2010），并且人际关系的价值取向与格局正是东西文化差异的重要体现（杨宜音，1995）。于是，考查人际关系与社会责任感的关系成为该领域本土化研究的一个重要途径。

根据费孝通的中国人际关系差序格局，李明和叶浩生（2010）提出了中国人的差序责任意识。具体而言，中国人在自己与他人的关系之间存在明显的亲疏远近，从而构成了人际关系的差序格局，并且据此形成了责任承担的主要判断标准，即中国人责任感的高低取决于人们在责任事件中相互关系的亲疏远近。这一观点明确地指出了在中国文化背景下人际关系与社会责任感之间的内在联系，但是缺乏实证研究的支持。此外，费孝通的差序格局主要是从"缘"或情感的角度来刻画的，而黄光国（2010）从亲密度与效用角度将中国人的人际关系划分为情感性、工具性和混合性三种类型。情感性人际关系是指可以满足个人在关爱、温情、安全感、归属感等情感方面需要的一种社会关系。工具性人际关系是指个体与他人为了获得某种需要或实现某种目的而建立的关系。前者反映了人际关系的"情"，即亲密度；后者反映了人际关系的"利"，即效用。混合型人际关系是指交往双方彼此认识而且有一定程度的情感关系，但是又不像情感性人际关系那样深厚到可以随意表现出真诚的行为，需要用礼尚往来维持关系。因此，为确定人际关系对社会责任感的影响，在本章中我们采用实验法分别操纵人际关系的效用与亲密度，揭示人际关系的"情"与"利"对社会责任感的影响，以及两者之间的共同作用效应。

（二）共情在人际关系与社会责任感之间的中介作用

共情（empathy）是指个体对他人情感的感受或想象，能够部分体验到他人感受的心理过程(Gladstein，1983；Singer & Lamm，2009)。众多研究结果显示，共情可能是人际关系与社会责任感的中介变量。首先，人际关系与共情之间存在密切正相关(陈翔，张晓文，2012；翟慎娟，郑淑杰，王玲玉，等，2011)，并且赵靓(2014)采用实验法研究发现，人际关系的差序性对共情具有显著影响，揭示了两者之间的因果关系。其次，共情对社会责任感具有明显的正向预测作用(宋琳婷，2012；Wray-Lake，Syvertsen，2011)。同时，共情是预测利他行为的重要变量，个体的共情水平越高，就会表现出更多利他行为(Balconi，Canavesio，2013，Morishima，Schunk & Bruhin，et al.，2012)，社会责任感也是一种积极的、利他的心理品质(Thornton & Jaeger，2008；Nakamura，Watanabe-Muraoka，2006；Wray-Lake，Syvertsen，2011)。由此推测，共情在人际关系与社会责任感之间起着中介作用。

总之，为揭示人际关系对社会责任感的影响及其产生机制，本章通过三个系列研究来实现：在第一节中我们采用问卷调查法，探讨人际关系与社会责任感的相关关系，并探讨共情在两者之间的中介效应；在第二节中我们首先采用实验法操纵人际关系效用，进而揭示人际关系效用对社会责任感的影响；然后在第三节中采用实验法操纵人际关系亲密度，考查亲密度与效用对社会责任感的共同影响。

## 二、研究方法

### (一)被试

本研究以来自北京、安徽和江苏的三所高校共 335 名大学生为被试，其中男生 109 名，女生 226 名，平均年龄为 20.59±1.19 岁。

（二）研究工具

1. 人际关系

本研究采用由卡内韦络（Canevello）等人（2010）编制，张敏，张林和科尔凯（Corcke）2012 年修订的一般人际交往目标量表测量人际关系。该量表共 18 个项目，采用 5 点等级计分，从 1（完全不符合）到 5（完全符合），得分越高说明人际关系越好。以往研究表明该量表具有良好的信、效度（张敏，张林，Jennifer，等，2012），本研究中的 $\alpha$ 系数为 0.77。

2. 共情

采用戴维斯（Davis）1983 年编制的、张凤凤等人（2010）修订的中文版人际反应指针量表（Interpersonal Reactivity Index-C，IRI-C）测量共情水平。该量表包括观点采择、想象力、共情性关心和个人痛苦四个维度共 22 个项目，采用 5 点计分，从 1（完全不符合）到 5（完全符合），得分越高说明共情水平越高。该量表在以往研究中已证明具有良好的信、效度（赵靓，2014；宋琳婷，2012），在本研究中 $\alpha$ 系数为 0.68。

3. 社会责任感

采用约翰（John）等人（1991）编制的大五人格问卷（Big Five Inventory，BFI）中的"尽责性"分量表测量社会责任感。该分量表共 12 个项目，采用 5 点计分，从 1（非常不同意）到 5（非常同意），得分越高说明社会责任感越强。该量表是目前国内外应用最普遍的量表，是测量责任感的常用工具（谭小宏，秦启文，2005），是大五人格中工作绩效最为有效的预测因子（钟建安，段锦云，2004），并且具有良好的信度（黎红艳，徐建平，陈基越，等，2015；李启明，陈志霞，2015），在本研究中 $\alpha$ 系数为 0.60。

（三）共同方法偏差的控制

由于人际关系、共情和社会责任感三个重要测量变量均是采用自我报告法来收集数据，这可能会导致共同方法偏差效应（周浩，龙立荣，2004）。该研究重点采用程序方法进行控制，具体包括以下原则。①采用匿名方式进行测查。问卷调查完全采用匿名方式，让被试能够根据自己的情况据实填写。②选择信、效度较高的量表或问卷作为测量工具。该研究选择的量表在国内外均已使用，并且具有较高信、效度，能够减少或避免测量上的系统误差。③问卷中使用反向计分题。④使用两套问卷以平衡变量在施测过程中的呈现顺序。此外，数据收集完成后，进一步采用Harman 单因子检验对共同方法偏差进行诊断，结果发现，共有 16 个因子的特征值大于 1，并且第一个因子解释的变异量为 11.19%，小于 40% 的临界标准。这表明该研究共同方法偏差问题不明显。

## 三、研究结果

### （一）人际关系、共情与社会责任感的相关分析

在该研究中，人际关系、共情和社会责任感的平均值与标准差见表 4-1。我们进一步采用相关分析考查这三个变量之间的相关关系，结果发现三者之间两两均存在显著的正相关。

表 4-1　人际关系、共情与社会责任感的相关分析

| 变 量 | $M$ | $SD$ | 人际关系 | 共情 |
| --- | --- | --- | --- | --- |
| 人际关系 | 3.78 | 0.39 | 1 | |
| 共情 | 3.35 | 0.37 | 0.33*** | 1 |
| 社会责任感 | 3.47 | 0.41 | 0.27*** | 0.21*** |

注：* $p<0.05$，** $p<0.01$，*** $p<0.001$，下同。

### （二）共情在人际关系对社会责任感影响中的中介效应

为考查人际关系对社会责任感影响的机制，该研究进一步分析了共情在两者之间的中介效应。我们首先对三个变量进行标准化处理，然后按照

赵(Zhao)等人(2010)提出的中介效应分析程序，参照普里彻(Preacher)等人(2004)和海斯(Hayes，2013)提出的 Bootstrap 方法进行的中介效应检验，样本量选择 5000，在 95％置信区间下，中介效应的结果没有包含 0 ($LLCI＝0.0052$，$ULCI＝0.0862$)，表明共情的中介效应显著，且中介效应大小为 0.0415。此外，控制了中介变量共情之后，人际关系对社会责任感的影响仍然显著，区间($LLCI＝0.1133$，$ULCI＝0.3342$)不包括 0，如图 4-1 所示。由此可见，共情在人际关系对社会责任感的影响中发挥了部分中介作用。

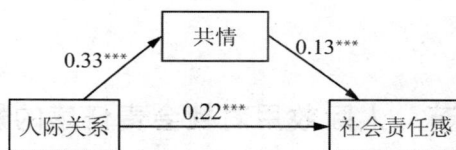

图 4-1　共情的中介效应

## 四、结果与讨论

我们采用问卷调查发现，人际关系对社会责任感有显著的正向预测作用，并且共情在两者之间发挥了部分中介作用。共情可以有效地帮助个体理解和预测他人的情绪和行为，在人际交往中扮演了非常重要的角色，并且可以促进利他与合作行为(Balconi & Canavesio，2013；De Vignemont & Singer，2006；Morishima，Schunk & Bruhin，et al.，2012)，这反映出共情在人际关系与利他行为之间发挥着密切联系的作用。此结论与本研究的结果是一致的，因为社会责任感不仅是利他行为的有效预测变量(宋琳婷，2012；Such & Walker，2004)，而且社会责任感本身就是一种积极的、利他的心理品质(刘海涛，郑雪，聂衍刚，2011；Wray-Lake，Syvertsen，2011)。这可以说明本研究中共情的中介效应，良好的人际关系有利于提高自身对他人的理解与共情能力，从而加强了为他人承担责任的意识与行为。

该研究发现，人际关系不仅通过共情这一中介桥梁还通过直接路径影响社会责任感。这表明，个人的人际关系越好，其社会责任感水平也就越高。由此可见，社会责任感的水平明显地受到人际关系影响，这与已有研究结果是一致的，这一结果验证了该研究的假设。但是，该研究采用的是相关研究法，其结果仍然局限于相关关系，无法准确获得两者之间的因果关系。为此，在第二节中我们采用实验法操纵人际关系，观察社会责任感的变化，试图获得人际关系与社会责任感之间的因果关系。

# 第二节　人际效用对社会责任感的影响

在第一节中，我们的研究证明了大学生人际关系与其社会责任感之间存在正相关关系，而且共情发挥着部分中介作用。在此基础上，在第二节中我们试图采用实验法操纵人际关系的效用，从而检验人际关系对社会责任感的影响，为确定两者之间的因果关系提供支持与依据。

## 一、研究方法

### （一）被试

本研究选取北京两所高校的 234 名大学生作为被试，其中男生 74 名，女生 160 名，平均年龄为 19.05±1.13 岁。

### （二）研究设计

研究采用单因素被试间设计，自变量为人际关系效用，包括 3 个水平：

高效用、低效用和控制组。因变量为社会责任感。我们将被试随机分为三组，高效用组 83 名，低效用组 79 名，控制组 72 名，各组被试在性别上大致平衡。

### （三）研究材料

**1. 人际关系效用的启动**

根据内利森 Nelissen（2014）所提出的影响关系效用的三个因素（个体目标的重要性、关系对个体达成目标的有用程度、个体的独立程度），该研究编制了三种情境材料（高效用、低效用、控制情境）对人际关系效用进行了启动。三种情境材料均描述的是"你与小王是同班同学"，但是情境中人物之间的关系对个人实现目标的有用性存在明显差异，高效用材料明确表明小王对实现个人目标具有明显支持与帮助作用，低效用材料表明无任何帮助，控制情境仅仅说明两者是同学关系，还主要描述了所在学校的一般情况。三组材料字数均在 300 字左右。

**2. 社会责任感**

我们根据辛（Singg）等人（2001）的学生责任感问卷（Student Personal Responsibility Scale-10）编制大学生社会责任感问卷，问卷共包括 6 个项目，采用 5 点计分，从 1（绝对不可能）到 5（非常有可能），得分越高说明社会责任感水平越高。本研究中 $\alpha$ 系数为 0.62。

### （四）研究程序

我们在正式实验中采用个体施测的方式，首先将被试随机分为三组，要求每组阅读其中一种情境材料，然后完成社会责任感问卷和回答有关人口学变量的问题。

## 二、研究结果

### （一）检验人际关系效用启动有效性的预实验结果

为检验人际关系效用启动的有效性，本研究在正式实验前选取了 44 名大学生被试进行了预实验。我们采用以下两个问题对情境材料进行了测试："小王对你有多大的帮助？"和"你与小王的关系对你的有用性是多少？"采用 9 点等级计分，从 1 到 9 中数字越大表示关系效用程度越高。预实验结果表明，三组关系效用启动的主效应显著，$F(2, 41) = 21.08$，$p < 0.001$，偏 $\eta^2 = 0.51$。进一步事后检验发现，高效用组得分（$M = 6.53$，$SD = 1.37$，$n = 15$）显著高于低效用组（$M = 4.04$，$SD = 0.95$，$n = 14$）和控制组（$M = 5.00$，$SD = 0.71$，$n = 15$），$ps < 0.001$，同时低效用组显著低于控制组，$p = 0.017$。这表明，人际关系效用启动是有效的。

### （二）人际关系效用对社会责任感的影响

我们对正式实验的结果进行分析，以社会责任感为因变量，以人际关系效用启动为自变量进行单因素方差分析，结果显示，关系效用对社会责任感具有显著的影响，$F(2, 231) = 76.68$，$p < 0.001$，偏 $\eta^2 = 0.39$。具体而言，高效用组的社会责任感显著高于低效用组和控制组，$ps < 0.001$。同时，低效用组显著低于控制组，$p < 0.001$。该结果表明，人际关系效用对社会责任感具有显著的影响，在高效用组、控制组到低效用组三种人际关系中社会责任感得分依次明显下降，如图 4-2 所示。

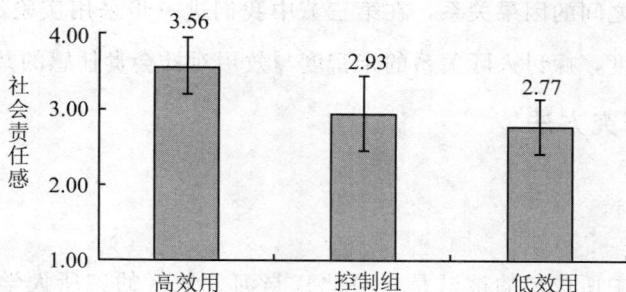

图 4-2　人际关系效用对社会责任感的影响

### 三、结论与讨论

根据内利森 Nelissen(2014)影响人际关系效用的三个因素,我们在本节中编制了人际关系效用启动材料,并且通过预实验检验发现关系效用启动是有效的,可以用于正式实验。正式实验结果表明,不同效用的人际关系对社会责任感具有明显不同的影响,具体来说,人际关系效用越高,其社会责任感也就越高,该研究进一步确定了两者之间的因果关系。

以往研究发现,人际关系分为工具性和情感性两种类型。在本节中我们的人际关系效用更倾向于工具性,那么偏向于情感性的人际关系对社会责任感是否也会产生同样的影响作用呢?人际关系的工具性和情感性如何共同影响社会责任感呢?在此研究的基础上,在第三节中我们试图通过操纵人际关系亲密度来考查两者对社会责任感的共同影响。

## 第三节　人际亲密度对社会责任感的影响

在第二节中我们通过对人际关系效用的操纵可以初步确定人际关系与

社会责任感之间的因果关系，在第三节中我们进一步采用实验法启动人际关系的亲密度，探讨人际关系的亲密度与效用对社会责任感的共同影响。

## 一、研究方法

### (一)被试

本研究中所选择的被试是来自北京与河北地区的三所大学的本科生，共 191 名，其中男生 77 名，女生 114 名。被试平均年龄为 20.69 ± 1.32 岁。

### (二)研究设计

本研究采用 2(关系效用：高/低)×2(关系亲密度：高/低)被试间设计，因变量为社会责任感。

### (三)研究材料

1. 人际关系亲密度的启动

根据已有研究(邱俊杰，闵昌运，周艳艳，等，2012)的实验范式，该研究设置了高、低两种人际关系亲密度的启动情境，即要求被试回忆不同的生活情境。具体来说，研究过程中要求高亲密度组被试回忆"最要好的一位朋友"，并回忆与这位好朋友认识的过程；要求低亲密组被试回忆"在公共选修课上认识的一位同学"，并回忆与该同学的认识过程。

2. 人际关系的亲密度

本研究采用阿伦(Aron)等人(1992)编制的人际关系亲密度量表测量被试感知到的与目标人物关系的亲密度。该量表的描述是："下面有两个圆圈，一个圆圈代表你自己，另一个代表你的朋友。两个圆圈重叠的部分代表你与你朋友关系的亲密程度，重叠部分越大，代表你们的关系越密切。

现在请你判断你们两人之间关系的亲密程度，并在相应的数字上画圈。"此量表对人际亲密度采用 1 到 7 的等级评定，被试选择的数越大，说明两者之间的亲密程度越深。该量表在以往研究中具有良好的信、效度（Aron，Aron & Smollan，1992；邱俊杰，闵昌远，周艳艳，等，2012）。

3. 人际关系的效用

大坪（Ohtsubo）等人（2015）编制了测量人际关系效用的量表，要求被试从 6 个方面（学习、社团活动、就业、社会关系、业余生活、其他）来评价朋友对自己效用的高低，共包括 6 个项目，采用 5 点计分，从 1（绝对不可能）到 5（非常有可能），得分越高表示与此人的人际关系效用就越高。本研究根据人际关系亲密度启动情境，对该量表的情境进行修改，其他内容与评价方式是一致的。在本研究中，该量表的 $\alpha$ 系数是 0.87。

4. 社会责任感问卷

本研究同样使用根据辛（Singg）等人（2001）的学生责任感问卷（SPRS-10）编制的大学生社会责任感问卷，问卷共包括 6 个项目，采用 5 点计分，从 1（绝对不可能）到 5（非常有可能），得分越高说明社会责任感水平越高。根据该研究的具体情境对社会责任感问卷进行了情境的修改，其余内容不变。在本研究中，该问卷的 $\alpha$ 系数是 0.91。

（四）研究程序

首先，我们实施预实验来检查人际关系亲密度启动的有效性，以 87 名大学本科生为被试，随机分成两组，分别参与人际关系亲密度的其中一种情境，然后完成人际关系亲密度量表。本研究在预实验结果显示人际关系亲密度操纵有效之后，再进行正式实验。在正式实验中，我们让随机分配的两组被试参与人际关系亲密度启动的两种情境，然后完成人际关系效用量表和社会责任感量表，并填写有关人口学变量的问题。

## 二、研究结果与分析

### (一)检验人际关系亲密度启动有效性的预实验结果

为确定人际关系亲密度启动的有效性,该研究采用人际关系亲密度量表对两种情境启动效果进行了预实验。本研究以亲密度高、低为分组变量,以人际关系亲密度量表的得分为因变量进行独立样本 $t$ 检验,结果显示,高亲密度组得分($M=5.78$,$SD=0.64$,$n=45$)显著高于低亲密度组($M=2.48$,$SD=0.80$,$n=42$),$t(85)=21.16$,$p<0.001$。这表明,研究中对人际关系亲密度的操纵是有效的。

### (二)人际关系的亲密度与效用对社会责任感的影响

首先,本研究以被试在人际关系效用量表上的得分均值($M=2.92$)为标准将被试分为关系效用高、低两组。不同类型人际关系的社会责任感的描述性统计结果,如图 4-3 所示。然后,我们以人际关系亲密度和效用为自变量,以社会责任感为因变量进行两因素被试间方差分析。结果表明,人际关系亲密度主效应显著,即高亲密度组的社会责任感显著高于低亲密度组,$F(1,187)=515.88$,$p<0.001$,偏 $\eta^2=0.73$。同样,人际关系亲密度主效应显著,即高效用组的社会责任感显著高于低效用组,$F(1,187)=21.48$,$p<0.001$,偏 $\eta^2=0.10$。更为重要的是,人际关系的效用与亲密度共同作用于社会责任感,$F(1,187)=7.17$,$p=0.008$,偏 $\eta^2=0.37$。具体而言,在低亲密度情况下,高效用组的社会责任感显著高于低效用组,$MD=0.49$,$p<0.001$($LB=0.304$,$UB=0.674$),但是在高亲密度情况下,两者之间的社会责任感无明显差异,并维持较高水平,$MD=0.13$,$p=0.095$($LB=-0.057$,$UB=0.319$)。这表明,人际关系亲密度对人际关系效用与社会责任感之间的关系具有调节作用。

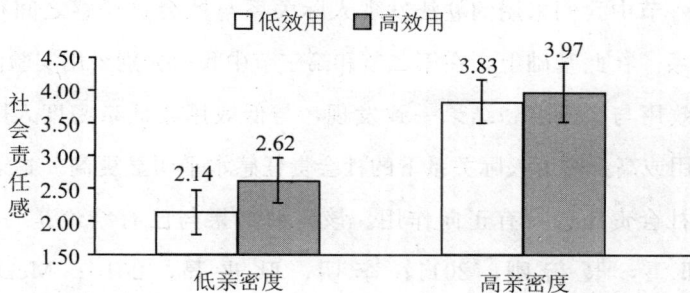

图 4-3　亲密度对效用与社会责任感关系的调节作用

我们的预实验结果显示，人际关系亲密度的操纵是有效的，可以用于正式研究。正式研究结果发现，高亲密度组的社会责任感明显高于低亲密度组，这表明人际关系的情感性对社会责任感具有影响效应。同时，我们还发现人际关系效用对社会责任感具有显著的影响，这进一步验证了第二节中的研究结论。更为重要的是，该研究发现人际关系亲密度对人际关系效用与社会责任感之间的关系具有调节作用。在低亲密度条件下，社会责任感在人际关系效用高、低组之间存在明显的差异，但是在高亲密度条件下，两者无显著差异。由此说明，社会责任感是以人们关系的情感性为重要条件或准则的，情感越亲密，情谊越深厚，其责任感就越强。在情感联系较弱的关系中，人际关系的效用才是决定责任感高低的重要因素。

## 三、综合讨论

### （一）人际关系对社会责任感的影响

已有研究结果显示，人际关系是影响社会责任感的一个重要因素（李明，耿进昂，2010；McDonough，Ullrich-French & Anderson-Butcher，et al.，2013；Schmid，2012），但是并没有研究直接考查两者之间的因果联系。为此，在本章中我们的研究采用问卷调查与实验相结合的方法来解决此问题。在第一节中我们采用问卷法发现人际关系与社会责任感之间存在显著正相关关系。在此基础上，在第二节和第三节中我们分别采用实验法操纵人际关系的效用与亲密度，结果一致发现，与低效用或低亲密度人际关系相比，高效用或高亲密度人际关系下的社会责任感水平明显更高。这表明，人际关系对社会责任感具有正向作用。该研究结果与已有结论是一致的（刘海涛，郑雪，聂衍刚，2011；李明，耿进昂，2010；McDonough，Ullrich-French & Anderson-Butcher，et al.，2013；Schmid，2012）。

　　无论是从人际关系的效用还是从亲密度来说，我们的研究结果均发现了人际关系对社会责任感具有明显的影响效应。这说明，人们不仅根据与他人关系的亲疏远近，而且还会根据这种关系对自己是否有用来衡量与判断所应承担的责任。从亲密度的角度来说，本研究的结果与李明等人（2010）的观点是一致的，支持了中国人的差序责任意识的观点，并且验证了在中国文化背景下人际关系是研究社会责任感的有效途径。此外，从效用的角度来说，我们研究的结果进一步拓展了该领域的研究范围，揭示了人际关系的"利"对社会责任感的影响。

　　我们的研究进一步刻画了人际关系的"情"与"利"是如何共同影响社会责任感的，从而诠释了中国文化下责任关系的权衡与维系。研究结果显示，人际关系的亲密度和效用共同影响着社会责任感，并且亲密度对效用与社会责任感的关系起着调节作用。在高亲密度条件下，高、低效用之间的社会责任感无显著差异，但是在低亲密度条件下，高效用的社会责任感明显高于低效用的。这说明，人际关系的亲密度是人们判断自身承担社会责任的重要依据。换言之，中国人社会责任感的高低取决于个人与他人之间关系的亲疏远近，但是在这种"情"的范畴之下，人际关系效用的高低又进一步成为人们衡量与承担社会责任的重要依据。这很好地解释了中国人在人际交往中尤为重视情感关系建立与巩固的现象。一方面人们总是通过各种"缘"拉上关系，建立情感基础，然后再进一步发挥各种关系的"利"；另一方面即使不能马上获利也要维持情感关系，中国人俗语说"生意不成情意在"，反映出中国人在"情"与"利"得失之间，对前者的重视程度，因为它是彼此之间建立责任关系的前提与纽带。

（二）共情在人际关系对社会责任感的影响中发挥着部分中介效应

已有研究结果表明，社会责任感不仅对他人、社会和国家具有重要的价值，而且也是预测个体自身发展和幸福生活的有效指标。研究者们虽然对社会责任感的影响因素进行了大量研究，但是到目前为止，仍未就影响社会责任感的机制进行深入探讨。本研究以人际关系为切入点，验证了共情的中介作用，揭示了人际关系对社会责任感的影响机制。

虽然已有研究显示，人际关系与共情之间存在明显正相关（陈翔，张晓文，2012；翟慎娟，郑淑杰，王玲玉，等，2011；赵靓，2014），并且共情对社会责任感具有正向预测作用（宋琳婷，2012；Wray-Lake，Syvertsen，2011），但是没有研究直接考查这三者之间的关系。我们的研究发现，共情在人际关系与社会责任感之间存在部分中介效应。这一结果不仅揭示了人际关系对社会责任感的影响机制，而且很好地解释了已有研究发现的关于共情分别与人际关系、社会责任感之间关系的结果。

共情包括情感共情与认知共情，前者是对他人情感状态的情绪反应，后者则是对他人目的、企图、信仰的理解，主要与推测他人观点有关（De Vignemont & Singer，2006；Gladstein，1983）。我们的研究分别操纵了人际关系的亲密度与效用，其中，亲密度更多地偏重于人际情感，重视人与人之间在各种"缘"上的情义，这对人们的情绪共情水平具有一定的提升作用。效用则是偏向于人际利益，强调与他人的关系对于自己实现某种需要与愿望的重要性，这可能会促进人们的认知共情能力。从这个角度上来说，人际关系的亲密度与效用可能分别是通过情绪共情与认知共情来影响社会责任感的。当然，该推测还有待进一步检验与验证。

我们的研究结果显示，在人际关系对社会责任感的影响中，共情发挥着部分中介效应，同时人际关系与社会责任感之间仍然存在显著的直接效应。越来越多的研究者更加认同在中介变量被正确操纵与准确检验的情况下，一些自变量显示出部分中介作用，因为部分中介并不代表数据结果不完美，它可能意味着自变量对因变量的影响并不是只有唯一的中介路径，还存在着其他的中介变量值得未来研究探索（Zhao，Lynch Jr. & Chen，2010；Preacher & Hayes，2004）。这表明在人际关系对社会责任感的影响路径中，除了共情作为部分中介以外，可能存在其他的中介变量，如社会认同、社会公正等，这些假设有待进一步深入研究。

### 四、结论

我们的研究获得以下结论：①人际关系对社会责任感具有明显的正向预测作用，共情在两者之间发挥着中间桥梁作用；②人际关系效用对社会责任感具有显著的影响，人际效用越高，社会责任感就越强；③人际关系亲密度对效用与社会责任感之间的关系具有调节作用。在低亲密度情况下，人际效用越高其社会责任感就越强，但是在高亲密度情况下，社会责任感均维持较高水平。因此，人际关系通过加强共情而正向影响社会责任感。

第五章

# 家庭因素与社会责任感

　　社会责任感是个体的一种重要心理品质，更是一种价值取向。因此，大学生社会责任感的形成与发展必然与其出生和成长的家庭因素存在密切的联系。本章重点讨论家庭因素与大学生社会责任感的关系，以及两者联系的内在作用机制。首先，我们考查了父母教育方式与大学生社会责任感的关系，以及自我控制在两者之间的中介桥梁作用；其次，我们探讨了客观家庭经济地位对大学生社会责任感的预测作用，以及主观家庭经济地位的中介作用；最后，我们还分析了家庭所在地对自我控制与社会责任感之间关系的调节作用。

## 第一节　父母教养方式与社会责任感

　　父母的教养方式对大学生社会责任感的形成与发展有着重要的影响与预测作用。为检验这一观点，我们以北京、苏州、上海、厦门等地 5 所高校的 852 名大学生为研究对象，考查了父母教养方式（包括关爱与控制）与大学生社会责任感的关系，以及自我控制的中介作用及其性别差异。结果表明，父母关爱与大学生社会责任感存在显著正相关，父母控制与社会责任感呈显著负相关；自我控制与社会责任感存在显著正相关；自我控制在父母关爱与社会责任感之间发挥着部分中介作用，但在父母控制与社会责任感之间不存在中介作用；自我控制的中介效应存在明显的性别差异，即中介效应主要表现在女生群体中，而男生中不存在该效应。这表明，父母关爱可以明显提高大学生的社会责任感，并且在女生群体中自我控制是两者关系的中介桥梁，但是父母控制却阻碍了大学生社会责任感的发展。

## 一、引言

社会责任感是个体积极承担社会责任或帮助他人的一种比较稳定的心理品质，也是大学生全面发展和幸福生活的核心素养，更是社会和谐与形成良好风尚的重要保证。社会责任感与大学生的专业成长和社会责任行为之间有密切关联（Wentzel，1991）。因此，为了有效地培养与增强大学生的社会责任感，我们对社会责任感的影响因素及其内在机制的研究显得尤为重要。

### （一）父母教养方式对大学生社会责任感的预测作用

大学生社会责任感的形成和发展与其父母教养方式之间存在密切关联。父母教养方式是指在家庭生活中以亲子关系为中心的，父母在对子女进行抚养和教育的日常生活中所传达给子女的态度以及由父母的行为所表达出的情感气氛的集合体，显示了亲子互动的性质，具有跨情境的稳定性（Darling & Steinberg，1993）。根据家庭系统理论的观点，家庭作为个体与外界环境相互作用的基地，是影响个体成长最直接、最具体的微观环境（Garbarino，2008）。因此，父母教养方式塑造了儿童的观念与行为，并且潜移默化地引导着个体在成长初期价值观的形成与发展。同时，越来越多的实证研究发现，父母教养方式与大学生社会责任感之间存在直接关联。父母教养方式为民主型的大学生的社会责任感最高，而父母教养方式为放任型的，其社会责任感最低（刘海涛，郑雪，聂衍刚，2011；张兰君，杨兆兰，马武玲，2006；Wray-Lake，2010）。此外，这些研究结果在有关父母教养方式与亲社会行为关系的研究中获得了进一步的支持（Dubas，Gerris & Janssens, et al. ，2002；Luthar & Goldstein，2008；张立，毛晋平，张素娴，2009；邵海英，2014）。虽然这些研究结果一致显示父母教养方式可以有效预测个体的社会责任感，但是仍然缺乏对两者之间的作用机制的研究。为此，我们试图揭示父母教养方式与大学生社会责任感关联之间的中间变量。

（二）自我控制的中介作用及其性别差异

自我控制是指人们克服冲动、习惯或自动化的反应，有意识的掌控自己行为方向的能力，是自我的核心功能之一（Baumeister，Vohs & Tice，2007）。换句话说，自我控制是个体通过监控自己，克服某些固有的行为反应倾向，代之以其他行为，从而使自己的行为更符合社会或自我标准的过程，同时也是自我意识结构中自我调节的最基本手段（Wills，Isasi & Mendoza，et al. ，2007）。已有研究结果显示，自我控制可能是父母教养方式与大学生社会责任感之间关联的中介变量。首先，家庭教养方式直接影响个体自我控制的形成。例如，帕滕森（Patterson，1986）的研究发现，大学生自我意识的形成与其所接受的父母教养方式存在显著相关，在父母过度保护和父母放任控制教养方式下的儿童，会产生消极的自我控制，并且在情绪控制和行为控制上的自控能力较差。阿贝迪尼（Abedini）等人（2012）的研究发现，父母积极的教养方式会促进青少年自我控制能力的提升。其次，自我控制是个体的社会责任感或亲社会行为等积极心理与行为的重要预测变量。自我控制对于个体做出道德行为、亲社会行为等具有重要的潜在意义（Gottfredson & Hirschi，1990）。例如，自我控制能力与一系列的积极行为存在相关，高自我控制能力的个体会有更好的学术成就（Duckworth & Kern，2011）、更少的冲动行为以及更多的利他行为（Peluso，Ricciardelli & Williams，1999；Wills，Duhamel & Vaccaro，1995）。综合上述两方面的研究结论，我们推测自我控制可能是父母教养方式影响大学生社会责任感的中介桥梁。

然而，自我控制存在明显的性别差异。具体来说，有研究发现女生的自我控制显著高于男生（Kochanska & Aksan，1995；Kremen & Block，1998），且随着年龄的增长，女性自我调节的能力显著优于男性（Kochanska，Coy & Murray，2001）。此外，大学生的社会责任感也存在性别差异，女生社会责任感各维度的得分显著高于男生（程岭红，2002；张良才，孙继红，2006）。由于女性情感丰富，富有同情心，在做责任判断和归因时，女性感到自己拥有更多的责任。女性比男性更容易把自我融入社会环境中，对与她有关的对象拥有更多的责任心（Gilligan，1983）。由此可见，自我控制在父母教养方式与社会责任感之间的中介作用可能存在性别差异，但是已有研究并没有对该问题进行探索。为此，我们在探索自我控制的中介作用之后将进一步检验其是否存在性别差异。

综上所述，我们主要研究的问题包括：①父母教养方式对大学生社会责任感的预测作用；②自我控制在父母教养方式与社会责任感间的中介作用；③自我控制中介作用的性别差异。

## 二、研究方法

### （一）研究对象

本研究以北京、苏州、上海、厦门等地的 5 所高校大学生为被试，共发放问卷 852 份，回收有效问卷 835 份，有效回收率为 98%。其中，女生 571 人，男生 258 人，6 人性别缺失，在自我控制中介作用的性别差异分析中，有效数据为829人。被试年龄为17~25岁，平均年龄为20.44±1.18岁。

（二）研究工具

1. 父母教养方式量表

本研究采用帕克（Parker）等人（1979）编制的、杨红君等人（2009）修订的父母教养方式量表进行测量。该量表包括23个项目，分为关爱与控制两个维度，而且该量表可以分别考查父亲与母亲的教养方式，包括母亲教养问卷（PBI-M）和父亲教养问卷（PBI-F）两个分问卷。所有项目采用4点计分，从1（完全不符合）到4（完全符合）。本研究中，该量表总体的$\alpha$系数为0.77，其中关爱维度的$\alpha$系数为0.92，控制维度的$\alpha$系数为0.89。本研究采用Mplus7.4软件对该量表的结构进行验证性因素分析，结果显示该问卷结构效度良好，$\chi^2/df=2.75$，$TLI=0.90$，$CFI=0.92$，$RMSEA=0.05$。

2. 自我控制量表

本研究采用坦尼（Tangney）等人（2004）研发的、谭树华和郭永玉（2008）修订的自我控制问卷进行测量。该问卷由19个项目组成，我们从中选取了15个最有代表性的项目进行施测，如"我会拒绝一些对我有害的事情。"所有项目采用5点计分，从1（完全不符合）到5（完全符合），得分越高说明大学生自我控制能力越强。本研究中该量表的$\alpha$系数为0.77。

3. 大学生社会责任感量表

本研究采用田园（2017）编制的大学生社会责任感量表进行测量。该量表包括家庭责任感、集体责任感和国家责任感三个维度，共有28个项目，如"我认为实现中国梦是我们的使命"。问卷采用5点计分，从1（完全不符合）到5（完全符合），得分越高表明社会责任感就越强。我们采用Mplus7.4软件对该量表进行验证性因素分析，结果显示该问卷结构效度良好，$\chi^2/df=2.58$，$TLI=0.90$，$CFI=0.92$，$RMSEA=0.04$。本研究中，

该量表总体的 $\alpha$ 系数为 0.87，家庭责任感、集体责任感和国家责任感三个维度的 $\alpha$ 系数分别为 0.73，0.81 和 0.76。

### (三)共同方法偏差检验

我们的所有数据均是采用自我报告的方式收集的，因此可能会存在共同方法偏差效应。为避免共同方法偏差对于研究结果的影响，我们在程序上进行了一些控制。首先，选取信、效度较高的量表作为测量工具，并且所使用的量表均包含反向计分题；其次，我们尽可能地增加被试来源空间的差异，分别选择在北京、苏州、上海、厦门和安庆地区的 5 所高校进行施测，同时采用匿名方式进行测查；最后，数据收集完成后，又进一步采用 Harman 单因子检验对共同方法偏差进行诊断，结果发现，未旋转情况下共有 21 个因子的特征值大于 1，并且第一个因子解释的变异量为 14.81%，小于 40% 的临界标准。这表明该研究中共同方法偏差对本研究结果的影响不大。

## 三、研究结果

### (一)主要研究变量之间的相关

相关分析结果表明，父母关爱与自我控制、社会责任感均存在显著正相关，但是父母控制与自我控制、社会责任感均存在显著负相关。此外，自我控制和社会责任感之间呈显著正相关(见表 5-1)。

表 5-1 主要研究变量之间的相关分析

| | M(SD) | 1 | 2 | 3 | 4 | 5 |
|---|---|---|---|---|---|---|
| 1. 母亲关爱 | 3.09(0.51) | 1 | | | | |
| 2. 母亲控制 | 2.14(0.49) | −0.43** | 1 | | | |
| 3. 父亲关爱 | 2.90(0.55) | 0.57** | −0.32** | 1 | | |

| | M(SD) | 1 | 2 | 3 | 4 | 5 |
|---|---|---|---|---|---|---|
| 4. 父亲控制 | 1.97(0.47) | −0.31** | 0.58** | −0.37** | 1 | |
| 5. 自我控制 | 2.93(0.45) | 0.17** | −0.13** | 0.23** | −0.10** | 1 |
| 6. 社会责任感 | 3.88(0.41) | 0.31** | −0.19** | 0.30** | −0.13** | 0.31** |

注：* $p<0.05$，** $p<0.01$，*** $p<0.001$，下同。

### (二)自我控制在父母教养方式与社会责任感之间的中介作用

为考查父母教养方式与社会责任感之间的关系，以及自我控制在两者之间的中介作用，我们采用结构方程模型进行验证。模型分析中，以社会责任感作为结果变量，父母关爱和父母控制为预测变量。其中父母关爱、父母控制、自我控制和社会责任感均是潜变量，父母关爱由母亲关爱(X1)和父亲关爱(X3)构成，父母控制由母亲控制(X2)和父亲控制(X4)构成。自我控制通过探索性因素分析以特征值大于 1 为原则提取出四个维度，分别是 Z1、Z2、Z3、Z4，并以这四个因素构成潜变量自我控制。社会责任感由家庭(S1)、集体(S2)和国家(S3)三个维度构成。

由整体数据对模型进行分析，结果显示，整体模型的各项指标拟合良好，$\chi^2/df=4.93$，$TLI=0.91$，$CFI=0.94$，$RMSEA=0.06$，标准化路径系数见图 5-1。路径系数结构显示，父母控制对社会责任感的直接路径系数显著($\beta=0.21$，$p<0.05$)，父母关爱和自我控制对社会责任感的路径系数均是显著的($\beta=0.64$，$p<0.001$；$\beta=0.23$，$p<0.001$)。此外，父母关爱对自我控制的路径系数显著($\beta=0.28$，$p<0.001$)。这说明，父母关爱和父母控制对大学生的社会责任感均存在直接作用效应，同时，自我控制在父母关爱与社会责任感之间的关系中发挥着部分中介作用($\beta=0.06$，$p<0.01$)，间接效应比例为 9.1%。

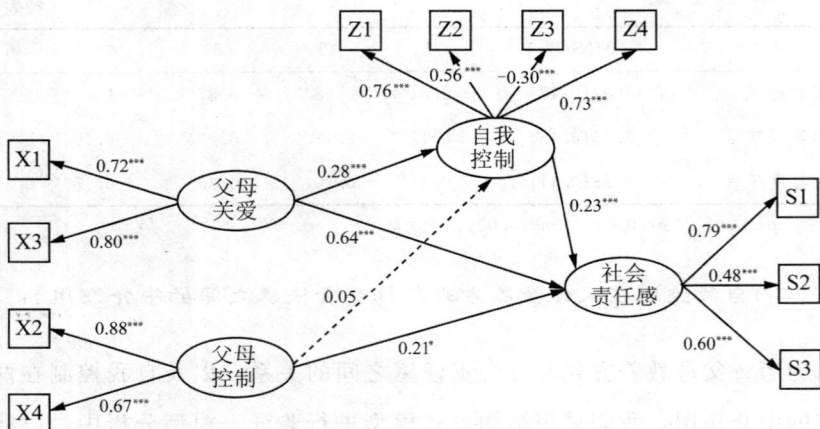

图 5-1　自我控制的中介作用

### (三)自我控制中介效应的性别差异

　　为确定自我控制的中介效应是否存在性别差异,按照上述方法,我们分别建立男生和女生两个群体的模型。总体上来说,自我控制中介效应主要表现在女大学生中,而男大学生中却没有。具体来说,男大学生的模型结果显示,各项指标拟合良好,$\chi^2/df=2.16$,$TLI=0.93$,$CFI=0.95$,$RMSEA=0.07$,标准化路径系数见图 5-2。路径系数结构显示,父母控制对社会责任感的路径系数显著($\beta=0.33$, $p<0.05$),父母关爱对社会责任感的路径系数显著($\beta=0.85$, $p<0.001$),父母关爱对自我控制的路径系数显著($\beta=0.29$, $p<0.05$),但是自我控制对社会责任感的路径系数不显著($\beta=0.14$, $p=0.08$)。这说明,在男大学生群体中,父母关爱和控制对社会责任感均具有直接的作用,但是自我控制不存在中介作用。

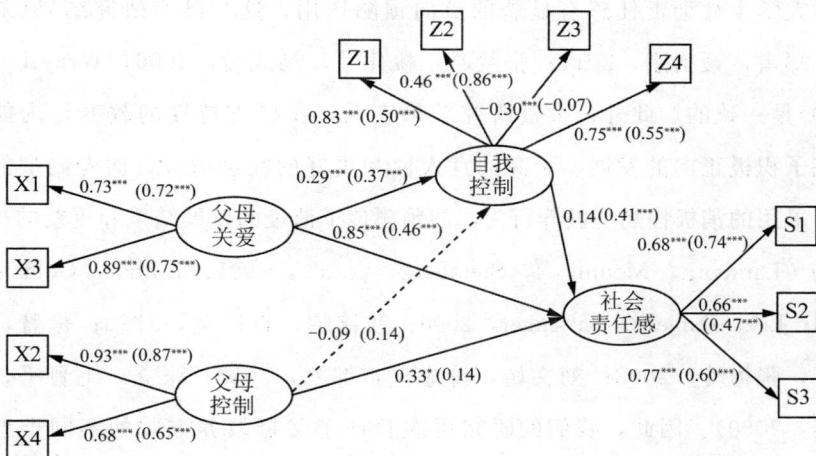

图 5-2　自我控制中介作用的性别差异(括号外是男生，括号内是女生)

女大学生的模型检验结果显示，各项拟合指标均良好，$\chi^2/df=3.18$，$TLI=0.92$，$CFI=0.95$，$RMSEA=0.06$，标准化路径系数见图 5-2。路径系数结构显示，父母控制对社会责任感的路径系数不显著($\beta=0.14$，$p>0.05$)，父母关爱和自我控制对社会责任感的路径系数均显著($\beta=0.46$，$p<0.001$；$\beta=0.41$，$p<0.001$)，父母关爱对自我控制的路径系数显著($\beta=0.37$，$p<0.001$)。这说明，父母关爱和父母控制都不显著预测社会责任感，并且自我控制在父母关爱与社会责任感之间发挥部分中介作用($\beta=0.15$，$p<0.001$)，间接效应比例为 24.8%。

## 四、讨论

### (一)父母教养方式对大学生社会责任感的预测作用

本研究结果表明，父母教养方式对大学生社会责任感有显著的预测作用，但是不同类型的教养方式对社会责任感的预测作用明显不同。具体而言，父母关爱对大学生社会责任感具有显著的正向预测作用，而父母控制却对大学生社会责任感有显著的负向预测作用。这与已有研究结果（刘海涛，郑雪，聂衍刚，2011；张兰君，桃兆兰，马武玲，2006；Wray-Lake，2010）是一致的。此外，大量研究结果表明，积极支持性的教养行为能预测孩子积极正向的发展、更高的宜人性和更好的社会适应，而专制型的父母所采用的消极控制型教养行为，能预测孩子消极的发展结果和更差的社会适应（Lamborn，Mounts & Steinberg，et al.，1991；Luthar，Goldstein，2008；Lee，Daniel & Kissinger，2006；钱铭怡，肖广兰，1998；徐慧，张建新，张梅玲，2008；刘文婧，许志星，邹泓，2012；张立，毛晋平，张素娴，2009）。因此，我们的研究再次验证了父母教养方式的不同类型对个体心理与行为影响的差异性。

在父母教养方式中，父母关爱更多的是包容、温暖与支持，在这样的教养方式下子女能够体会到更多的尊重、理解以及爱护，子女能感受到自己是作为一个独立的、与父母地位平等的个体来与父母进行交流沟通的。"在尊重儿童独立性的前提下，才能培养出责任心，有独立选择的自由，才有承担后果的责任，没有选择权，则无须承担责任"（张春妹，周宗奎，Yeh Hsueh，2005）。积极教养有利于青少年发展出积极的同伴关系、具有较强的社会能力以及良好的学业表现（Rubin，Bukowski & Parker，2006），这些积极心理与社会适应能力的发展有利于青少年形成积极的自我认识，即他们倾向于认为自己有能力帮助他人，从而增加表现亲社会行为的可能性。因此，父母关爱式的教养方式能够有效培养与增强子女的社会责任感等积极心理与行为。

然而，在教养过程中父母越是表现出控制和专制，孩子的自主性受到限制，他们便会越多地表现出拒绝，最终导致子女心理行为的偏移，即他们越易表现出反抗倾向，感受到被压迫感、孤独等（邵海英，2014）。同时，这种拒绝、控制的消极教养方式往往会使子女与父母之间有很强的距离感，孩子体会不到亲密无间的情感，久而久之就会变得冷漠、缺乏同情心，在面对社会责任情境时，他们不能果断做出责任行为，因而社会责任感水平较低。以往研究结果也表明，父母的过度控制（Eisenberg，Wolchik & Goldberg，et al.，1992）、身体惩罚和剥夺权利（Asbury，Dunn & Pike，et al.，2003)的教养方式与低水平的亲社会行为有关。由此可见，父母控制的教养方式反而抑制或阻碍了子女社会责任感的发展与强化。

（二）自我控制的中介作用及其性别差异

我们研究发现，自我控制在父母关爱与大学生社会责任感之间起部分中介作用。这表明父母关爱对大学生责任感的作用是可以部分通过自我控制这一桥梁实现的。积极的教养方式使子女在成长过程中能体会到更多的关心和爱护，有利于子女责任心的培养，而消极的教养方式使子女产生消极、自卑、被动等认知模式，且他们对自身不关心，更不会关心他人与集体，不利于其责任心培养（张立，毛晋平，张素娴，2009)。佩蒂特（Pettit）等人（1989）的研究发现，如果父母与子女保持亲密友好的互动关系，更有利于儿童自我控制的发展和良好的社会化。此外，高自控力的个体会表现出更少的冲动行为、更低的攻击性，以及更多的积极向上的亲社会行为（Funder & Block，1989；Kuijer，De & Ouwehand，et al.，2008；Peluso，Ricciardelli & Williams，1999；Wills，Duhamel & Vaccaro，1995)。这些研究结果与我们的研究一致表明，父母关爱会通过提高孩子的自我控制能力，进而影响其社会责任感等积极心理与行为。

然而，我们发现父母控制对社会责任感有直接的负向预测作用，但自我控制在两者之间的中介效应不显著。这可能是由于控制型的父母教养方式一般会给孩子带来很强的压迫感，使孩子体会到更多的冷漠与专制，而大学生一般都已成年，都拥有较强的独立决策能力以及对个人行为方向的主导性(于凤杰,赵景欣,张文新,2013),更可能根据自己的需要和对未来的规划积极主动地选择外界信息以获得积极发展。因此,大学生可能会选择与控制型的父母保持一定的距离,使自己尽量远离父母的控制从而获得更好的发展。同时自我控制的稳定性会随着年龄增长而不断提升(Kremen & Block,1998),因而当大学生与父母之间的关系较为疏远时,父母教养方式很难再影响到孩子的自我控制能力,更无法通过孩子的自我控制能力进一步影响其社会责任感。

此外,我们发现自我控制的中介作用存在性别差异。具体来说,父母的关爱可以通过增强女大学生的自我控制进而提升其社会责任感,但是这种效应在男大学生中却不存在。我们认为可能有两个原因。首先,研究发现女孩的自我控制显著高于男孩(Kochanska & Aksan,1995;Kremen & Block,1998),且随着年龄的增长,女性自我调节的能力显著优于男性(Kochanska,Coy & Murray,2001)。女性社会化的过程更多体现在家庭情感联系上,女性倾向于与家庭保持更紧密的关系(刘世宏,李丹,刘晓洁,等,2014)。与男生相比,女生更容易受到社会评价的影响(Rose & Rudolph,2006),其自我控制可能更多地依据社会期许,而男生更注重的是自身的成就和发展,其自我控制可能更多地依据自我标准。因此女大学生更有可能根据家庭和社会的影响积极主动地表现出亲社会行为,拥有更强的社会责任感。其次,社会文化对男性和女性有着不同的性别角色期待。例如,女孩应表现出亲切、体贴、关爱他人,而男孩被要求独立、控制、阳刚并更加理性(Eagly,2009;Witt & Wood,2010)。女性是感性动物,易受情绪情感的影响来做判断,而男性是理性动物,不易受情绪情感的影响,所以女性比男性更容易产生情绪性唤起,发生移情、共情(陈武英,卢家楣,刘连启,等,2014)。所以,父母关爱对女大学生的影响在广度与深刻性上要比男大学生更为明显。由此可见,父母关爱对大学生社会责任感的作用机制是存在明显性别差异的，在女大学生中父母关爱与社会责任感通过个体自我控制而实现，但是在男大学生中两者存在完全的直接效应。或许在男大学生群体中仍然存在一定的中介变量，这有待进一步研究确定。

### 五、结论与局限

我们的研究得出如下结论：①父母教养方式对大学生社会责任感有显著的预测作用，其中父母关爱对大学生社会责任感有显著的正向预测作用，父母控制却是显著的负向预测作用；②自我控制在父母关爱和社会责任感之间存在部分中介作用，而且主要表现在女大学生中，在男大学生中没有该效应。

本研究是关于父母教养方式与大学生责任感关系的研究，主要采用横断研究设计来收集数据进行验证，虽然可以说明父母教养方式与自我控制对大学生社会责任感的预测作用，但是变量间的因果关系仍然有待进一步验证。此外，我们发现，自我控制在父母关爱与社会责任感之间发挥了部分中介作用，但是在父母控制与社会责任感之间没有中介作用。因此，今后的研究可以进一步探索父母控制与社会责任感之间的中介机制。

## 第二节  家庭社会经济地位与社会责任感

为考查大学生的家庭社会经济地位与社会责任感之间的关联及其内在作用机制，我们以自编的大学生社会责任感问卷为测量工具，考查客观家庭社会经济地位与社会责任感的相关，以及主观社会经济地位在两者之间的中介作用。结果发现，客观家庭社会经济地位与社会责任感呈显著负相关，但是主观社会经济地位与社会责任感呈显著正相关，并且主观社会经济地位是大学生社会责任感的重要预测变量。同时，主观经济地位分别在客观家庭社会经济地位与家庭责任感、集体责任感之间起部分中介作用，在与国家责任感之间起完全中介作用。

## 一、引言

### （一）客观家庭经济地位与大学生社会责任感的关系

当前，探索大学生社会责任感的影响因素是社会责任感研究的重要课题之一。在影响社会责任感的诸多因素中，家庭社会经济地位逐渐成为一个备受关注的因素。社会经济地位（Socio-economic Status，SES），即个体在社会分层等级体系中的综合状况或相对位置，通常采用家庭经济收入、父母受教育程度以及父母职业等客观指标的综合状况进行评估，也称为客观社会经济地位。家庭社会经济地位的高低意味着个体拥有经济和社会资源的多寡，如可供支配的经济状况、与父母相处的时间、良好的教养方式等资源（Piff，Kraus & Côté，et al.，2010）。从表面看，低社会经济地位意味着拥有较少的资源，获得的发展资源较少，对周围事物的个人控制感较低，更容易处于外界的威胁情境中。这些不利的环境预示着低社会经济地位的个体会更加关注自身利益而非他人或群体的利益，会为了自身的生存和发展积极谋取发展资源，进而较少参与亲社会行为（如捐赠、助人）等。

然而，已有实证研究发现，低社会经济地位的个体通常比高社会经济地位的个体更加慷慨、更愿意投身到慈善事业中，而且表现出更多的信任感，做出更多的助人行为（Piff，Kraus & Côté，et al.，2010）。同时，高社会经济地位个体有自我关注的社会认知倾向，视个人利益胜过他人利益，这意味着他们可能会表现出更多的非道德性行为（Kraus，Piff &

Keltner，2011；Kraus，Côté & Keltner，2010）。因此，我们假设客观家庭社会经济地位与社会责任感之间呈显著负向关系。具体而言，与高社会经济地位相比，低社会经济地位个体拥有更强的社会责任感。

（二）主观社会经济地位的中介作用

社会经济地位影响社会责任感的作用机制问题，也需要研究者不断探索。一方面，社会比较理论认为，与他人比较之后的相对剥夺感可能比实际的剥夺状态对人类的发展影响更大。客观社会经济地位对个体认知和社会能力的预测力是有限的，较少涉及个体对社会经济地位的感知和理解。个体不仅可能受到绝对拥有或可支配资源（客观社会经济地位）的影响，也可能受其主观感知到的相对经济困难程度的影响（黄月胜，2006；陈艳红，程刚，关雨生，等，2014；Huston，& Bentley，2010）。个体的许多负性心理（如负性情绪、低自尊等），更可能源于由社会比较造成的主观社会经济地位的降低（Wilkinson，1999；Wilkinson & Pickett，2007）。

主观社会经济地位（Subjective Socio-economic Status，SSES）是对自身经济条件的主观评价，通常采用主观社会经济地位量表评定。许多研究者认为，主观社会经济地位能更准确地抓住社会地位中更敏感的方面，其提供的评定信息远远超过客观指标（Goodman，Adler & Daniels，et al.，2003；Wilkinson，1999）。已有研究发现，主观社会经济地位与幸福感、亲社会行为、健康等因素关系密切（Chen & Paterson，2006；Demakakos，Nazroo & Breeze，et al.，2008；Destin，Richman & Varner，et al.，2012）。然而，社会责任感作为个体重要的核心素养之一，目前还没有研究直接探查主观社会经济地位与社会责任感之间的关系。基于已有研究，我们认为，主观社会经济地位与社会责任感有显著正相关关系，而且主观社会经济地位在客观家庭社会经济地位和社会责任感之间起中介作用。

## 二、研究方法

### (一)研究对象

本研究以北京、安徽、江苏、浙江等多个省市的高校大学生作为调查对象,共调查大学生 806 名。其中男生 256 人(31.8%),女生 550 人(68.2%);大一学生 260 人(32.3%),大二学生 319 人(39.6%),大三学生 198 人(24.6%),大四学生 29 人(3.6%)。研究对象的详细情况见表 5-2。

表 5-2　研究对象信息表

| 被试变量 | 被试类别 | 人数 | 比例(%) |
|---|---|---|---|
| 性别 | 男 | 256 | 31.8 |
| | 女 | 550 | 68.2 |
| 年级 | 大一 | 260 | 32.3 |
| | 大二 | 319 | 39.6 |
| | 大三 | 198 | 24.6 |
| | 大四 | 29 | 3.6 |
| 户籍 | 农业户口 | 341 | 42.3 |
| | 非农业户口 | 465 | 57.7 |
| 家庭所在地 | 城市 | 343 | 42.6 |
| | 县城 | 169 | 21.0 |
| | 乡镇 | 153 | 19.0 |
| | 村庄(寨) | 141 | 17.5 |
| 父亲受教育程度 | 未受教育 | 9 | 1.1 |
| | 小学 | 87 | 10.8 |
| | 初中 | 235 | 29.2 |
| | 高中(含职高、中专) | 214 | 26.6 |
| | 大专或本科 | 235 | 29.2 |
| | 研究生及以上 | 26 | 3.2 |

| 被试变量 | 被试类别 | 人数 | 比例(%) |
|---|---|---|---|
| 母亲受教育程度 | 未受教育 | 32 | 4.0 |
| | 小学 | 158 | 19.6 |
| | 初中 | 205 | 25.4 |
| | 高中(含职高、中专) | 191 | 23.7 |
| | 大专或本科 | 171 | 21.2 |
| | 研究生及以上 | 13 | 1.6 |
| | 未报告 | 36 | 4.5 |
| 家庭经济状况 | 上游水平 | 5 | 0.6 |
| | 中上水平 | 145 | 18.0 |
| | 中等水平 | 464 | 57.6 |
| | 中下水平 | 150 | 18.6 |
| | 下游水平 | 31 | 3.8 |
| | 未报告 | 11 | 1.4 |

## (二)研究工具

### 1. 大学生社会责任感问卷

我们采用自编的大学生社会责任感问卷，包括家庭责任感(7 个项目)、集体责任感(10 个项目)和国家责任感(11 个项目)三个维度。家庭责任感主要测量大学生对于自身应履行的对父母或家庭责任的认知、情感和行为倾向。项目包括"替父母完成家务我会很高兴""作为家庭成员，我有责任维护家庭的稳定"等。集体责任感主要测量大学生对于自身应履行的对集体(学校或班级等)责任的认知、情感和行为倾向，项目内容包括"在我看来，违反校规校纪也无所谓"(反向计分)、"体育比赛中，我会为我班队员加油鼓劲""即使同学不理解我，我还是会为集体的发展提供建议"等。国家责任感主要测量大学生对于自身应履行的对国家责任的认知、情感和行为倾向，项目内容包括"国家发展的好坏与我息息相关""我赞成'天下兴亡，匹夫有责'的观点"等。量表采用 Likert 5 点计分，从"完全不符合"(1分)到"完全符合"(5 分)。在本研究中，该量表各分维度和总量表的内部一致性系数分别是：0.73，0.81，0.75，0.87。

2. 主观社会经济地位量表

采用 MacArthur 量表测量大学生的主观社会经济地位(Adler，Epel & Castellazzo，et al.，2000)。该量表由 10 个阶梯的梯形构成，要求被试根据自己的实际情况做出相应的选择(图 5-3)。具体指导语如下：梯子代表着每个人在生活中地位的高低，1 最低，10 最高。如果一个人在生活中周围的人都看得起他，都尊重他，都听他的话，他的地位就越高，那么他就在梯子的最高位置 10；反之，则是最低位置。与你周围的人相比(如朋友、同学、舍友、同一团体成员等)，从 1 到 10，你觉得自己在梯子上大约处在哪个数字的位置_____。该量表在中国样本中常被用于测量各类人群的主观社会经济地位(Huang，Hou & Sun，et al.，2017；Jin，2016)。

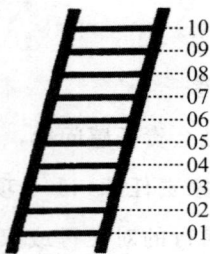

图 5-3　主观社会经济地位量表

3. 客观家庭社会经济地位量表

本研究采用父亲和母亲的受教育程度作为客观家庭社会经济地位的测量指标。父亲和母亲的受教育程度分为六类：未受教育、小学、初中、高中(含职高、中专)、大专或本科、研究生及以上。

另外，还需要被试填写性别、年级、考入大学前的户籍所在地、家庭所在地等基本人口统计学信息。

## 三、研究结果

### （一）家庭社会经济地位与社会责任感的相关分析

我们对社会责任感的不同维度与人口统计学变量进行相关分析（表5-3），结果表明，性别与集体责任感呈显著正相关，女性的集体责任感显著高于男性。户籍与家庭责任感、集体责任感呈显著负相关，农业户口大学生的家庭责任感和集体责任感显著高于非农业户口大学生。家庭所在地与家庭责任感、集体责任感呈显著正相关。父亲受教育程度、母亲受教育程度与家庭责任感、集体责任感均呈显著负相关。主观社会经济地位与家庭责任感、集体责任感和国家责任感均表现出显著正相关，即主观社会经济地位越高，相应的责任感越强。

### （二）家庭社会经济地位对社会责任感的预测

本研究以家庭责任感、集体责任感、国家责任感为结果变量，将人口统计学变量（性别、年级、户籍、家庭所在地、父亲受教育程度、母亲受教育程度、主观社会经济地位）作为预测变量全部纳入回归方程进行多元回归分析（表5-4）。结果表明，性别和主观社会经济地位对家庭责任感有显著预测作用，$F = 5.83$，$p < 0.001$，$R^2 = 0.05$；性别、户籍和主观社会经济地位对集体责任感有显著预测作用，$F = 8.07$，$p < 0.001$，$R^2 = 0.07$；主观家庭社会经济地位对国家责任感有显著预测作用，$F = 3.21$，$p < 0.01$，$R^2 = 0.03$。可见，主观社会经济地位对所有的责任感维度都有重要预测作用。

表 5-3 相关分析表

| 变量 | 1 | 2 | 3 | 4 | 5 | 6 | 7 | 8 | 9 | 10 |
|---|---|---|---|---|---|---|---|---|---|---|
| 1 家庭责任感 | 1 | | | | | | | | | |
| 2 集体责任感 | 0.47*** | 1 | | | | | | | | |
| 3 国家责任感 | 0.34*** | 0.46*** | 1 | | | | | | | |
| 4 性别 | 0.07 | 0.09* | 0.02 | 1 | | | | | | |
| 5 年级 | 0.06 | -0.02 | 0.03 | 0.10** | 1 | | | | | |
| 6 户籍 | -0.14*** | -0.15*** | 0.04 | 0.10*** | 0.07* | 1 | | | | |
| 7 家庭所在地 | 0.13*** | 0.10** | -0.06 | 0.03 | -0.01 | -0.68*** | 1 | | | |
| 8 父亲受教育程度 | -0.09* | -0.09* | 0.03 | 0.09 | 0.00 | 0.56*** | -0.52*** | 1 | | |
| 9 母亲受教育程度 | -0.12** | -0.09* | 0.08* | -0.11** | 0.03 | 0.60*** | -0.56*** | 0.69*** | 1 | |
| 10 主观社会经济地位 | 0.09* | 0.17*** | 0.16*** | 0.02 | 0.02 | 0.17*** | -0.20*** | 0.22*** | 0.19*** | 1 |

注：性别：0=男，1=女；
户籍：0=农业户口，1=非农业户口；
家庭所在地：1=城市，2=县城，3=乡镇，4=村庄（寨）；
家庭受教育程度：1=小学及以下，2=初中，3=高中，4=大学及以上。
父母受教育程度：1=小学及以下，2=初中，3=高中，4=大学及以上。

表 5-4　回归分析表

| 预测变量 | 家庭责任感 | | | 集体责任感 | | | 国家责任感 | | |
| --- | --- | --- | --- | --- | --- | --- | --- | --- | --- |
| | B | SE | β | B | SE | β | B | SE | β |
| 性别 | 0.10** | 0.04 | 0.10 | 0.12** | 0.04 | 0.10 | 0.02 | 0.04 | 0.02 |
| 年级 | 0.04 | 0.02 | 0.06 | −0.01 | 0.02 | −0.02 | 0.02 | 0.02 | 0.03 |
| 户籍 | −0.10 | 0.05 | −0.10 | −0.15** | 0.06 | −0.14 | −0.04 | 0.05 | −0.04 |
| 家庭所在地 | 0.04 | 0.02 | 0.09 | 0.02 | 0.02 | 0.04 | −0.03 | 0.02 | −0.06 |
| 父亲受教育程度 | 0.01 | 0.02 | 0.02 | −0.02 | 0.03 | −0.04 | −0.03 | 0.03 | −0.06 |
| 母亲受教育程度 | −0.02 | 0.02 | −0.06 | −0.01 | 0.03 | −0.01 | 0.04 | 0.03 | 0.09 |
| 主观社会经济地位 | 0.04** | 0.01 | 0.11 | 0.08*** | 0.01 | 0.20 | 0.05*** | 0.01 | 0.14 |

## (三)主观社会经济地位的中介效应

为考查主观社会经济地位在客观家庭社会经济地位和社会责任感之间的中介作用,先将父亲受教育程度和母亲受教育程度转化成 Z 分数进行累加,作为客观社会经济地位的指标。然后,再采用海斯(Hayes)2013 年开发的 PROCESS(model 4)中用于偏差校正的 bootstrapping 进行中介效应分析,样本量选择 1000。如果中介效应的 95% 置信区间不包括 0,则代表中介效应显著;如果 95% 置信区间包括 0,则代表中介效应不显著(见表 5-5)。已有研究显示,偏差校正的 bootstrapping 中介效应分析比其他方法有更强的统计检验力(Mackinnon,Lockwood & Williams,2004)。

我们的研究结果发现,客观家庭社会经济地位对家庭责任感的直接效应值为 −0.04,95% 置信区间为[−0.0559,−0.0182];客观家庭社会经济地位通过主观社会经济地位预测家庭责任感的间接效应值为 0.01,95% 置信区间为[0.0030,0.0126],两置信区间均不包含 0,这说明主观社会经济地位在客观家庭社会经济地位和家庭责任感之间的关系中起部分中介作用(见图 5-4)。

客观家庭社会经济地位对集体责任感的直接效应值为-0.04，95％置信区间为[-0.0636，-0.0228]；客观家庭社会经济地位通过主观社会经济地位预测家庭责任感的间接效应值为0.01，95％置信区间为[0.0073，0.0191]，两置信区间均不包含0，这说明主观社会经济地位在客观社会经济地位和集体责任感之间的关系中起部分中介作用（见图5-5）。

客观家庭社会经济地位对国家责任感的直接效应值为-0.01，95％置信区间为[-0.0126，0.0266]，置信区间包含0；客观家庭社会经济地位通过主观社会经济地位预测国家责任感的间接效应值为0.01，95％置信区间为[0.0051，0.0152]，置信区间不包含0，这说明主观社会经济地位在客观家庭社会经济地位和集体责任感之间的关系中起完全中介作用（见图5-6）。

表5-5　主观社会经济地位的中介效应

| 因变量 | 路径 | 效应 | BootSE | BootLLCI | BootULCI |
| --- | --- | --- | --- | --- | --- |
| 家庭责任感 | 直接路径（OSES-Y1） | -0.0371 | 0.0096 | -0.0559 | -0.0182 |
| | 间接路径（OSES-SSES-Y1） | 0.0065 | 0.0023 | 0.0030 | 0.0126 |
| 集体责任感 | 直接路径（OSES-Y2） | -0.0432 | 0.0104 | -0.0636 | -0.0228 |
| | 间接路径（OSES-SSES-Y2） | 0.0122 | 0.0030 | 0.0073 | 0.0191 |
| 国家责任感 | 直接路径（OSES-Y3） | 0.0070 | 0.0100 | -0.0126 | 0.0266 |
| | 间接路径（OSES-SSES-Y3） | 0.0091 | 0.0025 | 0.0051 | 0.0152 |

注：OSES＝客观家庭社会经济地位；SSES＝主观社会经济地位，Y1＝家庭责任感；Y2＝集体责任感；Y3＝国家责任感。

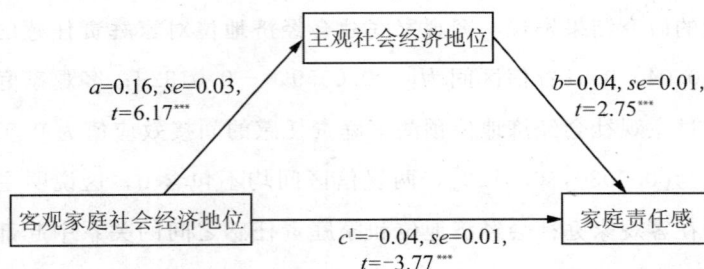

图5-4　主观社会经济地位在客观家庭社会经济地位与家庭责任感之间的关系中的中介效应

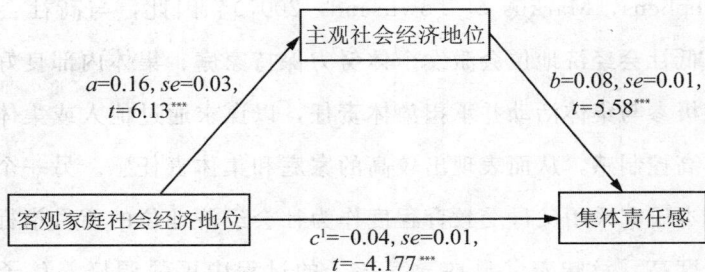

图 5-5　主观社会经济地位在客观家庭社会经济地位与集体责任感之间的关系上的中介效应

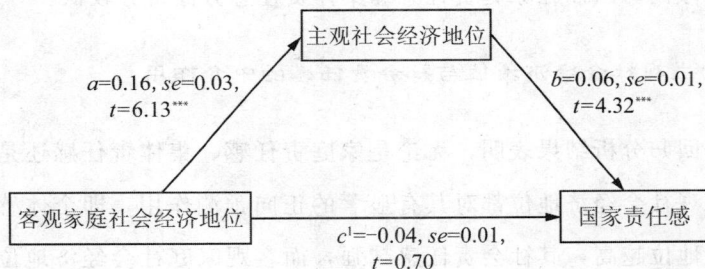

图 5-6　主观社会经济地位在客观家庭社会经济地位与国家责任感之间的关系上的中介效应

## 四、结果讨论

### （一）客观家庭社会经济地位与社会责任感之间呈负相关

我们考查了客观家庭社会经济地位与社会责任感的关系，结果发现大学生客观家庭社会经济地位与家庭责任感、集体责任感呈显著负相关。这与国外类似的研究结果基本一致（Piff，Kraus & Côté，et al.，2010），即社会经济地位越高，亲社会行为越少。这可能是由于低社会经济地位的个体经济条件有限，容易体验到较低的个人控制感，在目标达成时通常选择依赖他人（Argyle，1994；Domhoff，1998）；而高社会经济地位的个体经济富足，容易体验到较高的个人控制感和自由感（Snibbe & Markus，

2005；Stephens，Markus & Townsend，2007）。因此，与高社会经济地位相比，低社会经济地位会激发个体努力保持家庭、集体内部良好和谐的关系，积极参与集体活动并承担集体责任，以谋求通过他人或集体的和谐关系获得高控制感，从而表现出较高的家庭和集体责任感。另一个可能的原因在于本研究采用父母受教育程度作为社会经济地位的衡量指标，父母受教育程度高，意味着父母在教育孩子的过程中更强调培养孩子的独立性、更重视孩子自由思想的培养，这容易使孩子表现出不愿意受家庭和集体约束的倾向，因而在家庭责任感和集体责任感方面得分较低。

（二）主观社会经济地位与社会责任感的中介作用

多元回归分析结果表明，无论是家庭责任感、集体责任感还是国家责任感，主观社会经济地位都对其有显著的正向预测作用，即个体感受到的社会经济地位越高，其社会责任感越强，而客观家庭社会经济地位则无预测作用。这说明，与客观家庭社会经济地位相比，主观社会经济地位对社会责任感的影响更大。主观社会经济地位是一种相对地位，是在一定的参照群体下产生的主观知觉。正如自我理论所认为的，外部因素无法单独影响个体心理与行为，起作用的往往是个体的认知过程（Pervin & Lawrence，1999）。主观社会经济地位，它不仅与自身家庭的实际经济地位有关，还与参照群体（如同伴、同学）的家庭经济条件、自我的认知评价等密切相关。因此，当个体意识到自己处于较高的社会阶层，并形成对自我的积极认识和评价时，会自觉地将这种高的社会经济地位与家国情怀（家庭、社会、国家等）联系在一起，深化自己的社会责任认知，激发责任情感，进而做出相应的责任行为。

同时，本研究发现，主观社会经济地位在客观家庭社会经济地位和家庭责任感、集体责任感之间的关系中起部分中介作用，在客观家庭社会经济地位和国家责任感之间的关系中起完全中介作用。这验证了客观社会经济地位对个体发展的影响也许通过某种中介因素起作用的观点（Demakakos，Nazroo & Breeze，et al.，2008）。本研究认为，客观社会经济地位高的个体更容易形成对自己社会地位的积极认知，在获得高主观社会经济地位的同时，更容易形成对家庭、集体和国家的责任认知，在此基础上更容易体验到责任情感，并做出责任行为。但是，客观家庭社会经济地位对家庭责任感和集体责任感有直接效应，对国家责任感不存在直接效应，这进一步揭示客观社会经济地位对社会责任感不同维度有不同的作用机制，也为将来的研究提供了重要启示。

另外，值得注意的是，本研究中主观社会经济地位的中介效应值都比较小，这可能是由于现实生活中各种影响因素都在彼此交融、错综复杂地影响着大学生社会责任感，其中可能存在很多其他中介或调节因素。比如，社会不公正信念、集体自尊都是可能的中介变量。已有研究显示，低社会经济地位的个体更容易产生社会不公正信念，进而影响社会责任感；高社会经济地位的个体更容易形成对自己所属群体的积极认知，获得高集体自尊，而集体自尊在大学生学校认同和社会责任感关系中起中介作用（黄四林，韩明跃，宁彩芳，等，2016）。

最后，鉴于主观社会经济地位对社会责任感的预测作用，在大学生的责任教育和辅导中，教育者要注意引导他们正确认识家庭经济因素的意义，由强调社会经济地位的绝对作用转向强调社会经济地位的相对作用，引导大学生正确、积极地感知其所处的社会地位，不盲目自信，更不妄自菲薄。

## 五、研究结论与局限

我们获得主要结论是：首先，客观家庭社会经济地位与社会责任感呈显著负相关，但是主观社会经济地位与社会责任感呈显著正相关，并且主观社会经济地位是大学生社会责任感的重要预测变量；其次，主观社会经济地位分别在客观家庭社会经济地位与家庭责任感、集体责任感之间的关系中起部分中介作用，但是在客观家庭社会经济地位与国家责任感之间的关系中起完全中介作用。

然而，我们的研究存在一些局限性，有待未来研究进一步完善。第一，本研究采用横断设计，仅揭示了大学生社会责任感和社会经济地位的相关关系，不能得出确定的因果关系，在以后的研究中可以尝试采用追踪设计，考查社会经济地位、社会责任感的长期发展变化及其因果关系。第二，在客观家庭社会经济地位测量方面，本研究仅采用父母受教育程度作为衡量指标，这会导致研究结果出现一定偏颇。以后的研究应该采用更加综合的指标作为客观社会经济地位的指标，除了常用的父母受教育程度、父母职业、收入外，还要考虑纳入权力、部门以及社会歧视等因素（黄小瑞，2014；李春玲，2005）。第三，在被试的选取方面，由于时间条件等的限制，本研究选取了北京、安徽、江苏、浙江等省市的大学生作为研究对象，而且被试样本中由于大四学生面临考研和求职等压力，愿意参与研究的意愿低，导致大四学生的数量相对不足，因此无法考查大四学生的责任感特征；而且男女性别比例(1∶2)差异较大。样本代表性不够全面可能会对研究结果产生一定影响，需要我们在后续研究中改进。第四，本研究采用的是问卷法，而被试在回答问题时容易受到社会赞许性的影响；同时被试的态度、参与研究的积极性等都可能会影响答题的真实性和有效性；单纯的问卷法也容易受到共同方法偏差的影响。因此，未来研究可采用多主体(教师、父母、学生)报告、多方法(问卷法、观察法、实验法)并用的措施，以减少偏差，提高研究的客观性和准确性。

# 第三节　家庭所在地与社会责任感

我们以北京、安徽、浙江等地区 4 所高校的 649 名大学生为被试，考查大学生自我控制与其社会责任感之间的关系，以及家庭所在地（生源地）对两者间关系的调节作用。结果发现大学生的自我控制对其社会责任感有显著的预测作用，家庭所在地对自我控制和社会责任感的关联具有调节作用，具体来说，对于城镇生源的大学生来说，社会责任感会随着其自我控制的增长而增强，但是对于乡村生源的大学生来说，自我控制与其社会责任感之间的相关关系稳定。

## 一、引言

在 21 世纪，大学生不再是"象牙塔"中需要被呵护的孩子，而是要逐渐成长为国家未来发展的中坚力量，他们需要承担起推动社会进步的重要责任，因此对大学生社会责任感的培养必然成为国家教育的重要内容。社会责任感是个体最为核心的品质之一，因此社会责任感的研究成为众多学科高度关注的焦点问题。

以往的研究主要考查了个体特征、家庭背景和人格特征等因素对大学生社会责任感的影响。首先，在性别上，女大学生的社会责任感要显著高于男大学生，但是没有年级差异（刘海涛，郑雪，2011）。其次，在父母教养方式上，接受民主型教养方式的大学生的社会责任感水平最高，而接受放任型教养方式的大学生社会责任感水平最低（刘海涛，郑雪，聂衍刚，2011；张兰君，杨兆兰，马武玲，2006；Wray-Lake，2010）。再次，在人格类型上，内向和外向人格对大学生责任感有显著的正向预测作用；精神质和神经质却具有显著的负向预测作用(刘海涛，郑雪，2010)。人格因素中的自我中心、同情心、相互接纳、权威和相同遭遇等对大学生社会责任感有影响(O'connor & Cuevas，1982)。最后，高水平的社会责任感则会导致高频的社会责任行为，但在有无榜样和有无心理压力方面存在显著差异(Willis & Goethals，2010)。综上所述，研究者围绕社会责任感的影响因素进行了大量研究，为深入理解和培养大学生社会责任感奠定了重要的基础。

自我控制能力是个体适应社会的一项重要能力，是自我意识结构中自我调节的最基本的手段。已有研究表明，自我控制是社会责任感等亲社会行为的重要预测指标。自我控制是指个体自主调节自己的行为，并使其与个人价值和社会期望相匹配的能力(Kopp，1982)。研究发现自我控制的本质特征包含以下两方面：其一，自我控制是个体有意识地控制冲动行为、抵制满足直接需要和愿望的能力；其二，自我控制的目的是执行那些能带来长期利益的目标所指向的行为(Hagger，Wood & Stiff，et al.，2010)。自我控制是影响个体道德失范、犯罪等不良行为的关键因素，因此自我控制对于个体做出道德行为、亲社会行为等良好行为具有潜在意义(Gottfredson & Hirschi，1990)。前人的研究发现自我控制能力与一系列的积极行为都是相关的。比如，有较强自我控制能力的个体会有更高的学术成就(Duckworth & Kern，2011)、更少的冲动行为(Peluso，& Ricciardelli，Williams，1999；Wills，Duhamel & Vaccaro，1995)，以及更多的利他行为(DeWall，Baumeister & Gailliot，et al.，2008；Osgood & Muraven，2015)。然而，目前仍然缺乏探索大学生自我控制与社会责任感之间关系的直接研究。社会责任感来源于社会但是却取决于个体本身的意识，而自我控制是自我意识的重要组成部分，它是个体对自身的心理与行为的主动掌握，是个体自觉选择的目标。基于此，我们假设自我控制与大学生的社会责任感存在高度关联,具体来说,自我控制感强的大学生,会具有较强的社会责任感。

前人多是从性别、是否为独生子女、父母教养方式以及受同伴欢迎程度等方面对社会责任感进行研究,几乎没有涉及大学生的生源方面。但是在我国,由于长期实行城乡二元的经济政策、社会政策,使得城乡居民在生活方式、思想观念等多个方面都存在明显的差异,这必将影响来自城市和乡村不同生源地大学生的人生观、价值观和自我意识。本研究试图检验生源地在自我控制与社会责任感之间的关系中的调节作用,以期对城市生源大学生和乡村生源大学生的自我控制与社会责任感的教育和引导提供借鉴。

## 二、研究方法

### (一)研究对象

本研究以北京、苏州、杭州和安庆等地区的 4 所高校大学生为被试,共发放问卷 680 份,回收有效问卷 649 份,有效回收率为 95.44%。其中,女生 563 人,男生 84 人,2 人性别缺失;年龄为 17~25 岁,平均年龄为 $21.27 \pm 1.15$ 岁。其中城市生源大学生有 296 人,农村生源大学生有 351 人。

### (二)研究工具

1. 生源地信息问卷

本研究由被试本人填写人口统计学资料问卷,报告他们在进入大学前的家庭所在地,分为:城市、县城、乡镇、村庄(寨)四种基本类型。

2. 自我控制量表

自我控制量表由坦尼(Tangney)等人于 2004 年发表,在美国具有较好的信、效度，后经谭树华和郭永玉(2008)进行本土化修订。该量表由19个项目组成，本研究从中选取了12个项目进行施测，如"我会做一些有趣、却对我有害的事情"。所有项目采用5点计分，从1(完全不符合)到5(完全符合)，得分越高说明大学生自我控制力越强。本研究中该量表的 $\alpha$ 系数为0.71。

### 3. 社会责任感量表

采用陈婷，王彬和李书宁(2008)编制的大学生社会责任感量表，本研究从中选取了12个最有代表性的项目进行施测，如"我愿意为购买环保产品而多支付一点钱"。所有项目采用5点计分，从1(完全不符合)到5(完全符合)，得分越高表明社会责任感程度越高。以往研究表明该量表具有良好信、效度(陈婷等，2008)，本研究中该量表的 $\alpha$ 系数为0.53。

### (三)共同方法偏差的控制

由于客观条件的限制，本研究中所有的数据均是采用大学生自我报告的方式收集的，可能会存在共同方法偏差效应。为了避免共同方法偏差对研究结果的影响，首先，选取的均是信、效度较高的量表来作为测量工具，并且所使用的量表均包含反向计分题；其次，我们尽可能地增加被试来源空间的差异，分别选择位于北京、苏州、杭州和安庆的4所高校进行施测，同时采用匿名方式进行测查；最后，数据收集完成后，又进一步采用 Harman 单因子检验对共同方法偏差进行诊断，结果发现，未旋转情况下共有7个因子的特征值大于1，并且第一个因子解释的变异量为14.76%，小于40%的临界标准。这表明该研究的共同方法偏差对本研究的结果的影响不大。

### 三、研究结果

**(一)自我控制、社会责任感和生源地之间的相关**

相关分析表明，自我控制和社会责任感之间呈显著正相关，生源地与自我控制和社会责任感相关均不显著（见表 5-6）。

表 5-6　自我控制、生源地和社会责任感的相关分析

| 变量 | $M$ | $SD$ | 1 | 2 |
|---|---|---|---|---|
| 1 自我控制 | 3.15 | 0.48 | 1 | |
| 2 社会责任感 | 3.53 | 0.42 | 0.256** | 1 |
| 3 生源地 | 0.46 | 0.50 | 0.036 | 0.003 |

**(二)生源地在自我控制与社会责任感之间的关系中的调节效应**

本研究采用分层回归检验生源地（乡村生源和城镇生源）在自我控制与社会责任感关系间是否具有调节效应。首先，将生源地变量转换为虚拟变量（城镇生源＝1，乡村生源＝0），对自我控制变量进行去中心化处理。其次，将自变量（自我控制）和调节变量（生源地）纳入回归方程的第一层。最后，将自变量和调节变量构成的调节项（自我控制×生源地）纳入回归方程的第二层。如果调节项对社会责任感具有显著的预测作用，则认为调节效应显著。

表 5-7　生源地的调节效应

| 项目 | 变量 | $\Delta R^2$ | $\Delta F$ | $B(SE)$ | $\beta$ | $t$ |
|---|---|---|---|---|---|---|
| 第一层 | 自我控制 | 0.065 | 22.468*** | 0.224(0.033) | 0.256 | 6.703*** |
| | 生源地 | | | −0.008(0.032) | −0.009 | −0.239 |
| 第二层 | 自我控制×生源地 | 0.008 | 5.294* | 0.153(0.067) | 0.120 | 2.301* |

如表 5-7 所示，以自我控制与生源地构成的调节项对社会责任感的预测作用显著($\beta = 0.120$，$p < 0.05$)，研究者进一步进行简单斜率检验，见图 5-7。

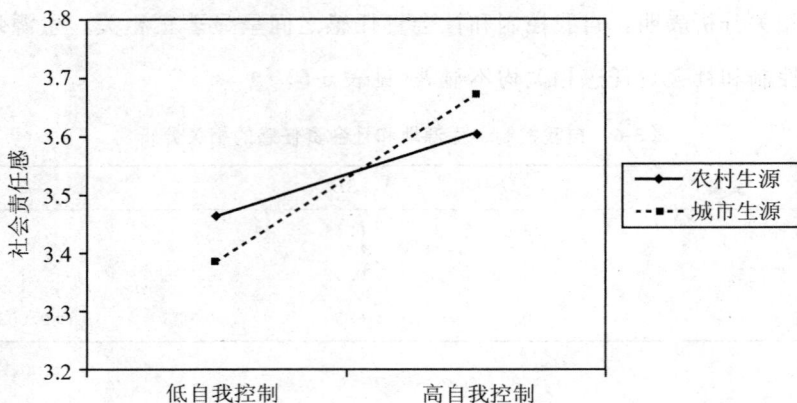

图 5-7　生源地在自我控制与社会责任感之间的关系中的调节效应

对于城镇生源的大学生，自我控制可以显著预测其社会责任感($b_{simple} = 0.228$，$t = 7.210$，$p < 0.001$)；对于乡村生源的大学生，自我控制不能显著预测其社会责任感($b_{simple} = 0.076$，$t = 1.075$，$p = 0.283$)。

从图 5-7 可以看出，对于城镇生源的大学生来说，自我控制对于社会责任感有显著的预测作用，社会责任感随着自我控制水平的增长而增强；对于乡村生源的大学生来说，自我控制对于社会责任感没有预测作用，不管被试的自我控制水平如何，其社会责任感都趋于平稳状态。

## 四、讨论

### (一)自我控制对大学生社会责任感的预测作用

本研究结果表明，大学生的自我控制对其社会责任感有显著的预测作用，即大学生自我控制能力越高其社会责任感就越强。自我控制是个体通过监控自己，使自己的行为更符合社会期望或自我标准的过程（Wills，Isasi & Mendoza，et al.，2007）。同时，社会责任感是个体积极承担社会责任或帮助他人的一种心理品质（黄四林，韩明跃，张梅，2016），是社会期望大学生应该拥有的良好的品质，是人的道德品质中极为重要的组成部分。虽然目前很少有研究直接探讨自我控制与社会责任感之间的关系，但是高自控力的个体会表现出更少的冲动行为、更低的攻击性，以及更多的积极向上的亲社会行为（Funder & Black，1989；Kuijer，De & Ouwehand，et al.，2008；Peluso，Ricciardelli & Williams，1999；Wills，Duhamel & Vaccaro，1995）。这些研究结果与我们的结论是一致的，进一步支持了自我控制对社会责任感的预测作用。

### （二）生源地的调节作用

我们研究发现，生源地在自我控制与社会责任感之间起着调节的作用。对于城镇生源的大学生来说，社会责任感会随着其自我控制能力的增长而增强，但是对于乡村生源的大学生来说，不管被试的自我控制水平如何，其社会责任感都趋于平稳状态。一方面，有研究表明农村儿童的自我控制能力显著高于城市儿童（张晓，王莉，2011）。据此推测，可能由于农村的孩子的自我控制能力从小就发展得较好，一直处于较高的水平，而城市的孩子由于家长对其有求必应，自我控制能力较差。随着年龄的增长，农村孩子的自我控制水平的变化并不明显，而城市孩子的自我控制水平变化显著，因此城市孩子的自我控制能力的增长会预测其社会责任感的增强。另一方面，来自农村不同性别的中学生的人际关系均好于来自城市的男女中学生（顾术英，2012）。由此可知，来自农村的大学生从小就在人际关系很融洽、很亲密的环境中成长，对社会的责任意识可能会较强，社会责任感水平也可能较高，因此其社会责任感受自我控制的影响较小。而城市的孩子从小在比较淡薄的邻里关系中成长，与自己熟悉环境以外的环境接触较少，可能会导致其社会责任感的水平较低，从而其自我控制对社会责任感的影响较大。所以，自我控制对社会责任感的预测作用在城镇大学生中更加显著。

## 五、结论

本研究得出如下结论：①大学生的自我控制对其社会责任感有显著的预测作用；②生源地在自我控制和社会责任感之间的关系中存在调节作用，对于城镇生源的大学生来说，社会责任感会随着其自我控制能力的增长而增强；对于乡村生源的大学生来说，不管被试的自我控制能力如何，其社会责任感都趋于平稳状态。

第六章

# 大学生认同与社会责任感

社会责任的发生必然是在个体所处的具体环境与背景之下的，而且只有个体对所处的环境和社会具有强烈的认同与归属感，才会产生对环境与社会的责任感。因此，本章试图从大学生对所处的学校的认同入手，考查大学生的学校认同对其社会责任感的影响及其作用机制，然后再从宏观层面上考查国家认同与社会责任感的关系。希望通过这两个方面的研究，为我们深入认识大学生认同与社会责任感的关系提供依据。

## 第一节　学校认同对社会责任感的影响

学校是塑造大学生心理与行为的重要环境与场所，大学生对学校在情感上的归属感与认同感会直接影响其对学校的责任感。因此，为探讨大学生学校认同对责任感的影响及其机制，在本节里我们采用问卷调查与实验相结合的方法，通过系列研究揭示两者之间的相关与因果关系，并检验集体自尊和个体自尊的中介效应。结果发现，大学生学校认同对其责任感具有显著的正向影响，集体自尊在大学生学校认同对责任感的影响中发挥完全中介作用，而个体自尊无显著中介效应。这表明大学生学校认同通过形成集体自尊而提升其责任感水平。

## 一、引言

社会责任感是实现组织目标、国家兴盛和社会良好风尚的重要品质，更是大学生个人全面发展、幸福生活和成就人才的核心素养。社会责任感是指个体积极承担责任或者帮助他人的一种比较稳定的心理品质。大学生责任感水平越高，其在学业成就（Singg & Ader，2001）、积极自我的形成（刘海涛，郑雪，聂衍刚，2011；Singg & Ader，2001）、人格健全发展（刘海涛，郑雪，2010）和利他行为（Such & Walker，2004）等方面就更为突出。《国家中长期教育改革和发展规划纲要（2010—2020 年）》将"着力提高学生服务国家服务人民的社会责任感"作为未来教育的战略重点。因此，有关大学生责任感的培养与增强问题成为当前众多学科和社会关注的焦点问题。本节试图采用问卷调查和实验相结合的方法，考查大学生学校认同对其社会责任感的影响及其作用机制，为社会责任感的培养提供心理学上的依据。

### （一）学校认同与大学生社会责任感的关系

学校认同（school identification）是指个体认识到自己属于该学校群体，并且意识到成为该学校成员会给自己带来的情感和价值意义，是学生对学校产生归属感的体现（Middlebrook，2010；Osterman，2000）。根据社会认同理论（social identity theory），学校认同是学校组织影响学生的重要心理机制，是研究和解释学生群体行为的一个重要概念和视角。学校认同对学生的学校适应、学业成就和学习动机具有明显的正向预测作用（Faircloth & Hamm，2005；Middlebrook，2010），并影响其自信心、探索能力和自我认同的发展（Rich & Schachter，2012），有利于提高学生自尊和生命愿景

(Jetten, Branscombe & Haslam, et al., 2015; 林辉, 潘小娥, 陈新苗, 2015), 影响其价值观的形成(赵志裕, 温静, 谭俭邦, 2005), 甚至可以预测学生集体行为(薛婷, 陈浩, 乐国安, 等, 2013; 乐国安, 赖凯声, 姚琦, 等, 2014)。由此可见, 学校认同是学生发展的重要影响因素。

根据社会认同理论, 个体形成了对某个群体的认同之后, 体验到个人重视的价值与群体的核心价值相符时, 个体不仅会积极内化社群的规范、遵守纪律, 而且会正面评价和支持群体, 尤其是在群体的声誉和安全受损时能够挺身而出, 捍卫群体的利益, 积极承担群体的责任(殷融, 张菲菲, 2015; 赵志裕, 温静, 谭俭邦, 2005; Roth & Steffens, 2014; Tajfel, 1982)。研究者以中日撞船事件等现象为背景研究发现, 国家认同和学校认同对大学生参与集体示威活动产生明显的影响(乐国安, 赖凯声, 姚琦, 等, 2014; 薛婷, 陈浩, 乐国安, 等, 2013)。同时, 传统美德认同对大学生责任行为倾向具有明显的正向预测作用(朱秋飞, 何贵兵, 2011)。由这些研究结果可以推测, 大学生学校认同对其社会责任感具有明显的影响效应, 但是到目前为止, 仍然缺乏对该问题的实证研究。对该问题的研究有助于深入揭示学校对学生发展的影响机制, 尤其是对社会责任感的培养具有重要的借鉴意义。为此, 本研究首先采用问卷调查法确定大学生学校认同与其社会责任感之间的相关关系, 然后在此基础上, 采用实验法操纵学校认同, 揭示两者之间的因果关系。

(二)学校认同与社会责任感之间关系的中介变量

自尊(self-esteem)是社会认同对其成员心理和行为影响的重要解释变量(殷融, 张菲菲, 2015; Aberson, Healy & Romero, 2000; Rubin & Hewstone, 1998; van Veelen, Otten & Cadinu, et al., 2016)。根据自我分类理论(self-categorization theory), 人们通过群体间的社会比较来肯

定内群体相对于其他群体的优势，从而通过所认同的群体提高自尊（Aberson, Healy & Romero, 2000；Crocker & Luhtanen, 1990）。由此推测，自尊是大学生学校认同与其社会责任感之间的中介变量。

然而，社会认同理论认为，自尊包括个体自尊和集体自尊两个方面，前者是个体对自我进行的整体性积极评价和接纳，后者是个体对于自己所在群体价值的评价和感知，它强调的是集体价值感、尊重感和良好感（Crocker & Luhtanen, 1990；van Veelen, Otten & Cadinu, et al., 2016）。虽然个体自尊与集体自尊之间存在显著相关，但是相关系数仅为 0.25~0.36（Luhtanen & Crocker, 1992）。因此，在自我概念的结构中个体自尊与集体自尊虽然存在着交集或相关关系，两者共同形成了个人的总体价值感以及整体上的积极自我概念，但是两者之间存在明显差异（van Veelen, Otten & Cadinu, et al., 2016）。

那么，学校认同是通过集体自尊，还是个体自尊，抑或是两者的多重中介作用间接影响社会责任感的呢？对该问题的回答有助于进一步揭示社会认同对群体成员的影响机制。已有结果显示，大学生的学校认同可以正向预测集体自尊（林辉，潘小娥，陈新苗，2015），集体自尊可以维护和促进个体自尊（Luhtanen & Crocker, 1992），并且在社会认同与个体自尊之间发挥完全中介作用（Jetten, Branscombe & Haslam, et al., 2015），而个人自尊与其责任感之间存在显著的正相关关系（Ader, 1997；Plante, 1977；杨绍清，朱小茼，薄建柱，2013）。由此推测，集体自尊与个体自尊在学校认同与社会责任感之间可能是串行多重中介变量，如图 6-1 所示。

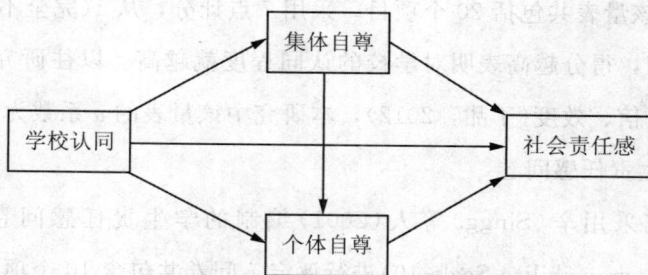

图 6-1　学校认同与社会责任感之间关系的假设模型

综上，为揭示大学生学校认同对其社会责任感的影响，以及集体自尊和个体自尊的中介作用，在本节中我们进行了三个系列研究：首先，研究 1 采用问卷调查法探讨大学生学校认同与其社会责任感之间的相关关系；其次，研究 2 采用实验法操纵大学生的学校认同，确定两者之间的因果关系；最后，研究 3 检验集体自尊和个体自尊在两者之间是否发挥着中介作用。

## 二、研究 1　学校认同与社会责任感的相关

### （一）被试

本研究以位于北京、苏州、杭州和安庆的 4 所高校的大学生为被试，共发放问卷 680 份，回收有效问卷 649 份，有效回收率为 95.44%。其中，女生 563 人，男生 84 人，2 人性别缺失；年龄为 17～25 岁，平均年龄为 21.27±1.15 岁。

### （二）研究工具

#### 1. 大学生学校认同量表

本研究采用丁甜(2012)在组织认同量表和群体认同量表的基础上开发的大学生学校认同量表进行测量。例如，"我认为我所在学校是一所优秀

的大学"。该量表共包括 20 个项目，采用 7 点计分，从 1（完全不同意）到 7（完全同意），得分越高表明对学校的认同程度就越高。以往研究表明该量表具有良好信、效度（丁甜，2012），本研究中该量表的 $\alpha$ 系数为 0.90。

2. 学生责任感问卷

本研究采用辛（Singg）等人（2001）编制的学生责任感问卷（Student Personal Responsibility Scale-10）进行评定，问卷共包含 10 个项目。例如，"当我承诺参与某个项目时，我会坚持到底。"所有项目采用 4 点计分，从 1（完全不符合）到 4（完全符合），得分越高说明大学生责任感越强。以往研究表明该量表具有良好的信、效度（Singg & Ader，2001），本研究中 $\alpha$ 系数为 0.66。

### （三）共同方法偏差控制

本研究均是采用自我报告法收集数据，因此可能会导致共同方法偏差效应（周浩，龙立荣，2004）。本研究采用了程序方法进行控制，具体包括：①所有问卷采用匿名调查；②采用的量表或问卷具有较高信度和效度，从而尽可能地减少或避免测量上的系统误差；③问卷中的部分项目使用反向计分；④被试来自不同学校，增加了被试来源空间的差异。此外，数据收集完成后，研究者进一步采用 Harman 单因子检验对共同方法偏差进行诊断，结果发现，未旋转情况下共有 7 个因子的特征值大于 1，并且第一个因子解释的变异量为 24.84%，小于 40% 的临界标准。这表明该研究的共同方法偏差问题不明显。

### （四）结果与分析

相关分析发现，大学生学校认同（5.18±0.78）与其责任感（3.25±0.36）之间存在显著的正相关（$r=0.21$，$p<0.001$）。为排除被试的学校类

型、性别、年级等因素对两者之间关系的影响，采用线性回归分析对这些无关变量进行控制。结果发现，只有学校认同为预测变量的回归方程中，其回归系数显著（$B=0.10$，$SE=0.02$，$t=5.57$，$p<0.001$），然后再纳入性别、年级和学校类型等控制变量之后，学校认同的回归系数仍然显著（$B=0.10$，$SE=0.02$，$t=5.44$，$p<0.001$），结果如表 6-1 所示。这说明大学生学校认同与其社会责任感之间的相关关系具有明显的稳定性，不受被试的性别、年级和学校类型等因素的影响。

表 6-1　大学生学校认同与其社会责任感之间的回归分析

| 变量 | 模型 1 | | | 模型 2 | | |
|---|---|---|---|---|---|---|
| | $B$ | $SE$ | $t$ | $B$ | $SE$ | $t$ |
| 常数项 | 2.74 | 0.09 | 29.59 | 2.63 | 0.11 | 24.05 |
| 学校认同 | 0.10 | 0.02 | 5.57*** | 0.10 | 0.02 | 5.44*** |
| 性别 | | | | −0.06 | 0.04 | −1.47 |
| 年级 | | | | 0.02 | 0.04 | 0.66 |
| 学校 1 | | | | 0.09 | 0.05 | 1.72 |
| 学校 2 | | | | 0.13 | 0.06 | 2.17* |
| 学校 3 | | | | 0.13 | 0.05 | 2.40* |

注：性别：0＝女，1＝男；
　　年级：0＝一、二年级，1＝三、四年级；
　　学校 1：安庆高校；学校 2：苏州高校；学校 3：杭州高校；北京高校为参照组。
　　* $p<0.05$，** $p<0.01$，*** $p<0.001$，下同。

## 三、研究 2　学校认同对社会责任感的影响

我们在研究 1 中发现，学校认同与大学生社会责任感之间存在显著正相关，即使在控制了人口学等变量之后，两者的直接关系仍然稳定。这说明大学生对其生活与学习的学校认同感越强，其责任感就越强。然而，对于两者关系的研究仍然是描述性的相关关系，无法说明两者之间是否存在因果关系。为此，研究 2 采用实验法操纵大学生的学校认同以考查其社会责任感的变化，试图检验大学生学校认同对其社会责任感的影响。

(一)研究方法

1. 被试

本研究以北京市某大学的 110 名大学生为正式被试，其中男生 41 人，女生 69 人，年龄范围为 17～20 岁，平均年龄为 18.53±0.79 岁。所有被试都自愿参加实验，且之前未参加过类似实验。

2. 实验设计

本研究采用单因素被试间设计，自变量为学校认同，分为高认同组与对照组，因变量为社会责任感。

(二)研究工具

1. 学校认同的启动材料

本研究通过自编的两篇文字材料来启动学校认同，高认同组阅读的材料介绍了该学校的显著成就与地位，并通过与其他学校的比较突出该学校的社会声望与学术声望。控制组是一篇有关植物介绍的科普材料。实验组与控制组阅读的两组材料字数相当，均为 500 字左右。

实验组材料：财经素养知多少？财经素养是一种关于财经概念及风险的知识和理解力，以及运用这些知识和理解力的技能、动机和信心。有研究发现，财经素养和人们未来的成就有关，财经素养越高，未来取得高成就的可能性就越大。财经素养离不开学校的培养。2013 年，国家大学生职业发展中心选取了某市 5000 名大学生做了一项关于高校大学生财经素养现状的调查，其中我校学生有 397 名，结果发现我校学生的财经素养平均分（95.47 分）显著高于其他高校（另外两所学校的平均分分别为 87.59 分和 83.76 分）。这说明我校更能培养学生的财经素养，学生未来取得高成就的可能性越大。专家分析原因发现，我校注重培养学生的财经意识，不管什么专业的学生都关注财经大事，在全校财经类公开课的基础上，学生还愿意主动学习会计、金融等财经知识；学校主动营造整体的财经氛围，举办各类大型财经类竞赛、实战模拟、讲座，培养了学生的实战能力和动手能力；毕业生就业去向好、就业层次高，各大商业银行、投资银行、会计师事务所、证券公司等到处都活跃着我校学子的身影，优秀的校友经常为学校学生提供好的工作岗位和实习岗位，学生的就业形成了良性循环。总之，我校在财经类高校中出类拔萃，成为强中之强。

控制组材料：多肉植物知多少？多肉植物在园艺上又称多浆植物，通常具有根、茎、叶三种营养器官和花、果实、种子三种繁殖器官。全世界共有多肉植物一万余种，它们都属于高等植物（绝大多数是被子植物），大部分生长在常年干旱或一年中有一段时间干旱的地区，每年有很长的时间根部吸收不到水分，仅靠体内贮藏的水分维持生命。有时候人们喜欢把这类植物称为沙漠植物或沙生植物，这是不太确切的。多肉植物确实有许多生长在沙漠地区，但却不是都生长在沙漠。多肉植物在植物分类上隶属几十个科，个别专家认为有 67 个科中含有多肉植物，但大多数专家认为只有50 余科。常见栽培的多肉植物包括仙人掌科、番杏科、大戟科、景天科、百合科、萝藦科、龙舌兰科和菊科。而凤梨科、鸭跖草科、夹竹桃科、马齿苋科、葡萄科也有一些多肉植物常见栽培种类。福桂花科、龙树科、葫芦科、桑科、辣木科和薯蓣科的多肉植物也有引进国内的，但还很稀有。有的多肉植物的叶片有些地方是透明的。在多肉植物中，仙人掌科植物不但种类多，而且具有其他科多肉植物所没有的器官刺座；同时仙人掌科植物形态的多样性、花的魅力都是其他科的多肉植物难以企及的。因而园艺上常常将它们单列出来称为仙人掌类，而将其他科的多肉植物称为多肉植物。

2. 学校情境责任问卷

根据辛（Singg）等人（2001）的学生责任感问卷，本研究自编了学校情境责任问卷，设置的情境与大学生的日常学习、生活密切相关，如"教室投影仪坏掉""宿舍热水器坏掉"和"帮助整理图书馆资料"等6种情境，其中有2个情境为反向计分。通过这些情境下被试的反应来测量责任感，采用5点计分，从1（从不）到5（一定），得分越高表示个体的责任感水平越高。本研究中该问卷的$\alpha$系数为0.61。

### （三）研究程序

整个研究分预实验与正式实验两部分：预实验是为了检验学校认同启动的有效性，选取44名大学本科生为被试，随机分为高认同组和控制组，被试完成问卷的顺序是：学校认同前测、阅读材料、学校认同后测和阅读材料记忆测试。学校认同的前、后测均采取学校认同单项题目进行测量，即"我在很大程度上认同我现在的学校"，采用5点计分，得分越高表示认同感越强。阅读材料记忆测试是为了检验被试是否认真阅读材料。

在预实验结果验证启动具有有效性之后开始正式实验。首先让随机分配的两组被试阅读对应的实验材料，为保证被试能够认真阅读，本研究采用单盲实验设计，告诉被试这是一个记忆测验。指导语是："请你仔细阅读以下材料并尽量记忆，在一些日常生活调查题目之后，有一个针对该材料的词汇辨认测验，用来测量你的记忆水平。"在被试阅读材料之后，首先，研究者调查被试对阅读材料的熟悉程度，以判断被试是否接触过类似的资料。其次，分别测量被试的学校认同和责任感，学校认同的测量题目与预实验相同，而且仅有后测。最后是一个简单的词汇辨认测验，需要被试对10个词汇进行辨认，判断是否在前面的阅读材料中出现过，其中5个来自实验材料。

### （四）数据处理

通过对正式实验的数据进行预处理，我们会删除有以下任何一种情况的被试，其数据不纳入正式数据处理中。①对实验材料非常熟悉的被试。因为在实验之前对材料内容比较了解的被试，学校认同感操纵有效性比较差。②在词汇辨认测验中没有填答和错误率达到90%及其以上的被试。因为这些被试很可能没有阅读或者没有认真阅读实验材料，无法达到操纵学校认同的效果。③在情境责任问卷中所有填答一致的被试。因为该问卷有两项是反向题目，如果6个情境都填答一致，说明被试没有认真填答问卷。共有119名被试参加了正式实验，根据上述三个原则删除了9名不符合实验要求的被试，有效被试共110名，其中实验组56人，控制组54人。

（五）结果与分析

1. 学校认同启动有效性的检验

首先，我们对预实验的结果进行检验，以学校认同启动分组为自变量，学校认同的前测得分为协变量，后测得分为因变量进行单因素协方差分析，结果发现，高认同组的学校认同得分（$M=3.64$，$n=22$）显著高于控制组（$M=3.05$，$n=22$），$F(1, 41)=9.74$，$p=0.003$，偏 $\eta^2=0.192$。这表明，对学校认同的启动是有效的，可以用于正式实验。

其次，本研究以正式实验的数据再次检验学校认同操纵的有效性。我们以高认同组与控制组为分组变量，学校认同得分为因变量，进行独立样本 $t$ 检验，结果发现，高认同组的得分（$M=3.82$，$n=56$）显著高于控制组（$M=3.44$，$n=54$），$t(108)=2.28$，$p=0.025$。该结果再次验证了学校认同启动的有效性。

2. 大学生学校认同对其社会责任感的影响

本研究对正式实验数据进行分析，以责任感为因变量，学校认同启动为自变量，将被试的年龄和学校认同单项题目的得分作为协变量，进行单因素被试间协方差分析，结果发现，高认同组大学生的责任感显著高于控制组，$F(1，103)=5.50$，$p=0.021$，偏 $\eta^2=0.051$，如图 6-2 所示。该结果表明，大学生学校认同的提高，可以显著增强其责任感。

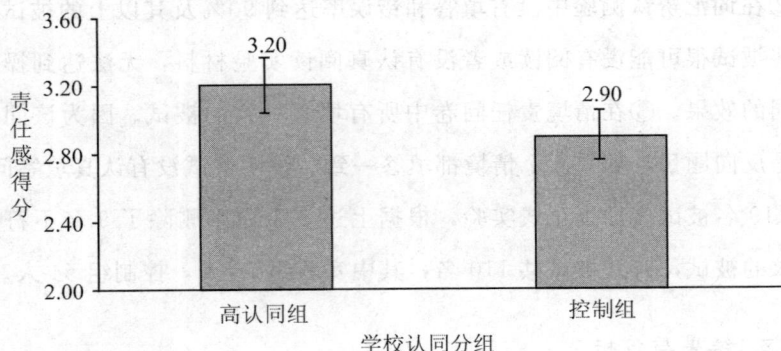

图 6-2　学校认同对社会责任感的影响

同时，为进一步验证该研究结论的稳定性，我们将学校认同启动分组转化为虚拟变量，将学校认同单项题目得分、年龄和性别作为控制变量进行回归分析，结果见表 6-2。结果表明，在控制了这些无关变量之后，学校认同启动对大学生责任感的影响仍然显著，该回归分析的结果与我们上面的协方差分析结果基本是一致的，进一步支持了我们的研究结论。

表 6-2　大学生学校认同启动与其社会责任感之间的回归分析

| 变量 | $B$ | $SE$ | $t$ |
| --- | --- | --- | --- |
| 常数项 | 0.724 | 1.503 | 0.482 |
| 学校认同启动(1＝高认同组，0＝控制组) | 0.288 | 0.143 | 2.005* |
| 学校认同单项题目得分 | 0.010 | 0.074 | 0.14 |
| 年龄 | 0.116 | 0.081 | 1.425 |
| 性别(1＝男，0＝女) | −0.035 | 0.146 | −0.026 |

已有研究指出提高成员的群体认同可以从两方面着手，一是强调群体的成就和杰出之处，令个体能以身为该群体的成员而骄傲；二是转移社会

比较的对象，令成员觉得自己的群体比其他群体优胜（赵志裕，温静，谭俭邦，2005）。据此，本研究编制了大学生学校认同启动材料和控制材料。通过预试验和正式试验的结果分析一致发现，该研究对学校认同的操纵是有效的。

研究1我们采用问卷调查发现大学生学校认同与其社会责任感之间存在显著的正相关，为进一步确定两者之间的因果关系，研究2采用实验法通过实验材料启动大学生的学校认同，结果发现，与控制组相比，高学校认同组大学生的责任感水平明显更高。由此说明，大学生的学校认同对其社会责任感具有显著的正向作用。

## 四、研究3  学校认同对社会责任感影响的中介机制

在研究2确定学校认同与社会责任感之间的因果关系之后，我们试图进一步检验学校认同对大学生社会责任感的影响机制。为此我们采用研究3考查集体自尊与个体自尊在两者之间的中介作用。

### （一）被试

本研究选取北京和苏州地区的两所高校大学生作为被试，共发放问卷434份，删除无效问卷后，正式有效问卷为422份，有效回收率为97.24%。其中，男生118人，女生302人，未报告性别2人。被试的平均年龄为19.50±1.15岁。

### （二）研究工具

#### 1.学校认同问卷

选用涂薇（2008）编制的学校认同问卷。该问卷包括"我感觉整个学校就像个大家庭"等16个项目，其中有2个项目是反向计分，采用5点计分法，从1（非常不同意）到5（非常同意），得分越高表示个体的学校认同度越

高。本研究中该问卷的 $\alpha$ 系数为 0.91。

2. 集体自尊量表

本研究采用卢赫塔宁(Luhtanen)等人(1992)的集体自尊量表(CSES)，题目包括"一般来说，我对自己是学校这个大集体里的一员感到高兴"等。该量表由 16 道题组成，8 道题目为反向计分题，采用 7 点计分法，从 1(非常不符合)到 7(非常符合)，得分越高表示集体自尊程度越高。该量表在已有研究中显示具有良好的信、效度(林辉，潘小娥，陈新苗，2015)，本研究的 $\alpha$ 系数为 0.87。

3. 个体自尊

本研究采用罗森堡(Rosenberg，1965)编制的自尊量表(SES)。该量表由"我觉得我有许多优点"等 10 道题组成，其中 5 道题目为反向计分题，采用 4 点计分法，从 1(很不符合)到 4(非常符合)，得分越高表示个体自尊水平越高。该量表在国内外被广泛使用，并且具有良好的信、效度，本研究的 $\alpha$ 系数为 0.87。

4. 社会责任感量表

同研究 2 的社会责任感量表，该量表在本研究中的 $\alpha$ 系数为 0.67。

(三)共同方法偏差的控制

本研究采用程序方法对共同方法偏差进行控制，具体包括以下方式。①统一采用匿名调查。问卷调查完全采用匿名方式，让被试能够根据自己的情况据实填写。②研究采用的量表或问卷具有较高信、效度，从而尽可能地减少或避免测量上的系统误差。③问卷中的部分题目使用反向计分。④研究使用两套问卷以平衡变量在施测过程中的呈现顺序。此外，数据收集完成后，我们进一步采用 Harman 单因子检验对共同方法偏差进行诊断，结果发现，未旋转情况下共有 12 个因子的特征值大于 1，并且第一个因子解释的变异量为25.48%，小于40%的临界标准。这表明该研究的共同方法偏差问题不明显。

（四）结果与分析

1. 主要变量之间的相关关系

我们对学校认同、集体自尊、个体自尊和社会责任感的相关分析发现，4个变量两两之间均存在显著的正相关关系，如表6-3所示。

表6-3 主要观测变量的描述性统计及相关分析

| 观测变量 | $M\pm SD$ | 学校认同 | 集体自尊 | 个体自尊 |
|---|---|---|---|---|
| 学校认同 | 3.62±0.56 | | | |
| 集体自尊 | 5.11±0.77 | 0.67** | | |
| 个体自尊 | 2.97±0.47 | 0.35** | 0.40** | |
| 社会责任感 | 3.05±0.74 | 0.23** | 0.26** | 0.16** |

2. 集体自尊与个体自尊的多重中介效应

为验证本研究的理论假设，即集体自尊和个体自尊在学校认同与社会责任感之间的串行多重中介效应，研究者首先将所有连续变量标准化，然后按照赵（Zhao）等人（2010）提出的中介效应分析程序，参照已有研究（Bolin，2014）提出的 Bootstrap 方法进行中介效应检验，样本量选择5000，在95%置信区间下，将学校、性别、年级、是否是学生干部、专业满意度等作为控制变量，结果发现，整个模型的 $R^2$ 为0.11，具体路径统计结果如表6-4所示。这表明，虽然总体上间接路径效应是显著的，但是仅有间接路径1显著，95%置信区间没有包含0，即学校认同通过影响集体自尊而影响责任感，而间接路径2和3均不显著，95%置信区间均包含0，即从学校认同到个体自尊，以及学校认同到集体自尊再到个体自尊，这两条间接途径无显著效应，如图6-3所示。这说明，在整个模型中，集体自尊的中介效应是显著存在的，但是个体自尊以及由集体自尊再到个体自尊的多重中介均无明显作用。于是，有必要将个体自尊以及多重中介途径从模型中剔除，然后再进行统计检验。

表 6-4 集体自尊和个体自尊的中介效应

| 路径 | 效应 | Boot SE | Boot LLCI | Boot ULCI |
| --- | --- | --- | --- | --- |
| 直接路径 | 0.0311 | 0.0681 | −0.1027 | 0.1650 |
| 总体间接路径 | 0.1290 | 0.0428 | 0.0522 | 0.2178 |
| 间接路径 1：X-CSES-Y | 0.1098 | 0.0431 | 0.0328 | 0.2008 |
| 间接路径 2：X-PSES-Y | 0.0080 | 0.0093 | −0.0042 | 0.0365 |
| 间接路径 3：X-CSES-PSES-Y | 0.0113 | 0.0112 | −0.0080 | 0.0377 |

注：X＝学校认同，CSES＝集体自尊，PSES＝个体自尊，Y＝责任感。

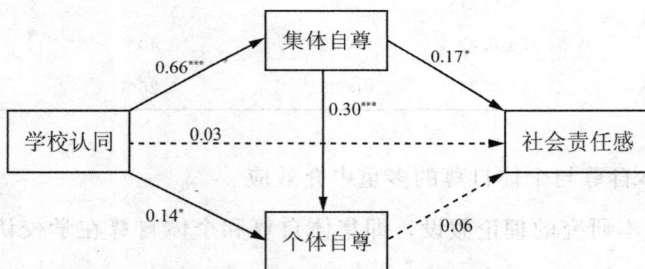

图 6-3 对假设模型的检验

### 3. 集体自尊的中介效应

研究采用同样的统计方法，在控制了学校、性别、年级、是否是学生干部、专业满意度等无关变量的条件下，结果发现，整个模型的 $R^2$ 仍然为 0.11，并且中介效应的结果没有包含 0（$LLCI=0.0452$，$ULCI=0.2089$）。这表明集体自尊的中介效应显著，且中介效应大小为 0.1211。此外，控制了中介变量集体自尊之后，学校认同对责任感的直接影响不显著，区间（$LLCI=-0.0940$，$ULCI=0.1723$）包括 0，而且直接效应仅为 0.0391（$SE=0.0677$，$t=0.5773$，$p=0.5640$），如图 6-4 所示。由此可见，在删去个体自尊以后，仅有集体自尊作为中介变量模型的解释力并没有明显变化，这说明该模型更能拟合当前的数据。因此，在大学生学校认同对其责任感的影响过程中，集体自尊发挥着完全中介作用。

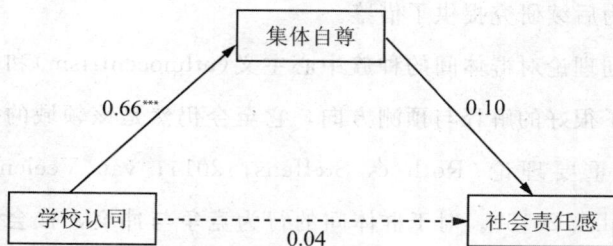

图 6-4　集体自尊的中介作用

## 五、综合讨论

### （一）大学生学校认同对其社会责任感具有显著的正向影响

在本节里我们采用问卷调查法发现大学生学校认同与其责任感之间具有显著的正相关关系，在此基础上进一步操纵学校认同，结果发现，大学生学校认同对其责任感具有明显的影响。这一结果与已有研究发现社会认同或学校认同影响责任感的结论（乐国安，赖凯声，姚琦，等，2014；朱秋飞，何贵兵，2011；Lam，Lau & Chiu，et al.，1998）是一致的，并且进一步支持了学校认同是学生心理和行为的重要影响因素的结论（林辉，潘小娥，陈新苗，2015；赵志裕，温静，谭俭邦，2005；Faircloth & Hamm，2005；Middlebrook，2010；Rich & Schachter，2012）。

以往有关大学生责任感的研究主要以访谈、问卷调查和量表测量等方式为主，是相关层面的描述与分析。例如，对责任感的性别、年级、专业等差异进行分析的研究，或进行个体、家庭、集体和社会等不同角度分类的研究（刘海涛，郑雪，聂衍刚，2011；杨绍清，朱小茜，薄建柱，

2013）。所以，该领域明显缺乏实验研究以获得因果关系的结论。正是基于这种考虑，本研究在相关研究的基础上，尝试采用了实验法，通过文字材料来启动大学生的学校认同，以观测责任感的变化，确定了两者之间的因果关系，为后续研究提供了借鉴。

社会认同理论对群体间的种族中心主义（ethnocentrism）和群体行为分化现象提供了很好的解释与预测方向，它至今仍然是该领域的一个具有较大影响力的重要理论（Roth & Steffens，2014；van Veelen，Otten & Cadinu，et al.，2016）。对于群体间的行为竞争与冲突，社会认同理论认为，个体通过社会分类与比较，建立社会身份，认同自己的群体，从而形成了内群体偏好和外群体偏见（Aberson，Healy & Romero，2000；Tajfel，1982）。个体形成了群体认同或其社会身份建立时，就产生了一种维护和发展内群体的高度责任感，于是在行为上势必遵守群体规范，积极评价和支持群体，敢于捍卫群体利益和声誉。也就是说，由于群体认同而导致个体产生了对群体的高度责任感进而引起了群体行为的分化。我们的研究从大学生学校认同的角度出发，结果发现大学生因为对自己所在学校认同度的提高，导致他们对学校责任感的明显增强。拉姆（Lam）等人的研究与本研究结果一致表明，责任感在社会认同对群体成员影响过程中起重要作用，这为解释社会认同作用机制提供了一个重要视角。

（二）集体自尊在大学生学校认同对其社会责任感的影响中发挥着中介作用

我们研究假设，在大学生学校认同对其责任感的影响过程中，集体自尊和个体自尊是串行多重中介变量，但是数据分析没有支持该假设。结果发现，只有集体自尊的间接效应显著，而个体自尊效应不显著。我们在剔除个体自尊变量以后进行数据分析发现，集体自尊发挥着完全中介作用，而且整个模型的解释力并无显著变化。这表明，与个体自尊相比，集体自尊是最有解释力的中介变量。

社会认同理论提出，个体的自我概念(self-concept)包括两个不同的方面，个体认同与社会认同。个体认同是对自己的技能、能力或者类似吸引力等特征的感知。社会认同又称为集体认同(collective identity)，是在自我概念中对于成为某一群体成员以及由此带来的价值和情感意义的认识(Crocker & Luhtanen，1990)。个体认同关注的是个体特征，关系到个体自尊，而集体认同强调的是群体特征，是一个社会类别的整体成员得出的自我描述，给个体带来的是集体自尊(Crocker & Luhtanen，1990)。本研究结果发现，虽然集体自尊与个体自尊有显著正相关，但是相关程度较低(Luhtanen & Crocker，1992)。由此可见，社会认同理论所提出的，个体通过群体认同获得的是集体自尊，而不是个体自尊。

根据社会认同理论，学校认同是一种特殊条件下的集体认同，关注的是学生对所在学校的归属感和身份的建立(Middlebrook，2010；Osterman，2000)。集体自尊是学生对自身所在学校带来的整体价值的评价和体验，它虽然与学校认同在内容上存在一定程度的重叠，但是两者之间存在明显差异。为进一步检验两者的差异，我们以学校认同($M=3.62$，$SD=0.56$)与集体自尊($M=5.11$，$SD=0.77$)为因变量，进行相关样本 $t$ 检验，结果发现，两者之间存在显著差异，$t(421)=52.44$，$p<0.001$。由此可见，在本研究中集体自尊与学校认同两者存在明显差异，而完全中介效应并非两者在内容上完全重叠所致。此外，本研究发现集体自尊的完全中介效应与已有研究是一致的，林辉等人(2015)发现集体自尊在大学生学校认同与生命愿景之间具有完全中介作用。当然，学校认同与集体自尊之间的本质差异还需进一步研究。

研究 2 中所测量的责任感主要是大学生对于学校的集体责任感。社会认同直接影响的是集体自尊，本研究中责任感的测量主要偏向于集体责任感，这可能是本研究发现集体自尊是中介变量的一个重要原因。换而言之，集体自尊是社会认同影响群体成员的解释变量，个体自尊则是社会认同作用于个体心理与行为的中介变量。这进一步揭示了社会认同作用的机制，当然这种机制还有待检验。

　　此外，虽然在研究 2 中通过启动学校认同，我们发现了大学生责任感的变化，从而获得两者之间的因果关系，但是在随后的研究中揭示集体自尊的中介效应的时候，并没有对学校认同和集体自尊依次进行操纵和观测，究其本质来说仍是相关模型，所以对于中介模型的因果关系有待进一步验证。

　　最后，本研究中通过对大学生呈现介绍学校某种成就的文字材料，就能有效地启动大学生的学校认同。这对大学生责任感的培养具有重要借鉴意义。学校在对学生责任感的培养方面，可以从学校文化内涵和社会影响力的建设与宣传入手，通过加强学校认同，进而激发学生的集体自尊，实现对学生责任感的培养与强化。

　　(三)结论

　　我们研究发现，大学生学校认同对其社会责任感具有显著的正向影响，集体自尊在大学生学校认同对社会责任感的影响中发挥完全中介作用，而个体自尊无显著中介效应。因此，大学生学校认同通过形成集体自尊而增强其社会责任感。

## 六、对大学生责任感研究与培养的启示

**(一)转变以思想道德教育为主的培养模式，树立多学科联合研究与培养的新理念**

我国对大学生责任感的研究和培养，主要以思想道德教育为主，甚至是政治教育，导致出现空洞、无的放矢的形式教育，教育结果收效甚微，部分学生责任意识淡漠，对责任感教育存在抵触情绪。产生这一结果的根本原因在于教育者忽视了责任感是一种心理品质（刘海涛，郑雪，聂衍刚，2011），责任感的形成与培养应遵循心理发展的基本规律。近些年来，研究者们越来越意识到心理学在责任感培养中的积极作用，并且在该领域开展了一些初步的研究与培养方式的探索，为有效地认识与培养责任感做出了贡献。我们研究正是在已有相关成果的基础上，基于社会认同理论，揭示学校认同和集体自尊对大学生责任感的影响。研究结果说明大学生责任感的形成具有内在的心理机制。因此，对大学生责任感的研究与培养，应该融合教育学、心理学、社会学和思想道德教育等多学科的研究成果，改变过去的单一模式，确立包容多学科的新教育理念。

**(二)改变以描述性为主的相关研究，加强因果关系和干预性的实验研究**

限于责任感问题本身的复杂性与不确定性，过去该领域的研究主要以思辨为主。近年来随着心理学等学科的关注，研究者增加了大量的访谈、问卷调查和量表测量等方法，丰富了该领域的研究成果，但是这些结果大多数是相关层面的描述与分析。例如，对责任感的性别、年级、专业等差异的分析，或进行个体、家庭、集体和社会等不同角度的分类（刘海涛，郑雪，聂衍刚，2011；杨绍清，朱小茼，薄建柱，2013）。然而，该领域

明显缺乏对因果关系的研究或者具有生态效度的实验与干预研究，因而无法为责任感培养提供可靠的科学依据与借鉴范式。正是基于这种考虑，本研究在相关研究的基础上，尝试采用了实验法，通过文字材料来启动大学生的学校认同，以测量其责任感的变化，确定了两者之间的因果关系，为后续研究提供了借鉴。

### (三)走出课堂教育，提升学校文化与影响力的潜移默化效应

根据我们研究发现，大学生责任感来自对所在学校的认同和集体自尊。这说明，学校在对学生责任感的培养方面，应该注重学校文化内涵和社会影响力的建设与宣传，建立学生对学校的认同，才能使其获得集体自尊，进而激发出对学校、组织、集体的荣誉感和使命感(郑剑虹，曾茂林，范兆雄，2014)。教师对学生责任感的培养要从课堂教学中走出来，渗透在学校的每一个角落、活动和组织中。我们的研究结果表明，给学生呈现介绍学校某种成就的文字材料，就能有效地增强大学生的责任感。因此，学校文化与社会影响力的提升是培养学生责任感的重要因素。

## 第二节　国家认同与社会责任感的关系

从第一节的研究结果可以发现，大学生对所在学校的认同直接影响到其对所在学校担当责任的大小程度与表现，这充分说明大学生对所在群体与环境的认同是其承担责任的重要预测指标。由此我们试图进一步研究大学生国家认同与其社会责任感的关系，虽然国家与社会有一定程度的区别，但是两者又是密切联系在一起的。因此，我们预测国家认同度高的大

学生必然会勇于担当更多的社会责任。

# 一、引言

## （一）国家认同

国家认同（national identity）一词最早出现在 1953 年美国学者约瑟夫（Joseph）的著作《梁启超与中国近代思想》中。西德尼（Sidney）等人提出了"国家认同是处于国家决策范围内的人们的态度取向"。郑永年认为这一概念就是民族国家认同，即人们对建立在自己的民族基础上的国家的认同。陈星认为国家认同是政治行为者对自己政治身份归属的主观判定，大致包括对某一政治共同体的认定、对这一共同体的历史文化的肯定以及对这一共同体的精神内核的肯定。总体上来说，学者们对于国家认同的具体定义并没有达成一致的定论。

研究者对于国家认同的维度也没有形成一致的观点，有部分研究者基于内群体认同与内群体偏见来划分国家认同的维度（Mummendey，Klink & Brown，2001）；殷冬水（2016）认为国家认同包含四个维度，即主体维度、时间维度、空间维度以及权利维度。石墨和石英（2014）认为国家认同感有六个维度，分别是国家历史文化自豪感和民族认同感、国家与社会责任的价值判断、国家民主法治状况的评价、生活状况和社会保障水平的评价、国家管理状况的评价以及国家发展前景的判断。

国内和国外两个环境都是国家政治经济活动的场所，因此研究者也往往从国际和国内两个层面来探究国家认同。国家在国际环境和国家力量变化过程中的身份、利益、政策和行为都会影响到个体对于国家的认同。研究主要集中在政治、历史、文化、族群等多种因素对国家认同的影响上，如洛厄尔·迪特默和塞缪尔·金主编的《中国对国家身份的诉求》（*China's Quest for National Identity*）等。这些研究多从历史、文化、族群、政治的角度，观察某些国家和民族在较长时期内呈现的规律性的趋势。随着时代的发展，当前世界政治、经济、文化的发展多元化，越来越多国家的国民拥有更多的参照系和选择权。个人的生活状态、人与人的关系、社会事件中的观点与立场、迁徙与移民等现象，最直接且清晰地映射了国家认同的状态与变化，这可能是更清晰观察国家和社会变化的直接视角。

（二）国家认同与大学生社会责任感的关系

虽然研究者对于大学生社会责任感和国家认同的关系并没有直接地探究，但是已有研究关注国家认同的某个方面与大学生责任感的关系。例如，有研究表明大学生对自身的社会角色定位不准确会影响大学生的社会责任感（雷巧霞，2009），加强大学生民族文化认同有助于提高大学生的社会责任感和国家责任感（刘娜，2013；丁玉柱，2013；郑雪莲，2015）。除上述研究外，黄四林等人（2016）通过启动大学生的学校认同，观测责任感的变化，确定了学校认同与责任感之间的因果关系。这些研究表明个体对于内群体的认同会影响个体对内群体的责任感，那么宏观的国家认同是否会影响到大学生的社会责任感呢？

（三）自我建构与大学生社会责任感的关系

自我建构理论出现于 20 世纪 90 年代，实际上是自我图式理论的一种具体形式（刘艳，邹泓，2007）。随着跨文化研究的积累，学者们发现不同文化之间的个体自我图式存在明显的差异。集体主义文化下的个体自我意识倾向于包含重要他人，个人主义文化下的个体倾向于认为自己是自主并独立于他人的（Markus & Kitayama，1991）。马库斯（Markus）等人（1991）将这种从自我和他人关系的角度来理解自我的认知结构，称为自我建构（self-construal）。随着自我建构理论的发展，延续马库斯（Markus）等人的思路以及另辟他路的研究者在当前都认为个体会从三种不同的角度定义自我，这三种建构倾向对个体而言只存在相对强度的差异，塞迪克斯(Sedikides)等人(2001)将其称为三重自我建构理论(the tripartite model of self-construal)，但对其命名的方式上存在两种术语体系：独立型自我建构—个体自我，以及关系倾向的依存型自我建构—关系自我和团体倾向的依存型自我建构—集体自我(刘艳，2011)。

不同文化下的个体看待自我与他人的关系存在不同的视角，马库斯(Markus，1991)将自我建构分为独立型自我建构(independent self-construal)和依存型自我建构(interdependent self-construal)。前者注重自身的独特性，追求个人的独立自主，与之相联系的自我特征多涉及个人特质、能力和偏好；后者注重自己与他人的联系，渴望获得良好的人际关系，其自我表征多以人际交往为背景(Markus & Kitayama，1991)。塞迪克斯(Sedikides)等人(2002)认为，独立型自我与依存型自我并不是非此即彼的关系，并且依存型自我可以进行更加具体的划分，并在此基础上提出自我建构应包含个体自我(individual self)、关系自我(relational self)以及集体自我(collective self)。除此之外，从稳定程度来看，自我建构可以区分为情境性自我建构和特质性自我建构两类(刘艳，邹泓，2007)。

研究表明自我调控是自我建构类型与选择类型偏好的中介(Zhang & Mittal，2007)，个体的认知风格与自我建构之间也存在相关(Lewis，Goto & Kong，2008)，自我建构对孤独感在同伴依恋与问题性手机使用的中介效应中起到调节作用(庄鸿娟，刘儒德，刘颖，2017)。不仅如此，自我建构是社会支持影响生活满意度的中介，对于高关系自我的个体，社会支持对社会满意度的正向影响更加明显(Heintzelman & Bacon，2015)。除却个体变量，人际互动也是自我建构研究的一个重要切入点。例如，激活独立型自我建构。社会比较产生对比效应，激活依赖型自我建构，社会比较倾向于产生同化效应(Cheng & Lam，2007)；依存型自我建构的高低会影响随年龄增长的一般性社会交往的数量(Yeung，Fung & Lang，2008)；家庭义务作为重要的文化价值，对高水平关系自我的个体更加有益（King & Ganotice Jr，2015)。除了心理层面的变量，自我建构还会影响个体的行为层面。例如，反馈相关负波和反馈相关正波在面孔启动效应中存在文化差异，依存型自我建构起到部分中介的作用(Hitokoto，Glazer & Kitayama，2016)，这证实了以自我建构差异而划分的文化背景会影响到神经通路的形成。

关于自我建构与社会责任感以及国家认同这三者之间的关系，并没有前人研究进行过详细的阐述。前文提到民族文化的认同（刘娜，2013；丁玉柱，2013；郑雪莲，2015)、身份认同（Lam，Lau & Chiu，et al.，1998)以及学校认同（黄四林，韩明跃，宁彩芳，等，2016)都对社会责任感产生影响。除此之外，自我建构也是影响社会责任的重要变量。例如，自我建构可以通过影响感知到的个体行动的效力来影响社会责任行为，并且依存型自我建构对于社会责任行为的影响更加明显。研究还发现，依存型自我建构能够减少对个体社会责任行为与集体社会行为之间的感知的差异(Cojuharenco，Cornelissen & Karelaia，2011)。

自我建构不仅会影响社会责任行为，还会影响社会认同。例如，有研究表明不同类型的自我建构在面临社会认同威胁时所采取的应对方式不同，独立型自我建构倾向于避免选择与自己认同相关的商品，依存型自我建构倾向于选择与自己认同相关的商品（White，Argo & Sengupta，2013)。这表明社会认同对于行为的影响受到自我建构类型的影响。除此之外，以自我建构差异来划分的文化背景会影响到神经通路的形成，依存型自我建构在其中存在部分中介的作用(Hitokoto，Glazer & Kitayama，2016)。由以上研究可知，国家认同的其中一部分（民族文化认同、身份认同等)、自我建构以及社会责任感两两之间存在联系，自我建构是否会影响国家认同与社会责任感之间的关系呢？根据以上研究结果，我们假设依存型自我建构在大学生国家认同与其社会责任感的关系之间起中介作用。

## 二、问题提出

中共中央办公厅印发的《关于培育和践行社会主义核心价值观的意见》中指出：要建设体现社会主义特点、时代特征、学校特色的校园文化。对于社会主义核心价值观的培养则是从侧面体现了国家在有意识地培养大学生的国家认同。

自我建构是影响社会责任的重要变量。例如，自我建构可以通过影响感知到的个体行动的有效性来影响社会责任行为（Cojuharenco，Cornelissen & Karelaia，2011）。同时，不同类型的自我建构在面临社会认同威胁时所采取的应对方式不同（White，Argo & Sengupta，2013）。这表明社会认同对于行为的影响受到自我建构类型的影响。此外，对民族文化的认同（刘娜，2013；丁玉柱，2013；郑雪莲，2015）、学校认同（黄四林，韩明跃，宁彩芳，等，2016）都对社会责任感具有影响。由以上研究可知，国家认同的一部分（民族文化认同、身份认同等）、自我建构以及社会责任感存在两两之间的联系。前人研究中没有对三者关系的探讨。

综上所述，本节试图探讨国家认同与大学生社会责任感之间的关系以及自我建构对两者关系的影响。

## 三、研究方法

### （一）被试

本研究选取北京师范大学、苏州大学、安庆师范大学、上海工程技术大学、厦门大学共 852 名大学生进行施测，有效问卷 826 份。其中男生 256 人，女生 564 人，6 人缺失性别信息；大一 270 人，大二 321 人，大三

197 人，大四 29 人，9 人缺失年级信息；年龄在 17 至 25 岁之间，平均年龄为 20.44±1.18 岁。

（二）研究工具

1. 社会责任感量表

我们采用自编的大学生社会责任感量表（田园，2017）进行测量，量表包括家庭责任感、集体责任感和国家责任感三个维度，共有 28 个项目，如"我认为实现中国梦是我们的使命"等。问卷采用 5 点计分，从 1（完全不符合）到 5（完全符合），得分越高表明社会责任感程度就越高。本研究采用 Mplus7.4 软件对该量表进行验证性因素分析，结果显示该问卷结构效度良好，$\chi^2 = 831.89$，$df = 2.58$，$TLI = 0.90$，$CFI = 0.92$，$RMSEA = 0.04$，该量表总体的 $\alpha$ 系数为 0.87，家庭责任感、集体责任感和国家责任感三个维度的 $\alpha$ 系数分别为 0.73，0.81 和 0.76。

2. 国家认同量表（NIS）

国家认同量表由陈晶（2004）编制。题目包括"我很高兴自己是一名中国人"等。该量表共包含 28 个题目，分为 6 个分量表，依次为积极情感评价、公共集体自尊、互依信念、消极情感、自我归类、自我概念重要性，采用 6 点计分，从 1（非常不同意）到 6（非常同意），分数越高表明对国家认同的程度越高。此量表在本研究中的 $\alpha$ 系数为 0.81。

3. 自我建构量表（SCS）

自我建构量表由 Singelis（1994）编制，共包含 24 个题目，分为 2 个分量表，依次为独立型自我建构（题目包括"我尊重与我交往的权威人士"等）、依存型自我建构（题目包括"我觉得作为一个独立的人对我来说很重要"等）。该量表采用 7 点计分，从 1（完成不赞成）到 7（非常赞成），两个维度分别计算得分，得分越高表明该类型的自我建构水平越高。在已有研究中该量表的信、效度良好(庄鸿娟，刘儒德，刘颖，2017)。此量表在本研究中的 $\alpha$ 系数为 0.77。

（三）共同方法偏差控制

研究采用自我报告法收集数据，因此可能会导致共同方法偏差的效应(周浩，龙立荣，2004)。本研究采用了程序方法进行控制，具体包括：①采用具有较高信、效度的量表，尽可能地减少或避免测量上的系统误差；②问卷中的部分项目使用反向计分；③被试来自不同的学校，增加被试来源空间的差异。此外，数据收集完成后，进一步采用 Harman 单因子检验对共同方法偏差进行诊断，结果发现，未旋转的情况下共有 21 个因子的特征值大于 1，并且第一个因子解释的变异量为 17.09%，小于 40% 的临界标准，表明该研究共同方法偏差效应不明显。

## 四、研究结果

（一）主要研究变量之间的相关分析

研究采用国家认同、自我建构(依存型自我建构、独立型自我建构)以及大学生社会责任感的平均分进行统计分析，对三者的相关分析结果见表 6-5。

表 6-5　各变量的描述性统计及相关分析

| 变量 | $M \pm SD$ | 国家认同 | 依存型自我建构 | 独立型自我建构 |
|---|---|---|---|---|
| 国家认同 | 3.97±0.42 | | | |
| 依存型自我建构 | 5.18±0.61 | 0.41** | | |
| 独立型自我建构 | 4.93±0.62 | 0.26** | 0.40** | |
| 社会责任感 | 3.88±0.41 | 0.47** | 0.46** | 0.33** |

由上表可知，采取相关分析后的结果显示，国家认同与依存型自我建构、独立型自我建构、大学生社会责任感呈显著正相关；依存型自我建构与独立型自我建构、大学生社会责任感呈显著正相关；独立型自我建构与大学生社会责任感呈显著正相关。

（二）自我建构在国家认同与大学生社会责任感之间的中介效应

本研究采用 SPSS 21.0 中的 process 插件进行中介效应检验，将依存型自我建构和独立型自我建构分别作为国家认同与大学生社会责任感之间的中介变量进行验证，将性别、上学期的成绩、父亲的工作作为控制变量，具体结果见表 6-6。

表 6-6　自我建构的中介效应

| 路径 | 效应 | Boot SE | Boot LLCI | Boot ULCI |
|---|---|---|---|---|
| 直接路径 | 0.3206 | 0.0311 | 0.2596 | 0.3816 |
| 总间接路径 | 0.1454 | 0.0184 | 0.1115 | 0.1844 |
| 间接路径 1 依存型自我建构 | 0.1105 | 0.0162 | 0.0808 | 0.1419 |
| 间接路径 2 独立型自我建构 | 0.0350 | 0.0098 | 0.0181 | 0.0577 |

结果发现，整个模型的 $R^2$ 为 0.59，直接路径和依存型自我建构与独立型自我建构的间接路径的 95% 置信区间均不包含 0，这表明依存型自我建构与独立型自我建构的部分中介效应均显著，即国家认同能够影响大学生的社会责任感，还能通过独立型自我建构以及依存型自我建构影响社会责任感，具体模型如图 6-5 所示。

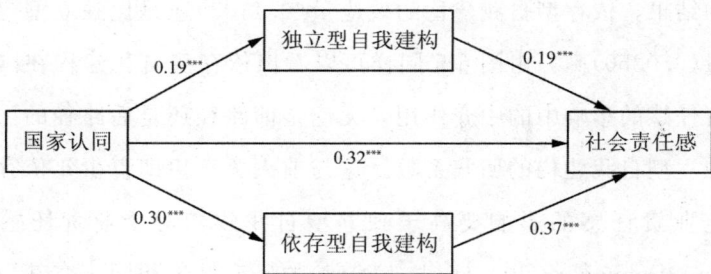

图 6-5  自我建构的中介作用

## 五、综合讨论

本研究首先进行了相关分析，证明自我建构、国家认同与社会责任感之间存在两两相关的关系。进一步的中介效应检验发现独立型自我建构与依存型自我建构同样在国家认同对社会责任感的影响中起到部分中介的作用。

### （一）国家认同对社会责任感具有显著正向预测效应

首先，虽然以往研究并没有探讨过国家认同与社会责任感之间的关系，但是与国家认同相关的下位的概念。例如民族文化的认同（刘娜，2013；丁玉柱，2013；郑雪莲，2015）对社会责任感具有影响。同时，本研究的中介效应模型表明，直接路径 95% 的置信区间不包含 0，并且直接路径的效应量（0.3206）大于总间接路径的效应量（0.1454），说明虽然国家认同可以通过自我建构影响社会责任感，但是国家认同直接影响社会责任感的力度更大一些。

其次，研究结果表明，两种自我建构类型（独立型自我建构、依存型自我建构）在国家认同与社会责任感之间的关系中均存在部分中介作用。换言之，国家认同可以通过两种不同的自我建构类型影响社会责任感。虽然两种类型的自我建构对两者的关系均存在显著的部分中介作用，但根据本研究的结果，依存型自我建构的效应量(0.1105)还是比独立型自我建构的效应量(0.0350)高，由图 6-5 同样可以看出依存型自我建构在国家认同对社会责任感的影响中的中介作用，无论是前路径还是后路径的回归系数均大于独立型自我建构的回归系数。这与前人关于伊朗青少年依存型自我建构对企业责任感的影响要高于独立型自我建构对企业责任感的影响(Ehteram, Dehnavi & Li, et al., 2016)的研究结论相同。究其原因可能是由于亚洲国家具有较为明显的集体主义文化与依存型自我建构，他们注重自己与他人的联系，渴望获得良好的人际关系(Markus & Kitayama, 1991)。因此，在集体主义文化背景下，对于国家的认同更容易通过依存型自我建构影响社会责任感。

国家认同是政治行为者对自己政治身份归属的主观判定，大致包括对某一政治共同体的认定、对这一共同体的历史文化的肯定以及对这一共同体的精神内核的肯定。从概念上可以知道，国家认同是一个极其复杂的上位概念，其中包括政治认同、历史文化认同甚至包括所在共同体的精神内核的认同等下位概念。以往研究虽然证实与国家认同相关的下位概念，但是缺少对国家认同与社会责任感之间关系的直接研究。本研究采用问卷调查法发现大学生的国家认同与其社会责任感之间具有显著的正相关关系。根据研究的结果，国家认同直接影响到社会责任感的效应量为 0.3206。这表明国家认同是社会责任感的重要影响因素，同时本研究也弥补了这一部分研究的缺失。

社会认同理论认为个体通过社会分类对自己的群体产生认同，并产生内群体偏好和外群体偏见(张莹瑞，佐斌，2006)。当个体认同自己的群体时就会产生一种对内群体的高度责任感，表现在行为上就是遵从内群体的行为规范，捍卫内群体的利益和声誉，换言之，对于内群体的认同使个体产生了对内群体的责任感。具体到本研究，大学生认同自己国家这个大的内群体，自然就会认为自己对于国家负有责任。因此大学生的国家认同能够影响其对于整个国家的责任感。作为内群体的一部分，集体和家庭自然也会成为个体高度负责的对象。由此，大学生的国家认同直接影响到社会责任感。

（二）自我建构在国家认同对社会责任感的影响中的部分中介作用

自我决定理论（Ryan & Deci，2000）认为自主的要义在于个体认同自身的行为价值，其行为的控制点在个体内部。如果个体认同外界对其要求的意义，就可能依据外界对自己的要求调节自己的行为。换言之，个体认同外界对自己的要求就很有可能将外界对自己的要求内化成为自己的一部分，从而影响个体对自己的认识，也就是影响到个体的自我建构。

具体到本研究，如果大学生对于自己政治身份及文化历史存在高度认同，就可能依据外界对于国家认同个体的要求主动调节自己的行为。从这种观点出发，无论是注重自身的独特性、追求独立自主的独立型自我建构的个体，抑或是注重自己与他人的联系、渴望获得良好人际关系的依存型自我建构的个体（Markus & Kitayama，1991），只要他们在态度情感上认同自己的国家身份就可能将国家认同有关的观点态度内化为自己的态度观点进而影响到个体的行为。也就是说，个体主动地认同自己的国家就会自然地将国家对其的要求内化为自我建构的一部分进而影响到社会责任感。

本研究表明依存型自我建构的中介作用要高于独立型自我建构的中介作用。这表明，如果将整个国家作为内群体来看，那么更加注重自身与他人的人际关系的个体更容易与群体内的成员保持一致，自我建构的内化也就更加明显，对社会责任感的影响也就更突出。

## 六、研究结论

本研究获得的主要结论有两方面：首先，大学生的国家认同与社会责任感具有显著的正相关关系；其次，大学生的自我建构在国家认同与其社会责任感之间的关系中发挥部分中介作用。

第七章

# 社会公正感与社会责任感

    2009 年 9 月 21 日，厦门某校大学生小周不顾路人"小心她赖你赔钱"的劝告，毅然将一位摔倒的老太太送到医院，并为其垫付 500 元医疗费。让小周始料未及的是，老人家属一口咬定是他撞倒老太太，所以必须担负医疗费用，理由是：若不是小周撞倒的，他为什么要送老人去医院还垫付药费?! 小周经过几番周折之后找到了当时的目击证人，澄清了事情的真相，才避免被讹。近些年来，类似这种"做好事被讹"的现象尽管少有发生，但它对社会信任、同情和道德观念造成了重创，所引起的负面影响巨大，"助人者不仅遭到讹诈者的错误指责，还要应对讹诈者和执法官员对他们慈善行为的怀疑。""长此以往，帮助陌生人就会被当成无知和愚蠢的行为，而不是慈善或英雄的行为。"（阎云翔，徐大慰，2010）。发生在小周身上的类似事件，引起了全社会对摔倒老人到底"扶不扶"的讨论，更是损害了与小周身份相同的大学生群体的社会责任感。因此本章重点探讨社会公正感与大学生社会责任感的关系，并分别从社会流动信念、情绪、人际信任等变量的角度来考查两者之间的发生机制，从而揭示宏观社会背景与大学生社会责任感之间的关系。

# 第一节　公正感对社会责任感的影响

社会责任感是大学生全面发展的核心素养之一，更是社会和谐与良好风尚的重要保证。为揭示大学生感知的社会公正对其社会责任感的影响及其机制，在本节中我们采用问卷调查与实验相结合的方法考查了公正感对大学生社会责任感的影响，以及社会流动信念在两者之间的中介作用。研究1采用问卷调查法分析大学生公正感与其社会责任感的关系，结果显示两者之间存在显著的正相关关系。研究2采用文字材料启动大学生的公正感，考查其对社会责任感的影响，结果发现与控制组和低公正感组相比，高公正感组大学生的社会责任感水平明显更高。研究3进一步检验了社会流动信念在两者之间的中介效应，结果表明社会流动信念在公正感对社会责任感的影响过程中发挥着部分中介作用。这说明维护社会公正可以增强大学生的责任感，也可以通过树立社会流动信念进而提升其社会责任感。

## 一、引言

社会责任感是个体积极承担社会责任或帮助他人的一种比较稳定的心理品质，也是大学生个人取得学业成就、成为人才与生活幸福的核心素养，更是社会和谐、民族兴盛与培育良好风尚的重要保证。从个体角度来看，大学生社会责任感是其学业成就(Singg & Ader，2001)、积极自我的形成(刘海涛，郑雪，聂衍刚，2011；Singg & Ader，2001)、感恩(Chow & Lowery，2010)和利他行为(Such & Walker，2004)的有效预测指标。从社会角度上来看，社会责任感是一种超越个体欲望、需求与利益的价值取向，它驱动个体不计回报地帮助他人和奉献社会(Wray-Lake & Syvertsen，

2011)。正是因为社会责任感对个体和社会都具有重要的意义，所以《国家中长期教育改革和发展规划纲要(2010—2020)》把"着力提高学生服务国家服务人民的社会责任感"作为未来教育的战略重点，因此，为了有效地培养和增强大学生的社会责任感，探索和确定影响社会责任感的关键因素是当前的首要任务。

以往研究集中探讨了个体特征、家庭和学校等因素对社会责任感的影响。已有研究发现，女大学生的社会责任感显著高于男生，但是无年级差异(刘海涛，郑雪，聂衍刚，2011)。内向和外向人格对大学生社会责任感具有正向预测作用，而精神质和神经质却具有负向预测效应(刘海涛，郑雪，2010)。父母教养方式为民主型的大学生，社会责任感水平最高，而放任型教养方式的责任感水平最低(刘海涛，郑雪，聂衍刚，2011；张兰君，杨兆兰，马武玲，2006；Wray-Lake，2010)。对学校认同程度越高，社会责任感水平就越高(Faircloth & Hamm，2005；Middlebrook，2010)。这些研究结果揭示了与个体直接相关的微观因素对社会责任感的影响。

(一)社会公正感与社会责任感的关系

已有的研究忽视了大学生社会公正感对其社会责任感的作用。首先，越来越多的研究显示社会公正感是社会责任感等亲社会行为的重要预测指标。所谓的公正感(belief in a just world)，是指人们相信他们生活在一个公正的世界里，在这个世界里他们得其所得、得有所值(Lerner，1965)。有研究发现，公正感越强的个体，在人际交往中越倾向于遵从互惠的原则(Edlund，Sagarin & Johnson，2007)，帮助他人的亲社会行为越多(Bègue，Charmoillaux，& Cochet，et al.，2008)。这表明，人们的公正感越强，就越倾向于帮助他人或乐于奉献。但是，目前明显缺乏直接探讨大学生公正感对其社会责任感的影响及其机制的实证研究。

其次，社会责任感本身起源于社会，并直接协调着个人与他人、个人与社会之间的关系，因此无法脱离宏观社会的文化和价值观念而孤立发生。根据责任起源的文化依存理论，社会责任感是一种协调人际关系的价值取向，起源于人类建构的社会秩序（况志华，叶浩生，2007；Wray-Lake & Syvertsen，2011）。例如，中国人的责任感以朴素的血缘亲情为基础，以"孝悌"为核心，外推"礼义"以至人类社会与自然（任亚辉，2008）。"老吾老以及人之老，幼吾幼以及人之幼"就是中国人对充满仁爱与责任的大同社会的憧憬与梦想。然而，我国当前正处于社会转型期，传统的价值观、道德判断和行为规范受到了前所未有的冲击。近年来社会上出现的"做好事被讹"事件就是一种典型现象（阎云翔，徐大慰，2010），这践踏了我国几千年来代代相传的恻隐之心和扶危济困的社会价值观。在这种宏观社会环境急剧转变的背景下，人们对社会公正的感知势必发生改变。因此，本研究试图探讨大学生公正感对其社会责任感的影响，并推测公正感水平越高，其社会责任感就越强；反之，公正感水平越低，必然削弱其社会责任感。

### （二）社会流动信念的中介作用

社会流动信念（belief of social mobility）或许是公正感与社会责任感之间的中介变量。社会流动信念是指个体对客观社会流动的感知，是人们相信通过自身的努力能够实现向上层社会流动的一种主观判断（Kelley & Kelley，2009；明朗，2013）。客观社会流动在一定程度上反映社会公正的程度，而社会流动信念反映的是个体对宏观社会公正、公平程度的主观感知，它更加关注个体的认知和态度（明朗，2013）。人们越相信社会是公正的、民主的和机会平等的，那么他们就越相信通过个人努力可以实现自身社会地位的上升（Jaime-Castillo & Marques-Perales，2014）。已有研究显示，社会流动信念在公正感与大学生学业投入的关系中具有中介作用。对制度公正性信任程度越高的大学生，不仅社会流动信念高，而且其学业投入也越强(明朗，2013；刘有辉，辛自强，明朗，2014)。对于低家庭经济地位的大学生来说，公正感越强就越能激发个体内在的社会流动信念，从而为长远的学业目标或职业发展投入更多时间和精力，其克服困难的坚持性也更强(Laurin, Fitzsimons & Kay, 2011)。由此可见，社会流动信念是公正感影响个体行为的中间桥梁。因此，本研究试图检验社会流动信念在大学生公正感与其社会责任感之间是否起着中介作用。

综上，本研究试图探讨公正感对大学生社会责任感的影响及其机制。为此，本研究首先采用问卷调查法，探讨两者之间是否存在相关关系；然后采用实验法启动公正感，揭示大学生公正感与其社会责任感之间的因果关系；最后检验社会流动信念在两者之间是否存在中介作用。

## 二、研究 1　公正感与社会责任感的相关

虽然已有研究发现公正感与人们的助人行为和亲社会行为密切相关，但是缺乏对公正感与社会责任感之间关系的直接研究。为此，本研究采用问卷调查法探讨两者之间的相关关系。

### (一)研究方法

#### 1. 被试

本研究以江苏和北京的两所高校 352 名本科生为被试，其中男生 94名，女生 257 名，未报告性别 1 人。年龄均值为 21.41 岁，标准差为1.45 岁。

2. 研究工具

(1)系统公正感量表

本研究采用凯(Kay)等人(2003)编制的系统公正感量表(system justification scale)来测量大学生公正感,该量表共包含7个项目,采用7点计分,从1(完全不同意)到7(完全同意),得分越高说明大学生公正感越强。该量表被广泛应用于公正感的测量中,以往研究表明该量表具有良好的信、效度(Jost, Chaikalis-Petritsis & Ambrams, et al., 2012),本研究中克伦巴赫 $\alpha$ 系数为 0.76。

(2)社会责任感问卷

采用辛(Singg)等人(2001)编制的学生责任感问卷,包含10个项目,采用4点计分方法,从1(完全不符合)到4(完全符合),得分越高说明大学生责任感越强。以往研究表明该量表具有良好的信、效度(Singg & Ader, 2001),本研究中克伦巴赫 $\alpha$ 系数为 0.77。

3. 共同方法偏差的检验

在数据收集完成后,采用 Harman 单因子检验对共同方法偏差进行诊断,结果发现,共有7个因子的特征值大于1,并且第一个因子解释的变异量为 21.17%,小于40%的临界标准。这表明该研究共同方法偏差问题不明显。

(二)研究结果

相关分析发现,大学生公正感($M=3.84$,$SD=1.03$)和社会责任感($M=3.21$,$SD=0.36$)两者存在显著的正相关关系,$r=0.18$,$p=0.001$。为进一步验证大学生公正感对社会责任感的预测作用。本研究进行了回归分析。首先以公正感为自变量,社会责任感为因变量建立回归模型,结果显示公正感对社会责任感具有显著预测作用。为排除性别、学校、年级、家庭经济地位等变量对两者之间关系的影响，进一步采用回归分析对这些因素进行了控制，发现公正感对责任感的预测作用仍然显著。结果见表7-1。这说明大学生公正感与其社会责任感之间的相关关系是稳健的，且不受性别、学校、年级、家庭经济地位等人口学变量的影响。

表 7-1 公正感对社会责任感回归分析

| 预测变量 | 模型1 | | | 模型1 | | |
|---|---|---|---|---|---|---|
| | B | SE | t | B | SE | t |
| 常数项 | 2.97 | 0.07 | 40.74 | 3.25 | 0.20 | 16.03 |
| 公正感 | 0.06 | 0.18 | 3.38** | 0.06 | 0.19 | 3.23** |
| 性别 | | | | −0.50 | 0.43 | −1.12 |
| 学校 | | | | 0.04 | 0.05 | 0.74 |
| 年级1 | | | | −0.34 | 0.18 | −1.85 |
| 年级2 | | | | −0.40 | 0.18 | −2.16* |
| 年级3 | | | | −0.32 | 0.18 | −1.71 |
| 家庭经济地位 | | | | 0.01 | 0.13 | 0.60 |

注：性别、学校、年级1、年级2和年级3为虚拟变量。
性别：男=1，女=0；
学校：北京地区=1，苏州地区=0；
年级1：大二=1，其余年级=0；
年级2：大三=1，其余年级=0；
年级3：大四=1，其余年级=0。
$^*p<0.05,^{**}p<0.01,^{***}p<0.001$，下同。

(三)讨论

该研究采用问卷调查发现，大学生的公正感对其社会责任感有显著的正向预测作用。这表明，大学生的公正感越强，其社会责任感水平也就相应越高。由此可见，大学生的社会责任感水平明显受到其公正感影响，这不仅验证了该研究的假设，也与已有研究结果是一致的。

然而，该研究采用的是相关研究方法，其结果发现大学生的公正感对其社会责任感的影响的结论仍然局限于相关关系，并无法获得两者之间的因果结论。为确定两者之间的因果关系，研究 2 采用实验研究方法，进一步考查公正感对社会责任感的影响作用。

### 三、研究 2　公正感对社会责任感的影响

研究 1 发现，大学生公正感对其社会责任感具有显著的正向预测作用，但是两者之间的关系仍然是相关关系，难以确定准确的因果关系。为此，研究 2 采用实验法启动公正感，检验公正感对社会责任感的影响效应是否存在。

（一）研究方法

1. 被试

研究选取北京某高校 120 名大学生为被试，其中男生 47 名，女生 73 名。平均年龄为 21 岁。

2. 研究设计

本研究采用单因素被试间设计，自变量为公正感，包括 3 个水平：高公正感、低公正感和控制组，因变量为社会责任感。我们将被试随机分为 3 组，每组被试 40 名，各组被试在性别上大致平衡。

3. 研究材料

（1）公正感的启动材料

本研究编制了启动公正感的材料，高公正感材料是描述 2015 年全国高考加分大幅减少使高考制度更趋公平、公正的政策，低公正感材料是揭示中国贫富差距过大的现状与数据材料，控制情境材料是一个新闻媒体高端论坛会议的简介。三组文字材料均控制在 400 字左右。

本研究编制的三种公正感启动的情境材料（高公正感、低公正感、控制组）如下。

高公正感情境启动材料：2015 年全国高考政策盘点，加分大幅"缩水"更趋公平。距离 2015 年高考还有不到两个月的时间，全国各地考生进入备考冲刺阶段。今年高考政策有以下新变化，进一步推进教育公平。首先，高考加分项目大幅"缩水"。按照新政策，今年 1 月 1 日起，将取消体育特长生、中学生学科奥林匹克竞赛、科技类竞赛、省级优秀学生、思想政治品德有突出事迹共 5 项全国性加分项目。其次，自主招生将在高考结束后进行。根据教育部《关于进一步完善和规范高校自主招生试点工作的意见》，2015 年起，所有试点高校自主招生考核均统一安排在高考结束后、高考成绩公布前进行。最后，农村贫困地区定向招生 5 万名。今年 4 月，教育部下发《关于做好 2015 年重点高校招收农村学生工作的通知》。据此通知，今年将继续实施在农村贫困地区定向招生 5 万名、农村学生单独招生、地方重点高校招收农村学生 3 大专项计划。此番改革为更多学生提供接受高等教育的机会，从制度上推进了教育公平。

低公正感情境启动材料：中国贫富差距过大是一个不争的事实。根据国家统计局公布的数据，中国居民收入的基尼系数 2003 年为 0.479，2008 年达到最高点 0.491，这之后逐年下降，2014 年的基尼系数为 0.469。而在 20 世纪 80 年代初，全国收入差距的基尼系数为 0.3 左右。不过，这一数据多遭学者质疑，认为这一数据偏低，中国真实的基尼系数或远远高于官方数据。基尼系数接近 0.5，已经是一个比较高的水平，意味着贫富差距较大。世界上基尼系数超过 0.5 的国家只有 10% 左右；主要发达国家的基尼系数一般都在 0.24 到 0.36 之间。"在对中国收入分配进行细致观察后，真问题是正面探讨居民内部收入分配差距过大，规则紊乱，不公平，等等，是否严重地影响到中国的发展进程。"贾康（财政部财政科学研究所前所长）说，居民收入分配中存在不同程度的不公正机制、不合理规则等问题，国家必须有效推进制度性的反腐倡廉，同时，要着力实施再分配制度建设，如逐步提高直接税比重，合理构建收入分配规则与秩序，解决收入分配中的公平问题。更有媒体称腐败意味着不公正，腐败已是社会不公的代名词。对广大社会公众而言，腐败不仅仅是运用公权谋私，更是"不公正"的直接体现。小到入学就医，大到财政税收，甚至收入分配的差距都被视为源于腐败。

控制情境材料：近日"中国媒介法治与新闻伦理规范高端论坛"在重庆大学召开，来自清华大学、中国人民大学、复旦大学、北京大学、重庆大学十余所高校的学者齐聚重庆，就新闻法治困境与出路、新媒体时代的传播法治等问题各抒己见，提出自己的思考。新媒体"助推"新闻立法。"在当前社会条件下，新闻伦理与媒介法治是值得高度重视的现实问题，这是我们学界必须面对的重要研究课题。"重庆大学新闻学院院长董天策在论坛上表示，近年来，新闻行业内出现的失实报道、新闻敲诈案件不断涌现，已让新闻立法成为一个亟待解决的问题。除了已经曝光的典型案件，与会专家还表示，新媒体的不断发展已成为新闻立法的"助推器"。"在技术的发展下，现在的媒介形态已发生变化。"中国人民大学新闻学院教授郑保卫指出，在新媒体环境下，"谁在场，谁就是记者"，而这些信息的传播需要法律法规来解决。立法面临机遇与挑战。目前，我国已印发《关于开展"打击新闻敲诈、治理有偿新闻"专项行动的通知》以及《关于深入开展打击新闻敲诈和假新闻专项行动的通知》。与会专家认为，这两个举措以及当前我国依法治国的良好形势为新闻立法带来了难得的机遇，然而立法之路还有诸多现实困境。

(2)公正感量表

本研究采用凯（Kay）等人（2003）编制的系统公正感量表（system justification scale）测量大学生公正感，该量表共包含 7 个项目，采用 7 点计分，从 1(完全不同意)到 7(完全同意)，得分越高说明大学生公正感越强。该量表被广泛应用于公正感的测量中，以往研究表明该量表具有良好的信、效度(Jost，Chaikalis-Petritsis & Ambrams，et al.，2012)，本研究中克伦巴赫 $\alpha$ 系数 0.76。

(3)社会责任感量表

本研究采用的量表题目根据赵兴奎(2007)编制的大学生责任感问卷进行筛选，问卷共包含 12 个项目，采用 5 点计分，从 1(完全不符合)到 5(完全符合)，得分越高说明大学生社会责任感越强。以往研究表明该量表具有良好的信、效度(赵兴奎，2007)，本研究中克伦巴赫 $\alpha$ 系数为 0.61。

4. 研究程序

首先，为检验公正感启动是否有效，我们进行了预试验，以 30 名大学生为被试，随机分成 3 组，每组 10 人，要求被试在阅读相关启动材料之后完成公正感问卷。预试验结果发现，3 组被试在公正感问卷得分上存在显著差异，说明公正感启动是有效的。然后，进入正式实验，我们按照与预试验相同的程序，将被试随机分成 3 组，并要求被试按照指导语对材料进行阅读，之后完成公正感量表和社会责任感问卷，以及填写相关人口学信息。

(二)结果与分析

1. 公正感启动有效性检验

公正感启动下社会责任感的描述性统计结果见表 7-2。为进一步检验公正感启动的有效性，我们对正式实验的数据进行分析，以公正感启动材料为分组变量，以公正感问卷得分为因变量进行单因素方差分析，结果表明，公正感主效应显著，$F(2，117)＝3.45$，$p＝0.035$，偏 $\eta^2＝0.056$。事后检验发现，高公正感组的公正感得分($M＝4.18$，$SD＝0.85$，$n＝40$)显著高于控制组得分($M＝3.71$，$SD＝0.92$，$n＝40$)，$p＝0.036$；但是低公正感组得分（$M=3.82$，$SD=0.75$，$n=40$）与控制组（$p=0.837$）和高公正感组（$p=0.133$）差异均不显著。据此结果分析，高公正感启动是有效的，但是低公正感启动效果不明显。

表 7-2　三组公正感启动下的社会责任感得分

| 公共感分组 | $n$ | $M$ | $SD$ |
| --- | --- | --- | --- |
| 低公正感组 | 40 | 3.82 | 0.75 |
| 高公正感组 | 40 | 4.18 | 0.85 |
| 控制组 | 40 | 3.71 | 0.92 |

2. 大学生公正感对社会责任感的影响

本研究以启动公正感分组为自变量，社会责任感为因变量，问卷测量的公正感为协变量进行单因素协方差分析，结果显示，启动的公正感对大学生社会责任感具有显著的影响，$F(2，116)=14.340$，$p<0.001$，偏 $\eta^2=0.198$。如图 7-1 所示。事后检验发现，高公正感组的社会责任感显著高于控制组和低公正感组，$ps<0.001$，但是后两者之间无显著差异，$p=0.313$。这表明，大学生公正感对其社会责任感具有显著的影响。

在正式实验中对公正感启动有效性的检验结果表明，虽然低公正感组分别与控制组和高公正感组的差异不明显，但是高公正感明显高于控制组。这说明该研究对高公正感的启动是有效的，但是低公正感的启动却没有获得预期的效果。这可能与本研究所使用的启动材料有关，高公正感启动材料主要体现的是高考考核的制度公平，而低公正感启动材料反映的是当前社会贫富差距的结果不公平。因此，后面研究有必要对低公正感材料进行重新选取和检验，力求在同一维度上启动公正感。尽管如此，该研究对社会责任感的分析发现，高公正感组的社会责任感均明显高于控制组和低公正感组，而后两者之间无显著差异。这表明，大学生公正感对其社会责任感具有明显的影响，两者之间的因果关系是明确的。

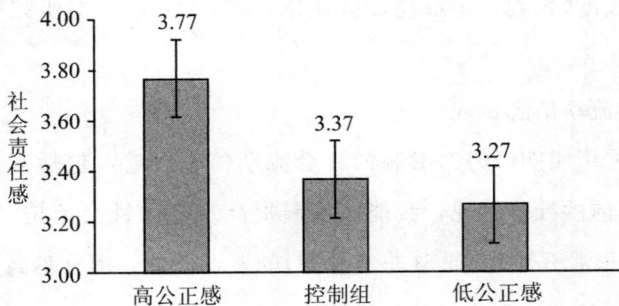

图 7-1　公正感对社会责任感的影响

## 四、研究 3　社会流动信念的中介作用

前两个研究结果一致表明，大学生公正感对其社会责任感具有显著的影响，为进一步揭示两者之间的作用机制，本研究旨在检验社会流动信念是否发挥着中介效应。

### (一)研究方法

#### 1. 被试

本研究以北京、苏州、杭州和安庆地区的四所高校大学生为被试，共发放问卷 680 份，回收有效问卷 649 份，有效回收率为 95.44%。其中，女生 563 人，男生 84 人，2 人性别缺失；年龄在 17～25 岁，平均年龄为 21.27±1.15 岁。

#### 2. 研究工具

(1)公正感量表

采用达伯特(Dalbert，1999)编制的公正感量表，共有 13 个题目，分为个人公正信念和一般公正世界信念两个维度，项目包括"我相信我生活中发生的大多数事情都是公平的"等。量表采用 6 点计分，从 1(非常不赞同)到 6(非常赞同)，得分越高说明公正感越强。以往研究表明该量表具有良好的信、效度(张莉，申继亮，黄瑞铭，等，2011)，本研究中的克伦巴赫 $\alpha$ 系数为 0.87。

（2）社会流动信念量表

本研究采用明朗(2013)编制的社会流动信念问卷，包括 6 个项目。问卷包括"以目前的社会状况，我能够不断提高自己的社会地位"等项目。本问卷采用 1(非常不赞同)到 5(非常赞同)的 5 点计分，得分越高表明社会流动信念越强，问卷的克伦巴赫 $\alpha$ 系数为 0.79。

（3）社会责任感量表

本研究采用的量表题目根据赵兴奎(2007)编制的大学生责任感问卷进行筛选，问卷共包含 12 个项目，采用 5 点计分，从 1(完全不符合)到 5(完全符合)，得分越高说明大学生社会责任感越强。以往研究表明该量表具有良好的信、效度(赵兴奎，2007)，本研究中克伦巴赫 $\alpha$ 系数为 0.63。

3. 共同方法偏差的检验

在完成数据采集后，采用 Harman 单因子检验对共同方法偏差进行诊断，结果发现，共有 10 个因子的特征值大于 1，并且第一个因子解释的变异量为 14.89%，小于 40% 的临界标准。这表明该研究共同方法偏差问题不明显。

（二）结果与分析

1. 大学生公正感、社会流动信念与其社会责任感的相关分析

大学生公正感、社会流动信念和社会责任感的描述性统计结果见表 7-3。相关分析发现，三者中两两之间均存在显著的正相关。大学生公正感与社会责任感之间存在相关关系，这与研究 1 的结论是一致的，进一步验证了两者之间的关系。

表 7-3　大学生公正感、社会流动信念与其社会责任感的相关分析($N=649$)

| 变量 | $M$ | $SD$ | 公正感 | 社会流动信念 |
|---|---|---|---|---|
| 公正感 | 4.25 | 0.70 | 1 | |
| 社会流动信念 | 3.27 | 0.59 | 0.29*** | 1 |
| 社会责任感 | 3.53 | 0.42 | 0.31*** | 0.29*** |

**2. 社会流动信念在大学生公正感与其社会责任感之间的中介效应**

我们首先将三个变量标准化，然后按照赵（Zhao）等人（2010）提出的中介效应分析程序，参照普里彻（Preacher）等（2004）提出的 Bootstrap 方法进行中介效应检验，样本量选择 5000，在 95％置信区间下，结果发现，整个模型 $R^2$ 为 0.14，中介效应路径分析如图 7-2 所示。间接路径在 95％置信区间（0.1390，0.2887）中，结果没有包含 0，表明社会流动信念在两者之间的中介效应显著，且中介效应大小为 0.0615。此外，控制社会流动信念之后，大学生公正感对其社会责任感的影响依然显著，直接路径在 95％置信区间（0.1718，0.3215）中，也没有包含 0。因此，社会流动信念在大学生公正感对其社会责任感的影响中发挥了部分中介作用。

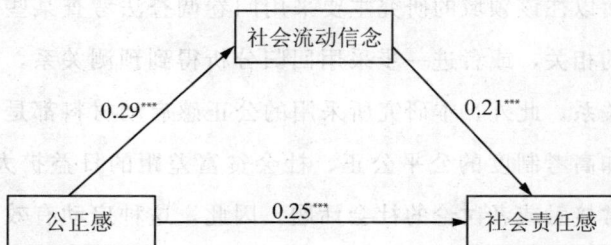

图 7-2　社会流动感的中介效应

## 五、综合讨论

### (一)公正感对社会责任感具有显著的影响

本研究探讨了大学生公正感与其社会责任感的关系，有助于揭示人们感知的宏观社会背景及变化对个体的影响，拓展了该领域的研究范围。以往研究主要集中在个体特征、人际关系、家庭或学校等微观或中间层面（刘海涛，郑雪，2010；刘海涛，郑雪，聂衍刚，2011；Faircloth & Hamm，2005；Middlebrook，2010；张兰君，杨兆兰，马武玲，2006；Wray-Lake，2010），缺乏人们对宏观社会背景感知的影响作用的关注。社会责任感本身就是协调个体与社会之间关系的一种准则，很显然，忽视社会的影响是不切实际的。因此，在人们广泛讨论对摔倒老人"扶不扶"的社会背景下，研究探讨公正感对社会责任感的影响具有重要的现实意义。

本研究在探讨大学生公正感与其社会责任感之间相关的基础上，进一步采用文字材料有效地启动了大学生的公正感，再通过观测社会责任感的变化，较为准确地获得了两者之间的因果关系，确定了影响社会责任感的具体因素。而以往该领域的研究主要采用问卷调查法考查某些变量与社会责任感之间的相关，或者进一步采用回归分析得到预测关系，但是其结论仍然是相关关系。此外，本研究所采用的公正感启动材料都是当前社会的热点问题，如高考制度的公平公正、社会贫富差距的日益扩大化等问题，是大学生经常接触或者讨论的社会话题。因此，这种启动有效地再现了大学生在现实生活中对社会公正的感知与认识，具有良好的生态效度。

本研究结果发现，大学生公正感与其社会责任感之间不仅是正相关的关系，而且存在明显的因果关系。这说明，大学生对社会公正的相信程度越高，积极承担社会责任或者帮助他人的责任感就越强。这与已有研究的结论是一致的，即公正感越强的人，就越倾向于遵从人际互惠的原则、乐于助人和表现合作行为（Bègue，Charmoillaux & Cochet，et al.，2008；Edlund，Sagarin & Johnson，2007）。同时，已有研究发现，社会公正感越差，个体就会表现出更多的偏离行为，如破坏行为、侵犯行为（Ambrose，Seabright & Schminke，2002）等。由此可见，社会公正不仅能够促使人们表现出良好的亲社会行为和高度的社会责任感，而且还可以避免破坏社会的不良行为。因为公正的社会结构和秩序可以让人们相信每个人都会被公平、公正地对待（Lerner，1965）。

（二）社会流动信念是公正感对大学生社会责任感影响的中间桥梁

我们对中介变量检验发现，社会流动信念在大学生公正感对其社会责任感的影响过程中起着部分中介作用。这表明大学生的公正感不仅直接影响其社会责任感，而且还通过社会流动信念产生间接影响。根据公正感理论，社会流动信念反映了人们对社会公正的感知与态度，公正感越强，个体就越相信通过努力可以改变当前的不利地位、实现自我发展。这一结论在有关大学生公正感对其未来学业投入的研究中获得支持与验证（Laurin，Fitzsimons & Kay，2011）。社会流动信念的提升，也增强了人们维护与建设当前社会秩序和道德准则的责任与使命，因为它直接关系到个体的未来与期望。根据文化依存理论，社会责任感本身就是起源于人类所建构的社会秩序，通过各种法律、道德和其他的习俗规定必须承担或者应该履行的职责（况志华，叶浩生，2007；Wray-Lake & Syvertsen，2011）。由此可见，越是公正感强的大学生，对自身未来社会流动信念就越强，从而也更加愿意承担维护社会秩序的社会责任或者帮助他人。

本研究结果显示，社会流动信念只是部分中介变量，在作用机制上只能解释有限的内在联系。这意味着公正感对社会责任感的影响并不是只有唯一的中介路径，还有其他的中介变量值得未来研究探索（Zhao，Lynch

Jr. & Chen，2010；Preacher & Hayes，2004）。因此，未来的研究还需进一步挖掘更有效的中介变量。

综上所述，本研究发现大学生公正感对其社会责任感具有明显的影响，而且还通过社会流动感产生部分间接效应。由此可见，大学生社会责任感的研究与培养不应局限于微观层面，更应该关注当前社会价值观和行为规范的宏观影响。因此，树立社会正气，传播正能量，增强公正感，是提升社会责任感的重要途径。

## 第二节　公正感和情绪与社会责任感的关系

### 一、前言

社会责任感作为中华民族的传统美德，一直受到人们的关注和追求。大学生因其群体的特殊性，其社会责任感更是尤为重要。社会责任感既是国家培养与衡量大学生的核心素质，又是大学生自身实现全面发展和幸福生活的重要品质。已有研究发现，责任感水平与学生生活各方面密切相关。例如，在学习方面，责任感较高的学生学习成就动机高（刘晓婷，2011）、学习坚持性更强（石世祥，2009）、学习成绩往往也比较优秀（Singg & Ader，2001）；在自我发展方面，人格发展更为健全（刘海涛，郑雪，2010）、自我评价更为积极（刘海涛，郑雪，聂衍刚，2011；Singg，& Ader，2001）、更倾向于接受对失败的批评（刘海涛，郑雪，聂衍刚，2011）；在人际交往方面，同伴关系更好（刘海涛，郑雪，聂衍刚，2011）。因此，围绕大学生社会责任感的研究问题已成为心理学和教育学等多学科共同关注的焦点。

以往关于社会责任感的研究大致可以分为对社会责任感的探讨和对社

会责任感相关变量的研究。首先，有关社会责任感的研究中，研究者从社会责任感的概念、测量、结构等角度进行了探讨。尽管研究者从不同的角度对责任感进行了探讨，但是并没有达成一致。例如，不同的学者从不同的角度对责任感进行了测量，这也导致目前有关责任感的测量量表较为繁多，且缺乏统一标准；而关于责任感的心理结构的讨论也存在明显的分歧，甚至相关的维度也是从两个到九个不等，内容更是不尽相同（李明，叶浩生，2009；Schlenker，Britt ＆ Pennington et al.，1994）；对于社会责任感的相关影响变量的探讨也是研究者关注的焦点，研究者从不同的角度探讨相关变量对责任感的影响，但目前的相关研究多采用问卷调查法进行，使得研究仅仅停留在相关关系层面的讨论上，如人口学特征（刘海涛，郑雪，聂衍刚，2011；Kennemer，2002；Nakamura ＆ Watanabe-Muraoka，2006）、人格特征（刘海涛，郑雪，2010）、同伴关系或亲子关系（刘海涛，郑雪，聂衍刚，2011；McDonough，Ullrich-French ＆ Anderson-Butcher，et al.，2013；Schmid，2012）、社会文化环境（任亚辉，2008；朱秋飞，何贵兵，2011）等。由此可见，尽管以往关于责任感的研究为认识责任感提供了较为丰富的理论基础和实践依据，但有关社会责任感影响因素及内部机制的探究仍明显缺乏，因此有必要对社会责任感进行更深入的研究。

通过以往研究发现，公正感是预测社会责任感的重要因素。公正感是指人们相信他们生活在一个公正的世界里，在这个世界里他们得其所得，得有所值（张莉，申继亮，黄瑞铭，等，2011；Lerner，1965）。这种对于生活世界的认知会影响个体对于生活或工作环境的行为反应。研究发现，个体在公正的环境中会表现出较多的公民行为，如助人行为、积极完成任务（Organ，1993；王怀勇，2008）以及更多的合作行为（Tyler，2012；Watson，＆ Angell，2013；张琦，2010）；而在不公正的环境中，个体则会表现出更多的偏离行为（王红霞，梁玉婧，马振，2013；王宇清，龙立荣，周浩，2012），如偷窃行为（Greenberg，1990；Greenberg，2002），破坏行为（Ambrose，Seabright & Schminkes 2002），侵犯行为（魏胜男，2013；Jawahar，2002)等。由此不难发现，公正感的高低直接影响到个体是否表现出利他行为，而社会责任感是一种积极的、利他的心理品质（Thornton & Jaeger，2008；Nakamura & Watanabe-Muraoka，2006；Wray-Lake & Syvertsen，2011），那么公正感是否也会影响社会责任感呢？于是，本研究采用问卷调查方法来确定公正感与责任感之间的相关关系。

以往研究结果显示，情绪可能是公正感和社会责任感之间的中介变量。首先，公正感与情绪具有显著的相关（张莉，申继亮，黄瑞铭，等，2011；王怀勇等，2008，王宇清等，2012；Otto，Boos & Dalbert，et al.，2006），公正感对于积极情绪具有显著的预测作用（张莉，申继亮，黄瑞铃，2011；吴胜涛，王力，周明洁，等，2009）；其次，情绪与个体的社会责任感具有显著的相关关系（陈思静，马剑虹，2011；刘世宏，李丹，刘晓洁，等，2014；石晶，崔丽娟，2014）。并且，王宇清等人（2012）在研究中发现消极情绪在不公正感与员工的偏离行为中起到中介作用。由此推测，情绪在公正感与社会责任感两者之间起到中介作用。

## 二、研究方法

### （一）被试

本研究以来自北京、浙江、安徽和江苏等地的五所高校共 649 名大学生为被试，平均年龄为 20.27±1.15 岁。

### （二）研究工具

#### 1. 公正感量表

本研究采用达伯特（Dalbert，1999）编制的公正感量表。该量表共有 13

个题目，分为个人公正信念和一般公正世界信念两个维度。采用 6 点计分，从 1(非常不赞同)到 6(非常赞同)，得分越高说明公正感越强。以往研究表明该量表具有良好的信、效度(魏胜男，2013；张莉，申继亮，黄瑞铭，等，2011；吴胜涛，王力，周明洁，等，2009)，本研究中的 $\alpha$ 系数为 0.87。

### 2. 情绪测量量表

本研究采用华生(Watson)等人(1988)编制的积极情绪和消极情绪量表(PANAS)，该量表共包含 20 个项目，其中积极情绪和消极情绪各 10 个。采用 5 点计分，从 1(完全没有)到 5(非常多)，得分越高说明对应的情绪体验越强烈。该量表广泛应用于情绪的测量中，以往的研究表明该量表具有良好的信、效度(崔丽霞，刘娟，罗小婧，2014)，本研究中 $\alpha$ 系数为 0.83。

### 3. 社会责任感量表

采用辛(Singg)等人(2001)编制的学生责任感问卷，包含 10 个项目，采用 4 点计分方法，从 1(完全不符合)到 4(完全符合)，得分越高说明大学生责任感越强。以往研究表明该量表具有良好的信、效度(Singg & Ader，2001)，本研究中克伦巴赫 $\alpha$ 系数为 0.76。

### (三)共同方法偏差的控制

在研究中，公正感、情绪和责任感的数据均采用自我报告法采集，因此为避免共同方法偏差，本研究采用与第一节中研究 1 一致的方法进行了控制。同样，完成数据采集后，进一步采用 Harman 单因子检验对共同方法偏差进行诊断，结果发现，共有 10 个因子的特征值大于 1，并且第一个因子解释的变异量为 14.89%，小于 40% 的临界标准。这表明该研究共同方法偏差问题不明显。

### 三、研究结果

#### (一)公正感、情绪与社会责任感的相关分析

研究中首先将情绪量表中的消极情绪正向化，进而在此基础上进行分析。研究中公正感、情绪和社会责任感的平均值与标准差如表 7-4 所示。进一步采用相关分析考查这三个变量之间关系，结果发现三者之间两两均存在显著的正相关。其中，大学生公正感与社会责任感之间的相关散点图见图 7-3。

表 7-4　公正感、情绪与社会责任感的相关分析

| 变量 | $M$ | $SD$ | 公正感 | 情绪 |
|------|-----|------|--------|------|
| 公正感 | 4.25 | 0.70 | 1 | |
| 情绪 | 5.60 | 0.83 | 0.26** | 1 |
| 社会责任感 | 3.25 | 0.36 | 0.17** | 0.27** |

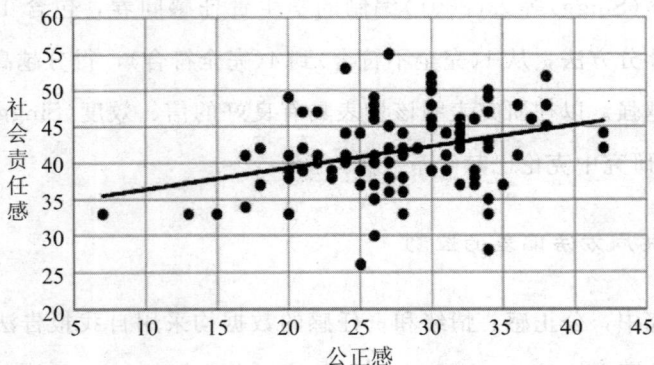

图 7-3　大学生公正感和社会责任感之间的散点图

#### (二)情绪的中介效应

本研究为检验情绪在公正感和社会责任感之间的中介效应，首先将变

量标准化，然后按照赵(Zhao)等人(2010)提出的中介效应分析程序，参照普里彻(Preacher)等人(2004)和海斯 Hayes(2013)提出的 Bootstrap 方法进行中介效应检验，将性别、年级、学校、是否是学生干部等作为控制变量，样本量选择 5000，在 95％置信区间下，结果发现，整个模型 $R^2 =$ 0.12，中介效应路径分析如表 7-5 所示。其中，在 95％置信区间下间接路径结果没有包含 0，表明情绪在两者之间的中介效应显著，且中介效应大小为 0.0325。此外，控制了中介变量情绪之后，自变量公正感对因变量责任感的影响依然显著，在 95％置信区间下直接路径结果没有包含 0。因此，情绪在公正感对责任感的影响中发挥了部分中介的作用。

表 7-5  情绪的中介效应

| 路径 | 效应 | *Boot SE* | *Boot LLCI* | *Boot ULCI* |
| --- | --- | --- | --- | --- |
| 直接路径 | 0.0552 | 0.0205 | 0.0149 | 0.0955 |
| 间接路径：X-M-Y | 0.0325 | 0.0072 | 0.0200 | 0.0486 |

注：X＝公正感，M＝情绪，Y＝社会责任感。

## 四、综合讨论

### (一)公正感与社会责任感的关系

以往研究围绕公正感与个体的公民行为或偏离行为进行了较多的探讨，但并未涉及公正感与社会责任感之间关系的直接研究。为此，本研究首先采用问卷调查法发现公正感与责任感具有显著的正相关，在此基础上进一步操纵公正感，结果发现，公正感对社会责任感具有显著的影响。这一结果与以往有关公正感与社会责任关系研究的相关结论是一致的(王怀勇等，2012)。

系统公正理论将个体的公正动机分为自我公正动机、群体公正动机和系统公正动机(Jost，Pietrzak & Liviatan，et al.，2007)，该理论从刻板印象的角度分析个体感知到的公正对于个体内群体偏好行为的影响，也就是说当个体感知到自身以及自身所在的群体或系统的公正后，个体会表现出内群体偏好行为从而维护这种公正性。由此，当个体形成对所在群体或系统的公正感后，就产生了一种维护和发展内群体的责任感，进而在行为上表现出积极的公民行为，这也就很好地解释了公正感对社会责任感的影响。本研究从公正感的角度出发，通过对公正感的调查，发现随着公正感的提升个体的社会责任感也会明显增强，从而表现出积极的亲社会行为。研究结果说明了社会责任感在公正感对个体的群体行为影响过程中的作用，为进一步研究公正感导致群体行为的机制提供了很好的解释视角。

### （二）情绪在公正感对社会责任感的影响中的中介效应

本研究结果表明情绪在大学生公正感和社会责任感之间起到部分中介作用。这说明个体感知到公正感与否会激发个体的积极情绪或消极情绪进而作用于社会责任感，对外表现为偏离行为或亲社会行为。这与前人的研究结论一致（魏胜男，2013；王宇清等，2012）。至于积极情绪和消极情绪的作用机制是否完全一致，有待后续做进一步研究。

已有研究表明，公正感与情绪具有显著的相关（张莉，申继亮，黄瑞铭，等，2011；王怀勇等，2008；王宇清等，2012；Otto，2006），同时情绪又与责任感具有相关（陈思静，马剑虹，2011；刘世宏，李丹，刘晓洁，等，2014；石晶，崔丽娟，2014），但是并没有直接关于三者之间关系的研究。为此本研究通过对三者关系的分析发现，情绪在公正感和责任感之间起到部分中介作用，这很好地解释了前人的研究结论以及揭示了公正感对责任感的影响机制。

个体在做出某种行为的同时往往会伴随特定情绪的激发（陈思静，马剑虹，2011；石晶，崔丽娟，2014；李丹等，2013）。以往的研究发现个体公正感与积极情绪呈正相关（张莉，申继亮，黄瑞铭，等，2014；

Dalbert，2002；吴胜涛，王力，周明洁，等，2009），与消极情绪呈负相关(Ritter，1990；Dzuka，2006；张莉，申继亮，黄瑞铭，等，2014)，这与本研究的结论一致。这就说明，情绪可以很好地作为个体公正感和行为之间关系的解释路径，而责任感与利他行为紧密相关(宋琳婷，2012；Such & Walker，2004)。由此可以说明，本研究中情绪的中介作用是指个体公正感水平较高，进而激发出个体的积极情绪体验，促使个体的责任意识和行为增强。

本研究结果显示，情绪在大学生公正感和社会责任感之间起部分中介的作用，这并不意味着数据结果不完美，可能意味着公正感对社会责任感的影响并不是只有唯一的解释路径，还会存在其他的解释变量(Zhao，Lynch Jr. & Chen et al.，2010；Preacher & Hayes，2004)。研究者认为，公正感与责任感的关系，还会受到如社会阶层流动信念、自我控制力等变量的影响，这有待以后的研究来考证。

## 五、结论

本研究可以得出如下结论：①大学生公正感与其社会责任感具有显著的正相关，并且随着公正感的提升，社会责任感也明显地增强；②情绪在大学生公正感对其社会责任感的影响中发挥部分中介的作用。


# 第三节  公正世界信念与社会责任感的关系


社会责任感是大学生取得学业成就和幸福生活等积极心理与行为的有效预测指标。我们以 5 所高校的 852 名大学生为被试，考查了公正世界信念与大学生社会责任感之间的关系，以及人际信任在两者之间的中介作用及其性别差异。结果发现，公正世界信念与社会责任感之间呈显著正相关；人际信任在公正世界信念与社会责任感之间发挥着部分中介作用；人际信任的中介作用主要表现在男大学生群体中，女大学生中未发现该效应。这说明，公正世界信念可以显著预测大学生的社会责任感，并且在男大学生中人际信任是两者关系的中介桥梁。

## 一、前言

联合国教科文组织在 1998 年召开的首次世界高等教育大会上明确指出，高等教育首先要"培养高素质的毕业生和负责的公民"。随后，各国纷纷响应，美国、德国和日本等国都在教育法案中强调要培养有强烈社会责任感的国民。同样，我国在《国家中长期教育改革和发展规划纲要（2010—2020 年）》中也将提高学生的社会责任感作为重要的战略目标。社会责任感是个体积极承担社会责任或帮助他人的一种比较稳定的心理品质（黄四林，韩明跃，孙铃，等，2016）。它不仅对大学生自身的学业及人格形成具有积极影响（Singg & Ader，2001；刘海涛，郑雪，2010），还可以增加利他行为与奉献意识来推动社会和谐与进步（Such & Walker，2004；Wray-Lake & Syvertsen，2011）。由此可见，社会责任感是大学生实现自我价值和推动社会发展的核心素质和必备品质。

已有研究发现，公正世界信念是大学生社会责任感的重要影响因素（黄四林，韩明跃，孙铃，等，2016）。公正世界信念是指人们相信他们所生活的世界是一个公正的世界，在这个世界中，人们会得到公正的对待，好人得好报，坏人受惩罚（Lerner & Miller，1978）。已有研究表明，个体越相信当前世界是公正的，欺凌行为就越少（Correia & Dalbert，2008），亲社会行为就越多（Bègue，Charmoillaux & Cochet，et al.，2008），而且在与人交往的过程中越遵循互惠原则（Edlund，Sagarin & Johnson，2007）。这可能是因为公正世界信念为人们提供了有意义的解释框架和重建公正的信念，从而增加了个体对世界的可控制感，使人们更加专注于长远目标，按社会规范行事（周春燕，郭永玉，2013）。公正的经验也会促进个体的社会融合感（Lind & Tyler，1989）。这些结果说明大学生越相信这个世界是公正的，其社会责任感就越强。

然而，公正世界信念与社会责任感之间的作用机制仍然不明确。虽然已有研究检验了社会流动信念在两者之间的中介作用，但是它仅仅是部分中介，而且所能解释的变异较低（黄四林，韩明跃，孙铃，等，2016）。因此，探索解释力更强的中介变量不仅有助于揭示公正世界信念与社会责任感关联的作用机制，而且还能为大学生社会责任感的培养提供依据。已有研究显示，人际信任可能是两者关系的更有解释力的中间变量。人际信任是指由于对他人的意图和行为有积极预期而愿意承担人际风险的一种心理状态（Rousseau，Sitkin & Burt，et al.，1998）。首先，公正世界信念不仅可以使大学生表现出更多积极情绪，促进人际问题的协商与解决，进而增加其人际信任（Hafer & Correy，1999；Isen，Daubman & Nowicki，1987；Isen，2009；何晓丽，王振宏，王克静，2011），而且还能提升个体对他人更为深刻的共情能力，使其表现出明显的人际互动意愿（Waugh & Fredrickson，2006）。其次，人际信任本身就是双方对对方能够履行他所托付的义务及责任的一种保障感（杨中芳，彭泗清，1999），而且它是建立大学生社会责任意识的前提（胡伟，陈世盛，吕勇，2014）。个体人际信任水平越高，其反社会行为就越少（Rotter，1980）。对他人行为一致性的信任程度越高，越能更好地预测他人的行为，从而使人们能够在团体中更好地承担其责任（胡伟，陈世盛，吕勇，2014）。综合这两方面的结果，我们假设公正世界信念能通过提升大学生的人际信任水平来增强其社会责任感。

但是，关于人际信任是否存在性别差异的问题一直存在分歧。一部分研究发现，女大学生的人际信任水平总体上高于男生，特别是在对陌生人信任方面的差异更为显著（卢光莉，陈超然，2004）。同时，女性在做责任判断与归因时会感受到更多的责任，对与她相关的对象拥有更多的责任心（Gilligan，1983；刘广增，胡天强，张大均，2016）。此外，男大学生在人际交往时娱乐目的更重，女大学生则更注重互助、友情和自我完善（丁园园，吕伟，姚本先，2009）。另一部分研究表示，在不同年龄段，男女的人际信任差异是不一样的，低年级女生人际信任高于男生，高年级男生人际信任高于女生（Cui，2011），男生在可预测性、依赖性以及信任总分上均高于女生，女生在依靠性方面高于男生（王希平，2011），而且男生普通信任度及总体信任度比女生高（阿孜古丽·吐尔逊，王贞贞，窦亚兰，等，2015）。由此推测，人际信任在公正世界信念和社会责任感之间所起到的中介作用可能也存在性别差异。

## 二、研究方法

### （一）研究对象

本研究以北京、上海、苏州、厦门、安徽等地区的六所高校大学生为被试，发放问卷 900 份，回收有效问卷 852 份，有效率为 94.7%。其中男生为 268 人，女生为 578 人，6 人缺失性别信息；被试平均年龄为 20.45±1.17 岁。

### （二）研究工具

#### 1. 公正世界信念量表

本研究采用达勒波特（Dalbert，1999）编制的、吴胜涛等人（2011）修订的个人公正世界信念（general belief in a just world）量表，量表共由 6 个题目组成。题目包括"我认为这个世界基本上是公正的""总的来说，我相信人们得到的是他们应得的那一份"等。量表采用 6 点计分，从 1（表示"完全不符合"）到 6（表示"完全符合"），总均分越高表明被试的公正世界信念越强。在本研究中，该量表的 Cronbach α 系数为 0.88。

2. 社会责任感问卷

本研究采用田园（2017）编制的大学生社会责任感问卷，共 28 个题目，分为家庭责任感、集体责任感和国家责任感三个维度。该问卷采用 5 点计分，从 1（表示"完全不符合"）到 5（表示"完全符合"），总均分越高代表社会责任感越强。在本研究中，该量表的 Cronbach α 系数为 0.72，其中家庭责任感维度为 0.77，集体责任感维度为 0.81，国家责任感维度为 0.68。采用 Mplus7.4 对该问卷进行验证性因素分析，结果显示该问卷结构效度良好，TLI＝0.90，CFI＝0.91，RMSA＝0.04，$\chi^2/df$＝16.12。

3. 人际信任量表

本研究采用 Rotter（1967）编制的人际信任量表，共 25 个题目，其内容涉及各种情境下的人际信任，以及对不同社会角色的信任。多数项目与社会角色的可信赖性有关，如"法院是我们都能受到公正对待的场所"等，另外一部分项目与对未来社会的乐观程度有关，如"未来似乎很有希望"等。量表采用 5 点计分，从 1（表示"完全不同意"）到 5（表示"完全同意"），其中有 13 个反向计分题，反向计分之后总均分越高代表人际信任感水平越高。在本研究中，该量表的 Cronbach α 系数为 0.88。

（三）共同方法偏差的检验

我们主要采用由被试报告的问卷调查法，因此可能存在共同方法偏差效应。根据相关研究的建议（周浩，龙立荣，2004），我们在数据分析时进行 Harman 单因子检验来验证是否存在共同方法偏差问题，结果发现未旋转的情况下共有 11 个因子的特征值大于 1，并且第一个因子解释率为

16.64％，小于 40％的临界标准，这表明共同方法偏差效应不突出。

## 三、结果与分析

### （一）研究变量的相关分析

各研究变量描述性统计结果见表 7-6。结果显示，公正世界信念、人际信任与社会责任感两两之间均存在显著正相关。此外，性别与社会责任感存在显著负相关，女生的社会责任感显著高于男生。

表 7-6　各变量间的描述性统计及相关分析

| | M | SD | 1 | 2 | 3 |
|---|---|---|---|---|---|
| 1 性别 | 0.32 | 0.47 | — | | |
| 2 公正世界信念 | 4.09 | 0.85 | −0.00 | — | |
| 3 人际信任 | 2.82 | 0.33 | 0.04 | 0.41** | — |
| 4 社会责任感 | 3.88 | 0.41 | −0.07* | 0.29** | 0.29** |

### （二）人际信任的中介作用

根据温忠麟和叶宝娟（2014）提出的中介效应检验流程，本研究采用结构方程模型考查大学生人际信任在公正世界信念和社会责任感之间的中介作用，其中大学生的公正世界信念是外源潜变量，社会责任感和人际信任为内源潜变量。社会责任感作为潜变量包括国家责任感、集体责任感和家庭责任感，通过探索性因素分析将人际信任量表的 25 道题目分成 4 个观测变量。本研究以社会责任感为结果变量，公正世界信念为预测变量，人际信任作为中介变量，建立模型。我们采用结构方程模型，分别对公正世界信念直接影响社会责任感的模型，以及人际信任在公正世界信念影响社会责任感中的中介作用模型进行数据拟合，该模型的拟合指数为：$\chi^2/df=$

$41.8$，$CFI=0.93$，$TLI=0.91$，$RMSEA=0.07$。从模型的各项拟合指数来看，除了 $\chi^2/df$ 值因易受被试量影响而略大之外，其他拟合指标均较理想。

三个变量间的路径系数及关系由图 7-4 可见，大学生公正世界信念对其社会责任感（$\beta=0.26$，$p<0.001$）和人际信任均有显著的正向预测作用（$\beta=0.31$，$p<0.001$），同时，人际信任对社会责任感的正向预测作用也显著（$\beta=0.21$，$p<0.001$）。这表明人际信任在大学生公正世界信念和社会责任感之间起部分中介作用，其中介作用的效应值为 0.21。

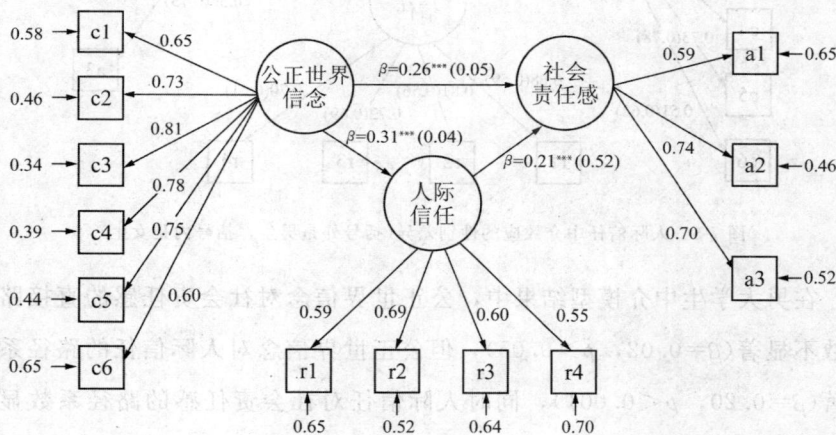

图 7-4　人际信任的中介模型

(三)人际信任中介效应的性别差异

为考查人际信任的中介模型是否存在性别差异，我们分别对男、女生进行中介效应模型检验。结果发现，男大学生的模型各项拟合指标为 $\chi^2/df=2.46$，$CFI=0.88$，$TLI=0.84$，$RMSEA=0.09$；女大学生模型各项拟合指标为 $\chi^2/df=3.38$，$CFI=0.94$，$TLI=0.92$，$RMSEA=0.07$。总体上来说，各项拟合指标均在可接受范围内，可进行跨组比较

（侯杰泰，温忠麟，成子娟，2004）。

通过不同性别大学生的结构方程模型结果的比较发现，公正世界信念对社会责任感的影响存在显著的性别差异，男、女大学生中介模型的标准化路径系数如图 7-5 所示。

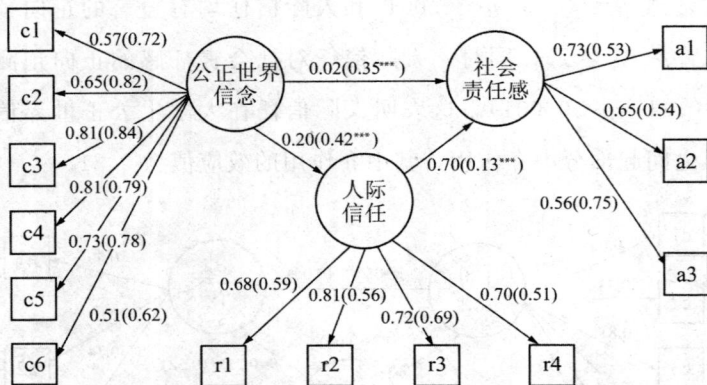

图 7-5　人际信任中介效应的性别差异（括号外是男生，括号内是女生）

在男大学生中介模型结果中，公正世界信念对社会责任感的直接路径系数不显著（$\beta=0.02$，$p>0.05$），但公正世界信念对人际信任的路径系数显著（$\beta=0.20$，$p<0.001$），同时人际信任对社会责任感的路径系数显著（$\beta=0.70$，$p<0.001$）。这说明，在男大学生群体中，人际信任在公正世界信念对社会责任感的预测中起到了完全中介作用。

然而，在女大学生中介模型结果中，虽然公正世界信念对社会责任感（$\beta=0.35$，$p<0.001$）和人际信任的直接路径系数均显著（$\beta=0.42$，$p<0.001$），但是人际信任对社会责任感的路径系数不显著（$\beta=0.13$，$p>0.05$）。这说明，在女大学生群体中，公正世界信念直接预测其社会责任感，而人际信任无中介效应。

## 四、讨论

### （一）人际信任是大学生公正世界信念与其社会责任感之间的中介桥梁

我们研究发现，公正世界信念可以显著预测大学生的社会责任感，这与已有研究结果（黄四林，韩明跃，孙铃，等，2016）是一致的。公正世界信念越强的个体，在人际交往中越遵循互惠原则，而且公正世界信念还能为人们提供解释事情的认知框架，促进个体的社会融合感。此外，有研究表明个体的不公正感越强烈，就越可能产生不道德行为（Tan，2013；Gino，Ayal & Ariely，2009）。综合正反两方面的结果可知，公正世界信念的提高不仅可以增加大学生的亲社会行为以及增强其社会责任感，还可以减少不道德行为的产生，从而更好地维护社会规范和社会秩序。

研究结果表明，从总体上来说，人际信任在大学生公正世界信念和社会责任感之间发挥着部分中介作用。这说明公正世界信念不仅可以直接预测大学生的社会责任感，还可以通过人际信任这一中间桥梁来实现。有研究发现，如果青年相信社会公平，就会对未来有更高的期望，从而有较高的信任度和更多的自我卷入，即有更高的社会奉献意识和责任感（滕国鹏，金盛华，刘宏伟，2016）。公正世界信念会使人们提高人际信任水平，持有公正世界信念的个体会产生高水平的人际信任从而在团体中承担更多的责任（胡伟，陈世盛，吕勇，2014）。所以，那些具有公正世界信念的大学生，在公正信念的驱使下降低了对信任的潜在风险的预期，从而更容易产生人际信任，并会进一步做出更多的亲社会行为，最终增强其社会责任感。

黄四林等人（2016）的研究中选择了社会流动信念作为公正感和社会责任感的中介变量。社会流动信念是指个体对客观社会流动的感知，是一种个体对于宏观社会公正公平的主观感知，更加关注个体的认知态度（Kelley &

Kelly，2009；明朗，2013）。根据概念表述，社会流动信念属于一种心理过程，虽然其对个体行为的影响更为明显，但是其时效性与稳定性相对较低，因此将社会流动信念具体落实到提高大学生社会责任感的培养方案中存在一定的难度。

本研究中作为中介变量的是人际信任。人际信任是指由于对他人的意图和行为有积极预期而愿意承担人际风险的一种心理状态（Rousseau，Sitkin & Burt，1998）。相较于一种心理过程，人际信任更具有稳定性和时效性，这意味着在高水平的人际信任状态下，树立了公正世界信念的大学生所增强的社会责任感更加稳固。如果持续时间长，人际信任还很可能转化为个体的心理特征，从而长久地影响大学生未来的社会责任感的形成与发展。提高大学生人际信任水平的具体培养方案更容易形成与落实。例如，教育者可组织大学生参与增加互助性或团体性的活动等。

（二）人际信任中介作用的性别差异

我们发现，人际信任在大学生公正世界信念和社会责任感之间的中介效应存在性别差异。具体而言，人际信任的中介效应主要存在于男大学生群体中，但是在女大学生群体中未发现该效应。我们认为可能有两个原因导致了这种差异。首先，社会感知的性别差异可能是一个潜在的因素。研究发现，男生更注重对客观事物的评价，而女生更注重人的内在体验（王鑫，2012）。男性更注重自己的利益，而女性更关心他人（Huang & Wang，2010）。由此推测，与男生相比，女生更容易由公正世界信念直接关联到对他人或社会的责任感。这种认知差异可能会导致人际信任中介效应的性别差异，当然这仍然需要进一步的研究加以验证。

其次，情境可能是另外一个潜在的影响因素。个体信任存在差序格局，在信任圈中，个体的信任对象依次为亲人、熟人和陌生人，个体对这些信任对象的信任水平会逐次降低（刘春晖，辛自强，林崇德，2013）。社会责任感需要个体对社会中的所有人都怀有责任意识，其中包括更多的陌生人，这容易造成人际信任水平的降低以及责任风险的增加。出于个体自我保护动机，情境会对助人意愿产生负向影响。已有研究证明，在助人情境中，女生的助人意愿和助人时间均低于男生，因为相对于男生，女生帮助他人要付出的预期代价和预期危险更大（夏勉，张玉，谢宝国，2015）。由此推测，女大学生群体在人际信任到社会责任感的作用过程中，或许存在情境的调节作用。

总之，本研究揭示了人际信任在大学生公正世界信念与社会责任感之间的中介效应及其性别差异，在一定程度上解释了公正世界信念对社会责任感的作用机制，同时为大学生社会责任感的培养提供了依据。此外，人际信任中介效应的性别差异提示研究者应该考虑性别认知差异或者情境因素的影响作用，以求准确把握不同性别的大学生在社会责任感培养方案上的差异性。

## 五、结论

在本研究中，我们主要获得如下结论：①公正世界信念与大学生社会责任感之间存在显著正相关；②人际信任在公正世界信念与社会责任感之间发挥着部分中介作用，具体来说，公正世界信念不但可以直接预测大学生的社会责任感，还可以通过人际信任对大学生的社会责任感产生间接作用；③人际信任对大学生公正世界信念和其社会责任感之间的中介作用存在性别差异，人际信任的中介作用主要表现在男大学生群体中，而在女生中未发现该效应。

第八章

# 文化视域下大学生社会责任感的培养

　　"作为确定的人、现实的人，你就有规定，就有使命，就有任务"。2014 年，习近平总书记在同北京大学师生代表座谈时指出："青年是标志时代的最灵敏的晴雨表，时代的责任赋予青年，时代的光荣属于青年。"大学生作为青年中优秀的群体，是十分宝贵的人才资源，是推动社会发展的关键力量，是民族的希望，是祖国的未来。正因为如此，大学生的社会责任感越来越受到关注，众多学者对此进行了相关的研究。例如，魏进平、魏娜和张剑军(2015)，葛陈荣(2013)对广东省高校的 4000 多名学生进行了调查，认为当代大学生的社会责任正在经历转型，并提出了重构的建议。李宏国，王翔宇和刘永春(2014)提出构建"三位一体"(三位即学校、社会、家庭，一体即学生主体)的培养模式。孟超和张龙(2015)提出了青年大学生社会责任教育的嵌入式操作系统(embedded operation system)模式。

　　以上学者们的研究有一个共同的模式，就是"现状＋原因分析＋建议"。这些学者都比较注重对当前大学生社会责任感现状的分析。特别值得肯定的是，他们对大学生社会责任感进行了实证调查，为了解当前大学生社会责任感现状提供了较为客观真实的数据。基于这些数据的分析，他们提出的关于大学生社会责任感培养的建议具有一定的针对性和借鉴意义。这些研究对提升大学生社会责任感具有重要的参考价值。

然而，大学生社会责任感的培养不能局限于个体或微观环境，应该从人类文化的宏观层面进行顶层设计，因为社会责任感就起源于人类文化。从人类文化学的观点来看，文化是人特有的生存和发展方式，是将人区别于其他生命体的根本特性。可以说，人是一种文化性的动物，人是一种文化性的存在。文化作为人类独特的生活方式，具有促进人的个性解放、最终实现人的全面发展的功能，而且社会责任感总是嵌套在一定文化内容之中。因此，我们在培养大学生社会责任感的同时，也应该关注文化。在本章中我们从文化的视域探讨当前大学生社会责任感的培养。

## 第一节　文化中的社会责任感

　　从文化的视域探讨大学生社会责任感的培养，首先要弄清楚什么是文化，怎么去界定"文化"，文化可以分为哪些类型，作为根植于文化背景下的责任及社会责任感指的是什么，社会责任感又包括哪些内容，文化与社会责任感的关系如何等一系列相关问题。

### 一、文化及其分类

#### （一）"文化"的界说

　　"文化"是我们日常生活中使用频率很高的一个词。然而，正如黑格尔所说，人们经常挂在嘴边的名词往往是人们最无知的。"文化，文化，言之固易，要正确地加以定义及完备地加以叙述，则是不容易的事"（马林诺夫斯基，2002）。因此，我们首先需要对"文化"的源起进行一个简单的梳理。

从词源上看，英语中的"文化"（culture），源于拉丁文的"cultus"和"cultura"，即耕耘及其结果之意，也就是指人类物质活动及其所产生的结果，是相对自然存在的事物而言的。汉语中的"文化"，《说文解字》解释："文，错画也，象交文。""文"本义指各色交错的纹理。"化"字，由"人"和"匕"会意组合而成，"匕"回首从文，有引导人改过从善的意思，"化"的本意为改易、生成、造化。将"文"与"化"合在一起组成一个词，大概始于西汉刘向的《说苑·指武》中："圣人之治天下也，先文德而后武力。凡武之兴，为不服也。文化不改，然后加诛。"其中的"文化"指文治和教化，与自然对举，与无教化的"质朴""野蛮"对举，属于精神领域的范畴。

后来，学者们从各自的学术背景出发，开始界说"文化"。最早给文化下定义的是英国人类学家爱德华·伯内特·泰勒（Eduard Burnett Tylor，1832—1917年）。泰勒在其所著的《原始文化》（1992）中将"文化"表述为：文化，或文明，就其广泛的民族学意义来说，乃是包括知识、信仰、艺术、道德、法律、风俗和任何一名作为社会成员的人所掌握和接受的才能和习惯的复合体。泰勒关于文化的定义，一般被认为是第一次给了文化一个整体性的概念，为后来的学者研究文化奠定了基础，在文化学术界具有重要意义。

德国学者普芬多夫在出版于1672年的《论自然法与万民法》中写道："文化是社会人的活动所创造的东西和有赖于人类和社会生活而存在的东西的总和"。按此定义，文化是与自然现象不同的人类社会活动的全部成果，它是通过特定群体活动而表现与传承的价值观念和行为方式的整体。联合国教科文组织总干事的科学顾问欧文·拉兹洛在《多种文化的星球——联合国教科文组织国际专家小组的报告》（2001）一书中说："文化是一个历史进程：人类既是文化的创造者，又是文化的创造物。文化是人类为了不断满足他们的需要而创造出来的所有社会的和精神的、物质的和技术的价值的精华"。欧文从动态的过程界定文化,该定义指出了人与文化的相互关系。不仅是人创造了文化,同时人创造的文化影响着人本身,即文化化人。

我国学者张岱年、程宜山在《中国文化与文化论争》(1990)一书中,给文化的定义是:"文化是人类在处理人和世界关系中所采取的精神活动与实践活动的方式及其所创造出来的物质和精神成果的总和,是活动方式与活动成果的辩证统一。"葛金国(2006)给文化下了一个"作业式定义",认为文化是指一定区域的人们在从事活动时所创造的物质、精神成果,即人在与愚昧做斗争过程中的创造,包括人所创造的物质产品、社会生活条件、精神产品和发展着的自身。作为一个统一的整体,文化由物质文化、关系文化和观念文化构成,而观念文化居于文化结构的核心。"文化"具有众多的可供观察的标准或外在特征,表现为,文化就是"人化",动态的、发展的;文化是整合的、模式化存在的;文化是可学习、能共享的;文化是有规范、能沟通的。在张岱年和葛金国的定义中,文化的范畴更加宽泛,不仅包括人类的创造物,同时也包括创造活动本身。

关于"文化"的理解和界定,可谓仁者见仁,智者见智,出现了众说纷纭的局面。但这些定义背后有一些共同特征。

第一,文化与人相互作用。文化,必须是人化,有人的活动的痕迹,打上人的烙印,也就是说,人创造了文化。同时,人创造出的文化也影响着人自身。有了"文化",人就是一种文化性的存在,人就成了一种文化性的动物。

第二,文化与自然相对应。文化是人类社会的活动及其成果,那些纯粹的自然物和自然现象不属于文化。文化是对天然、自然状态的否定和扬弃。山川河流、花草树木等不是文化,但人们在一些高山峻岭上刻字作画、建寺造观,编出一些流传千古的故事,那就是文化了。

第三，文化是一个整体、一个系统。文化不是一些毫无关系的事物杂乱无章地拼凑在一起，而是一个包含复杂内涵的整体，是"整合的、模式化的存在"。此外，文化有一种整合的原创力，把这些元素修正、粘合成一个相对一致的思想与行动的模式，一个具有协同功能的、结构严密的、相对完整的体系（郭齐勇，2014）。

第四，文化有广义和狭义之分。广义的"文化"着眼于人类与一般动物、人类社会与自然界的本质区别。广义的"文化"涵盖面非常广泛，人类社会活动及其产品（物质和精神的）都属于文化范畴，几乎人类社会生活的全部内容统统摄入"文化"的定义域。狭义的"文化"排除了人类社会生活中关于物质创造活动及其结果的部分，专注于精神创造活动及其结果（葛金国，吴玲，2012）。狭义的文化主要包括政治思想、伦理道德、哲学观念、文学艺术、宗教崇拜等社会意识的各种形式，以及相应的政治法律制度、仪式活动、生活习惯和人们的理想追求、情感意志、道德信仰。本章内容主要取自狭义的文化，但在行文中也会涉及广义的文化。

（二）文化的分类

在文化人类学界，文化大多被当作一个统一的整体来把握。同时，历史上不少的学者曾尝试对文化项目或者文化要素进行分类。美国人类学的创始人博厄斯将文化分为物质文化、社会关系、艺术、宗教伦理四类。英国人类学者里弗斯认为文化可以分为物质文化、社会结构、语言、宗教（Rivers，1926），塞利格曼略加改造，把文化分为三类：语言、物质文化、道德文化。怀特（1988）认为，在文化这个系统内又可以分为三个亚系统：技术系统——由物质、机器、物理的和化学的仪器以及使用这些仪器的技术构成；社会系统——由人际关系构成；意识形态系统——由思想、信仰、知识构成。我国著名学者梁漱溟（1935）将文化分为三个方面：精神生活方面，如宗教、科学、艺术等；社会生活方面，我们对于周围的人——家庭、朋友、社会、国家、世界——之间的生活方法都属于这方面；物质生活方面，如饮食、起居种种享用，人类对于自然界求生存的各种方面。张岱年和程宜山（1990）认为，文化包含三个层次：第一层次是思想、意识、观念等；第二层次是文物，即实物；第三层次是制度、风格。庞朴（2003）则认为文化可以划分为三个层次：物的层次（物质的层次）、心的层次（或叫心理的层次）、中间层次（心与物相结合的层次）。

文化类型是不同人种或种族生活在不同的地理生态环境（空间）之中，并在长时期历史（时间）中形成的不同文化体系的生活、行为、思维方式的形态特征（郭齐勇，2014）。依据时间、空间、社会阶层、社会功能、文化品位、社会影响力等几个方面又可以将文化分为不同的类型。从时间角度上看，文化分为原始文化、古代文化、近代文化、现代文化，有的简化为古代文化、现代文化、当代文化，有的甚至简化为传统文化和当代文化。从空间角度上，文化有的分为东方文化、西方文化、海洋文化、大陆文化，有的分为中国文化（中华民族文化）和外国文化。从不同的社会层面上，文化分为贵族文化和平民文化、官方文化和民间文化等。从不同的社会功能上，文化可分为礼仪文化、服饰文化、校园文化、企业文化等；若从文化的品位、性质判断，文化又有先进文化、落后文化、腐朽文化之别。从文化的社会影响力来看，文化可以分为主流文化和非主流文化。本章主要是在中国传统文化和中国当代主流文化的背景下探讨大学生社会责任感。

## 二、文化中的社会责任感

责任（或责任文化）是文化的重要组成部分。我们中华文化孕育着非常丰富的责任教育资源。从古代的"修身、齐家、治国、平天下"到今天的"中国梦"、社会主义核心价值观，无不渗透着个人社会责任的担当。我们在一定的文化背景中讨论社会责任感的培养，除了理解、界说"文化"，还必须要弄清楚什么是责任及责任感。什么是社会责任感，社会责任感包括哪些内容。

### （一）责任感和社会责任感

责任是一个古老的话题，也是一个具有广泛意义的概念。《汉语大词典》(2011)的解释是，"责任"一词有三重含义：一是使人担当起某种职务和职责；二是分内应做的事；三是做不好分内应该做的事，因而应承担的过失。英文中，责任(responsibility)来自拉丁文"respondeo"，"负责任的"(responsible)与"可回答的"(answerable)是一致的，意味着可以承担并有能力履行义务(Lucas，1993)。

责任是一个多学科关注的主题，哲学、社会学、伦理学、教育学、心理学等诸多学科依照各自的认知逻辑和范式，从不同角度对"责任"进行了系统阐释。不同学科使用的概念有所不同，如哲学较多使用"责任"，心理学较多使用"责任心"，政治学较多使用"责任观"或"责任意识"，而思想政治教育学、德育学、教育学等则没有一个相对统一的术语，"责任""责任心""责任感""责任意识""责任观"等术语经常混用。在这里我们选择使用"责任感"一词，关于"责任感"，《汉语大词典》(2011)的解释是，自觉地把分内的事做好的心情。

关于"社会责任感"，不同的学者依据自己不同的语境有不同的解释。埃利希(Ehrlich，2000)将社会责任感界定为公民责任，即明白自己的社区是如何运行的，知道社区的需要和资产，心甘情愿地提高社会的生活，与其他社区成员共同解决面临的问题。伯曼(Berman，1993，1997)认为，青少年社会责任的培养包含诸多方面，不仅包含发展青少年对他人积极而负责的社会技能，还包含对与之相关的人和环境的行动与感恩（赵兴奎，

2007)。

我国的曹文泽(2012)认为，社会责任意识指的是社会群体或者个人在特定的社会历史条件下所形成的为构建人类社会而承担相应责任、履行各种义务的自律意识和人格素质。对个体而言，社会责任体现的应该是行为主体知、情、行的统一，是人内在精神价值的自然外化；而对社会而言，社会责任则应当表现为社会对个体的塑造和引导，而不是强加给社会成员的"任务"。两者彼此联系、辩证统一。赵兴奎和张大均(2006a，2006b)认为，社会责任感是指个体积极主动地履行社会道德职责和义务的个性心理品质。崔乃鑫(2010)认为，社会责任感是指社会群体或者个人在一定社会历史条件下所形成的，为了建立美好社会而承担相应责任、履行各种义务的自觉意识和情感体验。李苑静(2014)总结改革开放以来我国大学生社会责任意识的研究之后提出，社会责任意识(感、心)是指一定社会历史条件下所形成的为了建立美好社会而承担相应责任、履行各种义务的自律意识和人格素质、自觉意识和情感体验，是社会成员对分内的义务、责任和使命的态度，是个体积极主动地履行社会道德职责和义务的个性品质。

根据学者们对社会责任感的理解，结合本章对文化的界定和分析，我们认为，人具备的社会责任感具有极强的文化特色。人是文化性的存在，人总是生存在一定的文化里。责任只有融入一定文化中，才能融入人的血液，才能转化为人的行为习惯。可以说，文化是社会责任感的灵魂，它支配和统领着社会责任感的方向和内容。因此，本章的社会责任感指的是在一定的文化背景中形成的，个人积极履行对他人、社会、国家的职责和义务的一种个性心理品质。

(二)社会责任感的分类

国内外学者根据各自研究的视角和重点，对社会责任感有不同的划分。例如，温策尔（Wentzel，1991 年）认为社会责任心由人际关系责任心、社会公德责任心和公民角色责任心构成；拉赫曼（Rachman）等人（1995）认为社会责任心由国际间责任心、国家责任心和全球责任心等组成。意大利思想家马志尼（1995）把人的责任依次划分为四种："首要的是对人类的责任，其次，是对国家的责任、对家庭的责任、对自己的责任。"

我国学者段志光（2000）总结了几种比较典型的社会责任感分类：按逻辑结构可分为公民社会责任、青年社会责任、大学生社会责任；按内容（责任活动涉及的领域）可分为社会公德责任感、民族责任感、政治责任感、经济责任感、文化责任感、职业责任感、学习责任感等；按层次结构可分为家庭责任感、他人责任感、集体责任感、国家民族责任感、人类社会责任感。王燕（2003）依据责任关系的对象，将其划分为对自己的责任、对家庭的责任、对他人的责任、对职业的责任、对集体的责任和对社会的责任六类。

魏进平等（2015）针对大学生的需要和大学生与现存世界（大学生在大学阶段主要的生活环境）的联系，提出大学生的社会责任感可以分为：政治责任感、生命责任感、学习责任感、学校责任感、网络责任感、家庭责任感六类。刘政军和朴勇慧（2009）认为大学生社会责任包括经济责任、法律责任、伦理责任和慈善责任等。

责任的文化依存理论认为，责任是一种与特定社会文化体系的期望相关联的社会系统结构。西方文化强调个人观念，一般把自我看成独立的个体，而中国文化强调集体观念，一般把自我看作集体或社会的一分子，自我认知中将个体与其所在社会相联系。中外学者对社会责任感的划分也呈现这样的文化差异。国外学者更多地从个体的公正观和社会角色的角度来进行划分，而我国学者较多地从心理过程、责任对象及个人对外部世界的依存关系的角度来划分（赵兴奎，2007）。

## 第二节　大学生社会责任感培养的文化融入

文化可以规范人的行为，也可以引导人的价值观的形成。文化的这种育人功能使得大学生社会责任感的培养中融入文化成为可能，培养社会责任感离不开文化的土壤，因此，培养大学生社会责任感也必须要有文化的融入。因为当前大学生社会责任感的培养也需要我们从文化的角度去关注。

### 一、社会责任感培养中文化融入的可能性

人类创造了文化，文化既是教育的内容，也是育人的重要方法。文化学者庞朴（2003）认为，文化就是人化，文化是人本质的展现和成因。文化的积累与更迭既标示着文化的发展也促进了人的发展。没有文化的积累与更新，人的发展和人类社会的发展就会止步于起点（吴玲，2006）。可以说，人的发展离不开文化的育人功能。

文化育人主要表现在两方面。一是文化可以规范、调整人的行为。例如，表现为各项规章制度、风俗习惯、信仰和礼仪等制度性文化，为人的行为提供明确具体的规范要求，而且具有不同程度的强制性，可以直接约束人的行为；表现为价值观念、思维方式、道德情操、宗教情感、民族性格等精神性文化，为社会成员提供辨别是非、善恶、美丑的价值标准，帮助人们分清是非、扬善抑恶，可以对人的行为进行间接的软性约束。总之，不论是制度性文化的强制性约束还是精神性文化的软性约束，都对社会成员的行为具有规范和调整作用。二是文化可以引导人的价值观形成。价值观是一个人看待事物、判断事物的内心尺度，是推动并指引一个人采

取决定和行动的原则与标准，文化在无形中支配着人的行为。学习文化、接受文化是一个人形成价值观的重要途径，文化蕴含的社会价值理念和原则为接受文化的人提供了判断事物好坏、是非、善恶的标准。因此，作为一定价值体系的文化可以使人形成十分明确的价值需求和取向，引导一个人价值观的形成。

综合上面的分析，我们认为大学生社会责任感的培养可以通过制度性文化和精神文化两种途径来实施。首先，制度性文化可以给人以规范、约束、保障和导向作用。通过制度性文化培养大学生社会责任感可以分为两个层次进行。第一个层次，国家设计、出台一些政策。可以在国家相关文件中重点提出，或者专门颁布培养大学生社会责任感的文件。例如，《国家中长期教育改革和发展规划纲要（2010—2020年）》将"着力提高学生服务国家服务人民的社会责任感"列入教育战略主题。2012年，"培养学生的社会责任感"又被写入党的十八大报告。2013年，党的十八届三中全会上通过的《中共中央关于全面深化改革若干重大问题的决定》在部署深化教育领域综合改革时对"增强学生社会责任感"又进行了强调。2017年，中共十九大报告在思想道德建设方面再次强调"推进诚信建设和志愿服务制度化，强化社会责任意识、规则意识、奉献意识"。第二个层次，将这些国家政策具体化为法规文件和规章制度。相比第一个层次，在第二层次上我们存在众多有待进一步完成与提升的地方。例如，目前我们培养学生社会责任感只有方向，没有切实可行、有效的方法和途径。教育行政部门应该出台相应的具体法规文件，对培养大学生社会责任感的意义、内容、途径做出一些规定，提出一些指导性意见。这样学校才知道应该怎样去培养学生的社会责任感。

其次，在精神性文化方面，可以通过以下几种途径培养大学生的社会责任感。第一，课堂教学是主渠道。在课堂教学方面，培养大学生社会责任感主要是通过思想政治教育课程来实现的。然而，大学生社会责任感培养在其课程中没有得到应有的重视。学校应该开设专题或专门的课程来培养大学生的社会责任感。除此之外，在其他各门课程的教学中，要适时进行大学生社会责任感的培育以分担思想政治教育课的重任。第二，融入学校的校风建设。葛金国（2006）认为，校风是校园主体在长期的学习、工作和生活的交互作用中形成的群体心理定势以及由此而产生的外化的群体行为倾向，包括管理者、职工的工作作风、教育者的教风和学生的学风。校风汇聚着学校全体成员的理想、信念和追求，是一种隐性的课程，对学生的影响是无形的、潜移默化的。将社会责任感的培养融入校风，学生是愿意接受、容易接受的，也是有效的。第三，重视社会媒体和家庭氛围的作用。培养大学生社会责任感仅仅靠学校单方面的力量是远远不够的，需要学校、社会和家庭三方面的配合。社会方面，政府要重视报纸杂志、广播电视和互联网等宣传媒体的正确导向作用，引导大学生社会责任感的培养。家庭方面，家长要充分认识到培养孩子社会责任感的重要性，积极为培养孩子的社会责任感创造良好的家庭氛围。家长为孩子树立榜样，培养孩子关爱他人、关爱社会、承担社会责任的意识和行为习惯。

## 二、社会责任感培养中文化融入的必要性

### （一）社会责任感的培养离不开文化的土壤

1. 责任总是深深地根植于一定的文化土壤

在不同文化中，关于自我、他人以及两者之间的关系，人类对于周围生命世界的关系的认识是不一样的。这种差异会深刻地影响到不同文化背景下的人的责任观念，如"责任"从何而来？谁对谁负责？我们需要承担什么责任？承担多大责任？怎样判定一个人是否很好地履行了责任？这些观念直接地影响着个体的责任担当。陈碧云和李小平（2008）认为，处于中西

文化背景下的人们的责任观在内外归因、成败归因、责任范围认知、对内外集团责任认知方面存在着显著差异。例如，中国传统文化背景下的个体倾向于对更多的人和事承担责任，而西方文化背景下的个体倾向于只对自己承担责任。中国文化一向强调个体的社会责任。而在西方文化中，个体的责任是以自我为中心的，如果要求个体承担社会责任和义务，就被视为阻碍个体成为完善的人的做法。

2. 文化是培养社会责任感的重要载体

从广义上来说，实践也是文化的一部分。首先，个体接受一定文化教育是形成社会责任感的基础。要形成社会责任感，必须具备基本的知识技能、能力和品德。个体只有具备一定的知识，才能对社会责任感有正确的认知和判断；只有具备基本的人与人的交往技能和能力，才能真正地体验社会责任感。另外，如果一个人连"孝敬父母、尊敬老师、团结同学"的基本道德品质都没有，很难期望他能形成更高的社会责任感。这些基本的知识技能、能力和品德，必须以一定的文化教育为基础。其次，责任文化教育是个人社会责任感形成和提升的重要保证。仅仅停留在基本的文化教育上，远不能使个体产生社会责任感。因此，我们必须构建责任文化，对教育对象进行专门的社会责任教育。所谓责任文化就是讲责任的文化，培养责任的文化。我们应该把责任当作一门学问来学习，当作一种文化来传承。在责任文化氛围中，接受社会责任教育的人能自然而然地富有社会责任感，从而产生对社会责任的崇尚和敬畏（梁其贵，2010）。

（二）成长中的青年学生是特殊的文化人

青年学生正处在一个从不成熟、不定型到基本成熟、基本定型的时期，该时期是个体成长最旺盛的时期。作为教育对象，学生具有强烈的发展需要，具有巨大的发展潜力和可塑性。我国新文化运动的领导人陈独秀认为：“青年如初春，如朝日，如百卉之萌动，如利刃之新发于硎，人生最可宝贵之时期也”。

当代青年学生正处于学习文化、接受教育的黄金时期，在文化学习上呈现出包容开放、信息量大、思想敏锐、主体性强等特点。青年学生包容开放，什么都愿意学习，都容易接受，所以接受的文化信息量很大。同时，青年学生思想敏锐，善于及时捕捉最新文化知识。在学校教育中，“学生既是教育对象，又是学习的主体”。也就是说，青年学生学习文化、接受文化的影响不是被动的，而是有选择地认同、接受、使用和创造文化，这充分体现了青年学生的文化学习的自觉性和主体性。

德国著名教育家赫尔巴特认为“教学永远具有教育性”，也就是说，人类认识的过程不是单一的过程。青年学生在接受、使用、创造文化的同时，他们的情感、态度、价值观也经历着变化和发展。因此，青年学生与文化的交互作用有利于其社会责任感的培养。

### (三)大学生社会责任感的缺失需要从文化的角度去关注

不少学者对当前大学生社会责任感进行了调查研究，他们认为我国当代大学生社会责任感情况尚佳，主流是积极、健康、向上的。但是，学者们也认为，部分大学生的社会责任感与社会的期望相比还有差距，如存在重物质轻信念，重个人利益、轻社会利益，知行脱节等问题(尚玉慧，2011)。大学生社会责任正经历着由向道德模范仿效到向“成功人士”仿效、由道德约束向规范约束、由重精神向重物质、由讲求奉献向突出责任的转型(葛陈荣，2013)。大学生社会责任感呈现担当与疏远的矛盾状态，更高层的社会责任感的培养仍需加强(魏海苓，2014)。

大学生社会责任感缺失的原因是多方面的，就文化方面来说，西方文化的冲击，以及我国自身对文化，特别是对优秀传统文化的漠视是非常重要的因素。自新中国成立以来，社会各方面都得到很大的发展，生产力水平得到很大的提升，综合国力显著增强，人民的物质生活水平显著改善。但在发展过程中，物质文明与精神文明，理工学科与人文学科，科技与文化等方面的发展存在不平衡的现象。同时，西方成熟的市场运作模式和较高的生活水平，使得某些青年大学生对西方社会盲目崇拜和对西方文化盲目认可。西方世界通过先进的科技手段和文化影响力向全世界渗透其资本主义的价值观。比如，以电影、电视、流行音乐及因特网为代表的美国文化借助商业机制和高科技手段对他国的渗透愈演愈烈。我国也深受其影响，其中青年大学生凭借较强的好奇心和学习能力成为受西方文化影响较大的一个群体。由于个别青年大学生缺乏辨别能力和坚定的政治信仰，容易被表面现象迷惑，导致对传统文化的摒弃和对社会主义核心价值观的怀疑（尚玉慧，2011）。庄华峰和蔡小冬（2015）的调查发现，部分大学生对于中国传统文化的认知水平不高，甚至态度淡漠，更有甚者对中国传统文化的未来丧失信心，存在自觉践行和传承中国传统文化的主观意愿不强等现象。因此，当前我国文化一方面受到西方文化的侵蚀，另一方面，我们自身的传统优秀文化没有得到足够的重视，在这种情况下，部分大学生缺失社会责任感的现状就不难理解了。

因此，将文化融入大学生的社会责任感培养中，既是因为文化本身具有这种可能性，也是对大学生进行社会责任感教育的一种需要。那么选择什么样的文化融入大学生的社会责任感培养中呢？这需要我们立足于我国现实，选择中华优秀传统文化和中国当代主流文化。

## 第三节　以中华优秀传统文化提升大学生的社会责任感

中华民族是一个历史悠久的伟大民族，在这数千年的历史长河中，我们这个民族创造了博大精深、底蕴深厚的灿烂文化。从历史上看，中华优秀传统文化对激励中华儿女维护民族独立、反抗外来侵略，对形成和维护中国团结统一的政治局面，对推动中国社会的发展与进步都发挥了十分重要的作用。习近平总书记在中共中央政治局第十三次集体学习时指出，中华文化源远流长，积淀着中华民族最深层的精神追求，代表着中华民族独特的精神标识，为中华民族生生不息、发展壮大提供了丰厚滋养。中国传统文化一直强调个人对社会责任的担当。在儒家文化中，"以天下为己任"是每一代有志之士的抱负与雄心，而"天下兴亡，匹夫有责"更是儒家责任意识的郑重宣言。在道家文化中，"天人合一"是其追求的最高境界，"天人合一"描绘的就是人与自然的和谐交融、相依相存。我们应该通过中华优秀传统文化提升大学生的社会责任感。

### 一、中国传统文化的内涵及基本特征

#### （一）中国传统文化的内涵

关于传统文化，庞朴（2003）认为，传统文化的全称大概是传统的文化，落脚在文化，对应于当代文化和外来文化而谓。其内容应当为历代存在过的种种物质的、制度和精神的文化实体与文化意识。例如，民族服饰、生活习俗、古典诗文、忠孝观念之类，也就是通常所谓的文化遗产。传统文化具有民族性、整体性和时代性。传统文化反映着一个民族的特征

和风貌，是一个多因素的，由思维观念、思维方式、风俗习惯、宗教信仰等构成的复合的整体结构。另外，传统文化的发生、发展的变化过程总是在一定的社会历史阶段中进行的，并以时间作为其基本存在形式，同时也反映某段历史、某个时代的特征。

中国传统文化就是指中华民族在生息繁衍的漫长历史发展过程中，逐步形成并流传下来的比较稳定的反映中华民族整体特质和整体风貌的文化体系。中国传统文化只是中国文化历史发展过程中的一部分。从历史时间段来看，中国传统文化一般指上起"夏""商""周"等奴隶社会，下到五四新文化运动以前的文化，包括思想观念、思维方式、价值取向、道德情操、生活方式、礼仪制度、风俗习惯、宗教信仰、文学艺术、教育科技等诸多层面的丰富内容（周丽萍，2013）。

（二）中国传统文化的基本特征

中国传统文化，是中华民族几千年的文明结晶，其深刻的文化内涵对中华民族产生了深远而持久的影响，是维系中华民族内在情感因素的精神纽带和思想基础。其基本特征主要体现在以下几个方面。

1. 重伦理道德

在中国传统文化中，传统伦理道德是重要的组成部分，甚至在一定意义上可以说，传统伦理道德是中国传统文化的核心。中国文化重视伦理道德的根本原因是家国同构的宗法制度。宗法制是指以血缘关系为纽带，尊崇共同祖先以维系亲情和在宗族内部区分尊卑等级，并确定继承权力和家族成员间不同权利、义务的法则（周丽萍，2013）。家族是中国人生活的主要舞台，也是历代统治者建立统治秩序的重要基础。孟子说："天下之本在国，国之本在家，家之本在身。"（《孟子·离娄上》），这高度概括了中国传统社会的本质：由家庭组成家族，再集合为宗族，组成社会，进而形成国家。

在家国同构的观念下，个体是被重重包围在群体之中的。因此，中国传统文化特别重视家庭成员之间的人伦关系，如父慈、子孝、兄友、弟恭之类，这种人伦关系的实质就是对家庭中的每个成员的义务和责任加以规定。父母对子女有养育的责任，子女对父母有奉养的义务，这就是儒家提倡的"人道亲亲"。由"亲亲"的观念出发，引出了"君臣、夫妻、长幼、朋友"等关系的系列处理原则。其中，"孝道"是最基本原则，孝的基本内容就是"父为子纲"，"在吾人之亲存时，须顺其志意，不独养其口体，且养其志"（《孟子·离娄上》），强调子女对父母之命的绝对服从，在父母面前，子女唯一明确的是孝敬，社会中的是非善恶的标准都可不予考虑。这种道德信念延伸到社会组织中，衍生出"君为臣纲"，孝道转为"治国之道"。对应的行为规范是"忠"，就是对君主尽心竭力，全心全意。后来又出现了中国传统伦理道德文化的核心规范——公忠。"公忠"则兼有公与忠两个字的含义，讲的是对国家、民族、社会整体利益的忠诚。它强调的是国家利益、民族利益至上，甚至要"以公灭私""至公无私"，强调为社会尽责、为天下尽忠的献身精神。这种忠孝原则虽然有局限性，但是也形成了"天下兴亡，匹夫有责""设身处地""推己及人"，以及"先天下之忧而忧，后天下之乐而乐"（《岳阳楼记》）、"己欲立而立人，己欲达而达人"（《论语·雍也》）、"己所不欲，勿施于人"（《论语·卫灵公》）、"老吾老以及人之老，幼吾幼以及人之幼"（《孟子·梁惠王上》）等伦理道德观念。

2. 重和谐友爱

中国传统文化孕育着和谐的思想，主要体现在重视人与自然的和谐，人与人的和谐。传统文化在人与自然的和谐方面，主张"天人合一"，主要强调人类要认识自然、尊重自然。老子认为，"道"是万物的本源，是天地等自然万物运行发展的规律。"人法地，地法天，天法道，道法自然"（《道德经》)。人通过对"道"的认识，按照"道"的规律，顺应自然，效法自然，达到与天地自然以及"道"相通相合的"天人合一"的状态，实现人与自然的和谐发展。孟子用简练的语言概括了"天人合一"的思想，"尽其心者，知其性也。知其性，则知天矣。存其心，养其性，所以事天也。殀寿不贰，修身以俟之，所以立命也。"(《孟子·尽心上》)。意思是，人们只要充分发挥自己的心的作用，就能了解固有的天性，认识了天性也就认识了天道。在认识天道的基础上，保存自己的天性，修养自己的天性，这样便可以用来侍奉天道了。无论是短命夭折还是健康长寿，都坚持尽心、知天、存心、养性、侍天的修身功夫，就一定能够达到"立命"的境界，也就是"天人合一"之境界。两宋时期，张载明确提出"天人合一"的命题。他认为儒者"因明致诚，因诚致明，故天人合一，致学而可以成圣，得天而未始遗人。"(《正蒙·乾称》)。后来陆九渊提出"宇宙便是吾心，吾心便是宇宙"，进而把"天人合一"思想又向推进了一大步。

在人与人的和谐方面，主张和为贵，主张仁爱。孔子不仅提出了"和为贵"的价值取向，而且提出了忠、孝、诚、敬、爱、仁义、道德等准则。他说："君子和而不同，小人同而不和"(《论语·子路》)。孔子说，"巧言令色，鲜矣仁"(《论语·学而》)，樊迟问仁，子曰"爱人"。仲弓问仁，子曰："出门如见大宾，使民如承大祭。己所不欲，勿施于人。在邦无怨，在家无怨。"(《论语·颜渊》)。墨子主张"兼爱"，认为天下之大利，在于人之兼爱；天下之大害，在于人之互争。孟子提出"天时不如地利，地利不如人和"(《孟子·公孙丑下》)。主张无为而治的道家更是强调人际关系的和谐，主张人人"甘其食、美其衣、安其居、乐其俗"(《道德经》)。

在国家与国家之间，民族与民族之间，主张和谐共处。《周易·乾》中说："首出庶物，万国咸宁"。孔子也提出"四海之内，皆兄弟也"(《论语·颜渊》)，又说"远人不服，则修文德以来之。既来之，则安之"(《论语·季氏》），主张邦国之间有矛盾冲突，应该感化而非诉诸武力。天下之害孰为大？墨子认为，"大国之攻小国也，大家之乱小家也。强之劫弱，众之暴寡，诈之谋愚，贵之傲贱，此天下之害也。又与为人君者之不惠也，臣者之不忠也，父者之不慈也，子者之不孝也，此又天下之害也。又与今人之贱人，执其兵刃毒药水火，以交相亏贼，此又天下之害也。"

3. 重人格修养

中国传统文化一直强调对崇高人格精神的追求。孔子讲"三军可夺帅也，匹夫不可夺志也"（《论语·子罕》）。孔子最高的道德标准和理想是"仁"，教育学生要"志于仁"。他要求学生以"仁"指导日常的道德行为，坚持道德信仰不动摇。孔子说，"志士仁人，无求生以害仁，有杀身以成仁。"（《论语·卫灵公》）。孔子教育学生要确立和坚守志向，引导学生锤炼意志。曾参说，"士不可以不弘毅，任重而道远。仁以为己任，不亦重乎？死而后已，不亦远乎？"（《论语·泰伯》）。子夏说，"博学而笃志，切问而近思，仁在其中矣。"（《论语·子张》）。孟子主张"尚志"，即志向高尚，力主人在道德上要具有"至大至刚"的"浩然之气"，提倡"富贵不能淫，贫贱不能移，威武不能屈"的大丈夫人格。

董仲舒发展了"仁""义"的思想，特别强调"义"，提出"正其谊（义）不谋其利，明其道不计其功"。要求臣民重义忘利，一个人要以"义"端正自己，不要计较个人的得失，应重视的是国家、社会整体的"道"和"义"，而不是局部的、个人的"功"和"利"。

传统文化中这些关于人格修养的思想，在一定程度上有历史和阶级的局限性，但是"立志""尚志""重利"等思想对我国当前大学生的社会责任感的培养有着重要的意义。

## 二、以中国优秀传统文化孕育大学生的社会责任感

2014年，教育部印发了《完善中华优秀传统文化教育指导纲要》（以下

简称《纲要》）。《纲要》指出，加强对青少年学生的中华优秀传统文化教育，要以弘扬爱国主义精神为核心，以家国情怀教育、社会关爱教育和人格修养教育为重点，着力完善青少年学生的道德品质，培育理想人格，提升政治素养。《纲要》要求："大学阶段，以提高学生对中华优秀传统文化的自主学习和探究能力为重点，培养学生的文化创新意识，增强学生传承弘扬中华优秀传统文化的责任感和使命感。""引导学生完善人格修养，关心国家命运，自觉把个人理想和国家梦想、个人价值与国家发展结合起来，坚定为实现中华民族伟大复兴的中国梦不懈奋斗的理想信念。"

以中国优秀传统文化孕育大学生的社会责任感，应该按照《纲要》的要求，从以下几个方面着手。

（一）在"三品一联系"中理解、认同、升华和深植大学生的家国情怀

家是国的基础，国是家的延伸。国与家是密不可分的整体。"国家好，民族好，大家才会好"。家国情怀是一个人对自己的国家和人民所表现出来的深情大爱，鲜明地体现了一个人对自己国家和民族的高度认同感、责任感和使命感。家国情怀是我国传统文化中非常宝贵的精神资源。在教育教学过程中，我们应该引导大学生在"三品一联系"中理解、认同、升华和深植家国情怀。

第一，"品"诗词经典。我国传统文化中有关家国情怀的经典数不胜数。从古代的"修身、齐家、治国、平天下""臣心一片磁针石，不指南方不肯休""为天地立心，为生民立命，为往圣继绝学，为万世开太平""天下兴亡、匹夫有责"到近代的"苟利国家生死以，岂因祸福避趋之""为中华之崛起而读书"等这些诗词、名言警句都蕴含着浓浓的家国情怀。在教育教学过程中，教育者可以通过开设公选课、举办诗词歌会和诗词竞赛等形式与学生一起品鉴这些诗词、名言警句，让学生感受和理解家国情怀。

第二，"品"传统节日民俗。中华民族在漫长的历史发展过程中创造了举世闻名的灿烂文化，拥有丰富多彩的民族节日，如春节、元宵节、清明节、端午节、中秋节、重阳节等。这些节日历经沧桑，凝聚着历代中国劳动人民的智慧和情感。其中有的节日直接与民族气节和爱国传统相关联，尤其以清明节和端午节为代表。清明节中融入的寒食节，其起源是为了纪念传说的晋国忠臣介子推。端午节是为了纪念伟大的爱国诗人屈原。我们可以分别以这些传统节日为主题开展一些探究活动，学生可以学习和探究这些节日的寓意、价值、渊源和传承等，让学生增强对爱国情怀的自觉认同。

第三，"品"名人爱国故事。我国历史长河中出现了一大批可歌可泣的忠贞爱国名人，发生了许多感人至深的爱国故事。例如，屈原心怀国家与社稷、抱石沉江，抗金英雄岳飞精忠报国，文天祥兵败被俘却宁死不屈，林则徐主张禁烟抵抗侵略、置个人祸福荣辱于度外，周恩来为中华之崛起而读书等。这些名人的爱国故事，感人至深，可以引起大学生心底的情感共鸣。大学生品读这些名人爱国故事能升华其家国情怀。

第四，联系实际，在实践中深植大学生的家国情怀。家国情怀不能停留在书里的诗词和别人的故事中，也不能停留在认识和理解中，而应该内化于心，落实在行动中。我们应该引导大学生在实际生活中以祖国的繁荣为最大的光荣，以国家的衰落为最大的耻辱，增强国家认同，培养爱国情感，大学生在自己的学习和工作中，把自己的努力、追求与国家和人民的需要紧密结合，为实现中华民族伟大复兴的中国梦而不懈努力。

(二)在"一示范、三融入"中对大学生进行社会关爱教育

王健敏(2001)认为"关爱教育以关怀为价值取向，以关爱情感为先导，发展个体的关爱能力，形成对人对事对己的亲社会态度与人格特征。"社会

关爱教育的范畴比较广，包括父母的关爱、教师的关爱、学生的关爱、社会的关爱等。社会关爱教育不仅有助于培养大学生良好的品德和健康的身心素质，而且有助于和谐社会的形成和建设。

我国传统文化强调仁爱共济、立己达人。"仁"是儒家思想中道德修养的重要原则，也是正确处理人与人之间关系的重要原则。"仁爱"，即"仁者，爱人"，是同情、爱护和帮助他人的意思。"共济"是共同渡过难关的意思。"立己达人"，出自"己欲立而立人，己欲达而达人"，意思是自己想成功首先要让别人成功，自己想被别人理解，首先要理解别人。"仁爱共济、立己达人"是以妥善处理人与人、人与自然、人与社会的关系为出发点，也是道德建设的终极目标。

在教育教学活动中，我们可以通过"一示范、三融入"对大学生进行社会关爱教育。

1. 学校及教师要做好社会关爱的示范

一个人只有体会到了爱，才能真正地懂得爱，然后才知道去爱别人。学校应该在不影响自身教育教学活动的情况下，积极参与社会活动，关注社会弱势群体；要以学生为本，对那些在经济上较为贫困、在学业上相对落后、在生活中遇到困难的"特殊学生"更加关注、倍加爱护。教师一方面要以严谨治学的态度和高度的责任感以身示范，以对知识的执着追求和对教师职业的热爱来感染学生，另一方面要平等地对待每位学生，尊重爱护每位学生，让学生在集体中体会到爱。

2. 在教育教学中要做到"三融入"，即"融入课程、融入文化、融入实践"

第一，融入课程。教学是学校工作的中心，是学生接受教育的主要途径。对大学生开展社会关爱教育，课堂教学是主渠道。在已有的德育课和思想政治理论课的基础上，我们可以开设专门的社会关爱课程，讲解社会关爱的含义及意义，介绍传统文化中的社会关爱思想，分析社会关爱行动。同时，我们可以挖掘各门课程的社会关爱思想，将社会关爱思想融入其他各门课程的教学中，达到共同对学生进行社会关爱教育的目的。第二，融入校园文化。把社会关爱所倡导的价值观植入校园公益广告、校园报刊广播、校园网络以及队日、团日、班会中，组织社会爱心人士、慈善家、公益团体进校园做讲座、宣讲，使学生们在浓郁的校园文化氛围中受到熏陶，自觉地接受社会关爱教育。第三，融入实践。组织大学生参观爱国主义教育基地、博物馆、纪念馆、国家重大工程、各行各业建设成就，组织大学生参加力所能及的包括环保、助老、扶残的爱心公益活动和志愿服务活动，通过社会实践活动将社会关爱理念植入学生们的心中。

### (三)通过"三结合"完善大学生人格修养

大学阶段是人生重要而关键的阶段，也是大学生人格发展、完善的最佳时期。要担当和完成对社会、对国家的使命，必须有完善和高尚的人格。"正心笃志、崇德弘毅"是传统文化中完美理想人格的追求。"正心"是使人心纯正，端正心智，心态平和，心无旁骛，有效调节和驾驭情感带来的消极因素；"笃志"就是专心一志，立志不变；"崇德"就是崇尚美德；"弘毅"出自"士不可以不弘毅，任重而道远"，是宽宏坚毅的意思。教育教学活动中，应该以"正心笃志、崇德弘毅"为重点，通过"三结合"完善大学生的人格修养。

1. 引导大学生把自己的理想信念与国家的现实需要相结合

于建福和于超(2014)认为，在"正心笃志、崇德弘毅"中，笃志起着承上启下的作用。笃志在某种程度上已隐含着"正心"和"崇德""弘毅"的内涵，同时，"正心""崇德""弘毅"也分别为笃志的达成奠定了基础、指引了方向。苏格拉底曾说，"世界上最快乐的事，莫过于为理想而奋斗。"作为国家和社会未来建设的生力军，大学生更应该有远大的理想。习近平多次寄语青年学生："历史和现实告诉我们，青年一代有理想、有担当，国家就有前途，民族就有希望，实现中华民族伟大复兴就有源源不断的强大力量。"在教育教学过程中，我们应该引导大学生找准自己的定位，帮助大学生弄清楚自己能做什么，最想做什么，而且还要让他们认识到我们国家和社会需要什么。大学生应该把自己的理想信念与国家的现实需要紧密结合，在中华民族伟大复兴的征程中实现自己人生的价值。

2. 理论滋润、环境熏陶与实践锤炼相结合

第一，我们可以开设大学生人格修养课程，也可以把人格修养的理念融合到其他课程，给大学生介绍国学中的人格修养的名人及其思想，讲解人格修养的方法策略，为大学生人格修养提供有益的理论指导和帮助。第二，进行榜样教育。"动人以言者"，可能"其感不深"。但是，好的榜样是最好的引导，好的楷模是最好的说服。2017 年在高考招生中有一些不"普通"的新生。例如，以 648 分的高分被清华大学录取的身残志坚的魏祥；用盲文试卷参加高考，最终以高出省理科重点线 88 分的成绩被东北师范大学录取的盲人王宠；患有脑瘫凭借自己的努力以理科 541 分的成绩被安徽财经大学录取的许敏。用身边这些鲜活的榜样教育大学生，往往能起到春风化雨、润物无声的效果。第三，学生在实践中去锤炼，才能使思想理论真正内化为人格。要结合学生的实际情况进行针对性的教育，有的学生身处逆境，我们鼓励他战胜苦难；有的学生身处顺境，我们要搭建平台，磨炼他们的意志。例如，引导他们响应国家号召，到祖国最需要、最艰苦的地方锻炼自己。

3. 外部引导与内部自省相结合

人格修养教育需要外部的积极引导、良好环境的有益熏陶，但人格修养的提升又不单纯是外部影响作用的结果，还需要个人内求自省。大学生

有着较丰富的知识和敏锐的思维，人格修养上要"见贤思齐焉，见不贤而内自省也。"(《论语·里仁》)，要认真反省自身的弱点和不足，正确认识自我，才能逐步形成时代需要的价值观和优良品质，才能成为人格健全、灵魂高尚、意志坚定、具有强烈使命感和责任感的新一代大学生。


## 第四节　以我国社会主流文化塑造大学生的社会责任感


　　主流文化是指一个社会、一个国家在一定的历史阶段所倡导的、起着主要影响作用的文化。主流文化规范和引导着这个社会和国家文化体系内所有的文化形态和文化内容，并在文化体系中起主导作用。当前，我们国家倡导的是有中国特色的社会主义文化，这一文化无疑是我们社会的主流文化。党的十五大报告指出，"建设有中国特色社会主义的文化，就是以马克思主义为指导，以培育有理想、有道德、有文化、有纪律的公民为目标，发展面向现代化、面向世界、面向未来的，民族的科学的大众的社会主义文化。"当前，我国在发展有中国特色社会主义文化的过程中，出现了两个重要的词汇，即中国梦和社会主义核心价值观。中国梦成为中国走向未来的鲜明指引，成为激励中华儿女团结奋进、开辟未来的一面精神旗帜。社会主义核心价值观是中国特色社会主义在思想文化上的最鲜明的标识，体现了社会主义的价值本质。我们应该充分运用我国当代主流文化塑造大学生的社会责任感，即在马克思主义及其青年观的指导下，以中国梦为指引，用社会主义核心价观来统领，培养和增强大学生的社会责任感。

## 一、马克思主义及其青年观

### (一)马克思主义的内涵及其特征

马克思主义是关于全世界无产阶级和全人类彻底解放的学说。由马克思主义哲学、马克思主义政治经济学和科学社会主义三大部分组成，是马克思、恩格斯在批判地继承和吸收人类关于自然科学、哲学、社会科学优秀成果的基础上，于19世纪40年代创立的，并在实践中不断丰富、发展和完善的无产阶级思想的科学体系。马克思主义分为广义和狭义两个范畴。狭义的马克思主义是指马克思、恩格斯创立的基本理论、基本观点和学说的体系。广义的马克思主义不仅指马克思、恩格斯创立的基本观点理论和学说体系，也包括继承者们对它的运用和发展，包括列宁主义和中国化的马克思主义。中国化的马克思主义是指以毛泽东、邓小平、江泽民、胡锦涛、习近平等为主要代表的中国共产党人将马列主义与中国革命和中国社会主义建设的具体实际相结合，提出的系列思想、理论和学说。

马克思主义的根本特征是以实践为基础的科学性和革命性的统一。马克思主义的革命性集中地表现为彻底的批判精神，它不仅对资本主义制度进行批判，也对社会主义社会本身进行自我反思、自我审视。马克思主义的科学性在于它不带任何偏见，清除一切狭隘性和片面性的弊端，力求按照世界的本来面目去如实地认识世界，解释自然界和人类社会发展的规律，并根据对客观规律的认识去能动地改造世界。实践性是马克思主义的重要特点和理论品质，是贯穿于马克思主义的一条中心线索。马克思主义的革命性和科学性都是以实践为基础的。马克思主义不是抽象的理论教条与枯燥的概念，是基于实践的，是随着实践的变化而不断发展着，并不断指导解决实践中的问题。就像恩格斯所说，马克思主义不是教条，而是行动的指南。

（二）马克思主义的青年观

马克思主义青年观是指马克思、恩格斯及其继承者关于青年及青年工作的认识和基本观点，包括他们在各自的时代对青年的历史地位、社会作用以及如何开展青年工作做出的具体论述。

马克思、恩格斯深刻认识到青年在社会进步与历史发展过程中的重要地位和作用，强调要高度重视对青年的争取、组织和培养。1866 年，马克思在《临时中央委员会就若干问题给代表的指示》中指出，"最先进的工人完全了解，他们阶级的未来，从而也是人类的未来，完全取决于正在成长的工人一代的教育"。1845 年 9 月，在分析德国工人运动时，恩格斯在《最近发生的莱比锡大屠杀——德国工人运动》一文中指出："实现这一变革的将是德国的青年。但是这种青年不应该在资产阶级中去寻找。德国的革命行动将从我们的工人当中开始"。1893 年，在《致国际社会主义者大学生代表大会》的信中他又写道："希望你们的努力将使大学生们意识到，正是应该从他们的行列中产生出这样一种脑力劳动无产阶级，他们负有同从事体力劳动的工人兄弟在一个队伍里肩并肩地战斗的使命，并且在即将来临的革命中发挥重要作用。"

列宁在创建布尔什维克党并领导俄国无产阶级革命过程中，继承和发展了马克思、恩格斯的青年观，从多个方面对青年及青年工作做出深刻阐释。1903 年，列宁在《革命青年的任务》中指出："在文明国家里，没有一个政党会不了解尽可能广泛地和尽可能牢固地建立起来的学生会和工会的巨大益处，但是任何一个政党都力求在这些团体中扩大自己的影响。"列宁认为，在社会主义建设时期更要发挥青年的作用，依靠青年。1920 年 10 月，列宁在《青年团的任务》中指出："从某种意义上可以说，真正建立共产主义社会的任务正是要由青年来担负。""不吸收全体工农青年参加共产主义建设，你们就不能建成共产主义社会。"

我们国家历代领导人都高度重视青年及青年工作，他们立足中国革命和中国社会主义建设的实际，继承和发展了马克思主义青年观。1957年11月毛泽东在莫斯科大礼堂接见中国留苏学生时寄语青年人，"世界是你们的，也是我们的，但是归根结底是你们的。你们青年人朝气蓬勃，正在兴旺时期，好像早晨八九点钟的太阳。希望寄托在你们身上。"面对十年浩劫后科技队伍青黄不接的状况，邓小平疾呼加速培养年青一代科技人才。他在全国科学大会开幕式上指出，"科学的未来在于青年。青年一代的成长，正是我们事业必定要兴旺发达的希望所在。"1998年6月，江泽民在同团中央新一届领导成员和团十四大部分代表座谈时指出，"从一定意义上讲，青年兴则国家兴，青年强则国家强，青年有希望，未来的发展就有希望。"2012年5月，胡锦涛在纪念中国共产主义青年团成立90周年大会上讲话时指出，"当代青年是无比幸运的一代，又是责任重大的一代。"

十八大以来，习近平总书记多次和青年人进行座谈讲话，或是给青年人回信，多次寄语青年学生，"历史和现实告诉我们，青年一代有理想、有担当，国家就有前途，民族就有希望，实现中华民族伟大复兴就有源源不断的强大力量。""广大青年要勇敢肩负起时代赋予的重任，志存高远，脚踏实地，努力在实现中华民族伟大复兴的中国梦的生动实践中放飞青春梦想。"

(三)以马克思主义青年观指导大学生社会责任感的培养

马克思主义青年观是辩证唯物主义与历史唯物主义在青年和青年工作领域中的具体运用与发展，是马克思主义关于青年与青年工作的根本立场、观点和方法的总和，是马克思主义科学理论的重要组成部分。马克思主义青年观为我们认识青年和做好青年工作指出了方向，并提供了方法论的指导。我们培养大学生的社会责任感,应该以马克思主义及其青年观为指导。具体应做到以下几个方面。

第一,培养大学生社会责任感要遵循实践性原则。马克思主义经典论著中一再强调,要在社会存在中认识青年。马克思主义青年观都是根据他们所处的时代背景和社会实践而提出的。我们培养大学生的社会责任感要立足我们当前国家和社会的实际,引导大学生深刻认识自己在社会群体中地位和作用,从社会主义事业的前途、国家和民族命运的高度,认清形势,充分认识自己肩负的历史使命和社会责任。同时,我们搭建平台,鼓励大学生积极投身社会实践活动,在社会实践中打磨和锻炼,用实际行动强化当代大学生的社会责任。

第二,培养大学生社会责任感要遵循大学生身心发展的特点。马克思主义青年观充分地肯定青年在历史变革和社会建设中的重要作用。我们完全有理由相信,通过教育,大学生能够认识并承担自己的社会责任。同时,我们要认识到大学生的身心特点,有针对性地开展教育。列宁说,青年人"血气方刚,热情奔放,正在探索途中";毛泽东概括青年的特点为"英勇积极,谋事不足",并且教育我们,"要照顾青年的特点";江泽民也指出"对待青年既要热情关怀,又要严格要求"。因此我们培养大学生的社会责任感既要充满信心,又要有足够的耐心。

第三,培养大学生社会责任感要遵循主体性原则。主体性原则就是重视并发挥主体在实践和认识活动中的地位和作用。马克思高度重视人的主体性,并对人的主体性进行了深入的研究。在此基础上,马克思深刻地认识到青年在社会变革的历史进程中的重要地位和作用。人的主体性是人承担责任的前提。培养大学生的社会责任感,要重视大学生的主体性。大学生只有在认识到自己的存在,懂得生命的价值,意识到自己使命的前提下,才能自觉肩负责任(丁晖,2012)。苏霍姆林斯基曾说:"没有自我教育，就没有真正的教育"。我们要引导大学生多方面、多角度认识自己、了解自己、反省自己，不断地发展和完善自我。把外在的社会责任感培养内化为自我意识、自我行动。

## 二、以中国梦指引大学生社会责任感培养的方向

### （一）中国梦及其社会责任底蕴

2012 年 11 月 29 日，习近平总书记参观《复兴之路》展览后指出："实现中华民族伟大复兴，就是中华民族近代以来最伟大的梦想。"中华民族伟大复兴的中国梦一经提出，就在社会上引起了强烈的反响，产生了强大的号召力和感染力。同时，习总书记指出，"中国梦的本质是国家富强、民族振兴、人民幸福"，这个梦想把国家的追求、民族的向往、人民的期盼融为一体，体现了中华民族和中国人民的整体利益，表达了每一个中华儿女的共同愿景。实现中国梦，意味着中国经济实力和综合国力、国际地位和国际影响力大大提升，意味着中华民族以更加昂扬向上、文明开放的姿态屹立于世界民族之林，意味着中国人民过上更加幸福安康的生活。

中国梦是一种萌生于现实基础上的宏大理想追求。中国梦历经艰辛，经受了血与火的洗礼；中国梦印刻着中国的屈辱和自尊；中国梦承载着整个民族伟大复兴的意愿。在 1840 年鸦片战争后 100 多年的时间里，国家被侵略，民族受辱，人民生活在水深火热当中。但中华民族是一个不屈的民族，一些仁人志士心怀梦想，开始思考祖国富强之路，寻找民族独立和解放、国家富强和人民富裕之路。以魏源为代表的开明地主阶级提出"师夷之长技以制夷"；以曾国藩、李鸿章等为代表的洋务派人士主张通过引进西方先进技术实现富国强兵；以康有为、梁启超为代表的维新派主张"变法图强"；以孙中山为代表的民族资产阶级提出"驱除鞑虏、恢复中华"；1921 年，中国共产党成立，以建设"独立、自由、民主、统一和富强"的新

国家为己任。以毛泽东为代表的中国共产党人在经历千难万险之后，建立了独立自主的中华人民共和国，完成了新民主主义革命，成功实现了中国历史上最深刻、最伟大的社会变革。1979 年，以邓小平同志为核心的第二代领导集体，确立了中国特色社会主义的发展道路。进入新时期，以江泽民同志为核心的第三代领导集体和以胡锦涛同志为核心的第四代中央领导集体，进一步坚持和发展了中国特色社会主义。当前，以习近平总书记为核心的新一代中央领导集体正带领全国人民继续在中国特色社会主义道路上为实现中国梦而奋斗。经过几代中国共产党人和中国人民的艰辛和努力，现在我国经济实力、综合国力大大增强，人民生活显著改善，实现了从温饱不足到总体小康再向全面小康迈进的跨越，国际地位和国家影响力空前提升。现在正如习总书记指出的："我们比历史上任何时期都更接近中华民族伟大复兴的目标，比历史上任何时期都更有信心、有能力实现这个目标。"

中国梦有着深厚的社会责任底蕴。中国梦，反映了近代以来一代又一代中国人的美好夙愿，进一步揭示了中华民族的历史命运和当代中国发展的走向，指明了全党全国各族人民共同的奋斗目标。实现中国梦需要每一个社会成员为之付出不懈的努力，我们每一个人都应为实现这一伟大梦想承担相应的责任。因为中国梦是国家的梦、民族的梦，也是每一个中国人的梦。我们每个人都是"梦之队"的一员，都是中国梦的参与者、书写者，我们应该同舟共济、齐心协力、奋勇向前。中国梦的广阔舞台，为个人梦想提供了蓬勃生长的空间，每个人向着梦想不断努力，又都是实现伟大中国梦的一分力量。只要每个人都把人生的理想融入国家和民族的伟大梦想之中，敢于有梦、勇于追梦、勤于圆梦，就汇聚成实现中国梦的强大力量。

（二）中国梦对大学生社会责任的要求

　　青年大学生具有较为丰富的知识，眼光敏锐，积极勤奋，求知创新，他们有能力承载着民族与国家的未来，他们不只是中国梦的见证者和受益的对象，作为青年中的精华，他们具有实现中国梦的潜能。习近平总书记曾指出，"中国梦是我们的，更是你们青年一代的。中华民族伟大复兴终将在广大青年的接力奋斗中变为现实"。中国梦理论命题的提出，必然对当代大学生的社会责任提出新的要求。

　　第一，大学生要勇于担当。青年的未来就是国家的未来，青年必须要担当国家的大业。作为青年中的优秀群体，大学生更是国家和民族未来社会责任的主要担当者。中国梦的实现必然是一个艰苦奋斗的过程，需要我们每个人，特别是青年大学生的不懈努力。大学生应当强化责任意识和担当意识，把个人前途和发展与中国梦联系起来，把个人人生出彩与国家富强联系起来，与时代共发展、与社会同进步，彰显新时期大学生的精神风貌和责任担当，把自己的热情、激情、活力投身于中国特色社会主义事业中，才能让青春焕发出绚丽的光彩，唯有义不容辞地承担起历史所赋予的使命，才能让自己的青春在中华民族伟大复兴的征程中焕发出耀眼的光辉。

　　第二，大学生要掌握过硬的本领。"空谈误国，实干兴邦"，中国梦的实现需要大批踏实肯干的高素质青年人才。习近平总书记曾说过，"青年的素质和本领直接影响着实现中国梦的进程。"大学生要服务社会，为实现中国梦贡献力量，首先必须练就过硬的本领。对于大学生来说，主要的任务就是学习，要增强学习的紧迫感，要如饥似渴地学习，把学习作为一种责任、一种精神追求、一种生活方式。学习主要包括两个方面：一要向书本学习。要集中精力，刻苦钻研学习前人给我们积累的经典的科学文化知识，同时要不断地更新知识，努力汲取反映当代世界发展的各类新知识。二要向实践学习。实践是练就本领的重要途径。深入实践，我们可以检验知识，运用知识，掌握技能；可以丰富阅历，积累经验，提升实践能力；可以了解国情民情，增进自身的爱国情操；可以锻炼自己的意志和顽强拼搏的精神。

第三，大学生要锤炼坚强的意志。成就任何一种事业，都要付出努力和艰辛。近代以来，中华民族的伟大复兴的梦想经历了百年沧桑，历代先辈们为实现这一梦想不知经历了多少艰难困苦，付出了多少血和泪。虽然说先辈为我们打好了基础，我们现在比任何时期都更接近这一梦想，但距离最终实现这一梦想，仍然任重而道远，仍然需要几代人、十几代人甚至几十代人坚持不懈的奋斗。在实现这一伟大梦想过程中肯定不会一帆风顺，会有坎坷，甚至有挫折，这就需要我们有坚强的意志。作为未来实现中国梦的中坚力量，青年大学生需要锤炼坚强的意志才能在实现中国梦的伟大征程中持续地贡献自己的力量。

## 三、以社会主义核心价值观具体化大学生社会责任感的内容

### （一）社会主义核心价值观的内涵

任何一个社会都会存在多种多样的价值观念和价值取向，但是，要凝聚全社会意志和力量，必须有一套与经济基础和政治制度相适应并能形成广泛社会共识的核心价值观。核心价值观在一定社会中起着中轴作用，是决定文化性质和方向的最深层次要素，是一个国家的重要稳定器。如果没有共同的核心价值观，一个国家、一个民族就会魂无定所、行无依归。当前，我们国家、我们民族应该坚守社会主义核心价值观，即富强、民主、文明、和谐，自由、平等、公正、法治，爱国、敬业、诚信、友善。

"富强、民主、文明、和谐"是我国社会主义现代化国家的建设目标，

是从国家层面对社会主义核心价值观基本理念的凝练，在社会主义核心价值观中居最高层次，对其他层次的价值理念具有统领作用。"自由、平等、公正、法治"是对美好社会的生动表述，是从社会层面对社会主义核心价值观基本理念的凝练。它反映了中国特色社会主义的基本属性，是我们党矢志不渝、长期实践的核心价值理念。"爱国、敬业、诚信、友善"是公民基本道德规范，是从个人行为层面对社会主义核心价值观基本理念的凝练。它覆盖社会道德生活的各个领域，是公民必须恪守的基本道德准则，也是评价公民道德行为的基本价值标准。

社会主义核心价值观把涉及国家、社会、公民三个层面的价值要求融为一体，深入回答了我们要建设什么样的国家、建设什么样的社会、培育什么样的公民等重要问题。社会主义核心价值观体现着社会主义的价值本质，指导着社会主义的奋斗目标和前进方向，贯穿并渗透于社会主义伟大实践之中，是社会主义核心价值体系的内核，是社会主义制度的灵魂。

### (二)以社会主义核心价值观为核心的大学生社会责任感的内涵

社会主义核心价值观明确了国家、社会和个人三个层面的价值追求，要求大学生社会责任感的培养也必须从国家责任、社会责任、个体责任三个维度出发，正确处理好个人发展与国家需求、个人价值与社会价值的关系，以实现两者的有机统一。

依据社会主义核心价值观，大学生社会责任感的基本内容也包括三个方面。一是对国家和民族的责任感。对国家、民族的责任是指一个人对祖国的繁荣和进步、民族的兴盛和强大、国家的生存和发展所承担的职责与使命。二是对社会的责任感，主要表现为对他人和集体的责任感。个人对他人的责任最基本的要求是关心他人，相互尊重，乐于助人，信守承诺，和谐友爱等。个体对集体的责任集中表现在如何正确对待及处理个体利益与集体利益的关系这一问题上。三是对自身的责任，具体指珍惜自己的生命，关心自己的身心健康，有明确的奋斗目标和人生追求；努力学习，提高自身修养，积极追求有价值的人生；对自己的言行负责并履行自己的义务，提升自己的人生境界等。其中，个体责任感的养成是养成对他人、社会、国家的责任感的前提和基础。如果无法对自身的生存和发展承担起责任，也就不可能对社会、对国家承担相应的责任和履行相应的义务。个人对国家、对社会责任的履行是个体责任追求的重要目标，也是实现个体发展、个人价值的重要保障。

总之，以社会主义核心价值观为指导的大学生社会责任感的内涵是：大学生以国家的富强、民主、文明、和谐为奋斗目标，以社会的自由、平等、公正、法治为价值导向，以爱国、敬业、诚信、友善为行为准则，不断努力，积极为建设中国特色社会主义贡献力量的自觉意识和情感体验。社会主义核心价值观为指导的大学生社会责任感反映了社会主义基本的、长期稳定的社会关系，这是大学生所应该追求的价值观。

**(三)以社会主义核心价值观为标准激励大学生社会责任感的形成**

社会主义核心价值观包含的国家层面的价值目标、社会层面的价值准则和个人层面的价值行为要求，在整个社会取得广泛共识，是全社会都应该遵守的道德准则和价值标准，更是当代大学生社会责任感中所应具备的核心内容和行为准则。我们应该以社会主义核心价值观为标准来衡量和激励大学生社会责任感的形成(张丹凤，2016)。

1. 以社会主义核心价值观为根本价值导向

社会主义核心价值观是马克思主义中国化的一大重要理论成果，它所提倡的"三个层面"的价值追求为全社会在全面建成小康社会、推进社会主义现代化建设和实现中国梦的伟大行动中提供了价值观方面的引领。同时，社会主义核心价值观也为大学生社会责任感的培养提供了新的理论指导和丰富的理论资源。社会主义核心价值观明确了国家、社会和个人三个方面的价值追求，为大学生正确地处理个人与国家、个人与社会的关系提供了理论上的指导，是培养大学生社会责任感的"方向盘"和"指南针"。因此，在高校应该加强大学生对社会主义核心价值观的学习和实践，让学生用社会主义核心价值观的理论来武装自己，把社会主义核心价值观的理论与自己的学习生活相结合，明确自己肩上承担的社会责任，尽自己最大的努力为国家、社会的发展，为中华民族的伟大复兴做出自己的贡献。

2. 以践行社会主义核心价值观为根本途径

我国高校是社会主义性质的，高校培养的是社会主义的高级专门人才，我们应当用社会主义的意识形态武装大学生。社会主义核心价值观是社会主义的精神内涵，高校是践行社会主义核心价值观的重要阵地，因此培养大学生社会责任感是践行社会核心价值观的重要途径。

践行社会主义核心价值观就是要求把所倡导的"三个层面"的价值追求和价值准则转变为个体的社会责任，并通过学习和实践不断增强这种社会责任感，使之成为大学生的自觉行为。社会主义核心价值观包含了大学生社会责任感中的所有基本责任要求。大学生在践行核心价值观的同时，社会责任感得到激发，责任意识得到增强。大学生的自我责任感以及对他人、社会、国家的责任感不断得到认同和强化。核心价值观的践行最终转变成为大学生的主要社会责任感，不断内化于心，使大学生能够产生高度的行为自觉，这为培养大学生的社会责任感厘清了思路并提供了实践经验。

3. 以形成与内化社会主义核心价值观为最终目标

社会主义核心价值观从国家、社会、个人三个方面提出了价值要求，承载着我们国家和民族的共同精神追求，体现了我们这个社会评判是非的价值标准。我们对大学生社会责任感培养的评估标准，理应以社会主义核心价值观作为重要的理论依据和评判标准。

　　舒刚（2014）认为，社会主义核心价值观是一个政治标准。任何一个核心价值观都有其政治的含义，都反映一定社会的政治观念。社会主义核心价值观体现的是中国特色社会主义的政治和价值要求，这决定着我们培养的大学生社会责任感具有中国特色社会主义的质的规定性，以社会主义为方向。社会主义核心价值观又是一个道德标准。社会主义核心价值观传承了中华传统美德，包含了中国共产党带领人民在革命、建设、改革进程中所积累的优良道德，也吸收了社会主义市场经济建设中所形成的崭新道德。社会主义核心价值观第三个层面给我们个人提出了爱国、敬业、诚信、友善的价值要求，我们应该以此标准制定具体的大学生社会责任感评价体系，以评价大学生社会责任感的培养效果。

# 参考文献

Abedini, Y. , Zamani, B. E. , Kheradmand, A. & Rajabizadeh, G. 2012. Impacts of mothers' occupation status and parenting styles on levels of self-control, addiction to computer games, and educational progress of adolescents[J]. European Psychiatry, 4(3-4): 102-110.

Aberson, C. L. , Healy, M. & Romero, V. 2000. Ingroup bias and self-esteem: A meta-analysis[J]. Personality and Social Psychology Review, 4(2): 157-173.

Ader, J. A. 1997. Relationship among responsibility, self-esteem and performance in school: A study of college students (Unpublished master's thesis). Angelo State University, Ann Arbor.

Adler, N. E. , Epel, E. S. , Castellazzo, G. & Ickovics, J. R. 2000. Relationship of subjective and objective social status with psychological and physiological functioning: Preliminary data in healthy white women[J]. Health Psychology. Official Journal of the Division of Health Psychology American Psychological Association, 19(6): 586-592.

Ambrose, M. L. , Seabright, M. A. & Schminke, M. 2002. Sabotage in the workplace: The role of organizational injustice [J]. Organizational behavior and human decision processes, 89(1): 947-965.

Argyle, M. 1994. The psychology of social class[M]. London: Psychology Press.

Aron, A. , Aron, E. N. & Smollan, D. 1992. Inclusion of other in the self scale and the structure of interpersonal closeness [J]. Journal of Personality and Social Psychology, 63(4): 596-612.

Asbury, K. , Dunn, J. F. , Pike, A. & Plomin, R. 2003. Nonshared environmental influences on individual differences in early behavioral development: A monozygotic twin differences study [J]. Child Development, 74(3):933-943.

Balconi, M. & Canavesio, Y. 2013. Prosocial attitudes and empathic behavior in emotional positive versus negative situations: Brain response (ERPs) and source localization (LORETA) analysis[J]. Cognitive Processing, 14 (1):63-72.

Baumeister, R. F. , Vohs, K. D. & Tice, D. M. 2007. The strength model of self-control[J]. Current Directions in Psychological Science, 16 (6): 351-355.

Baumgartner, T. , Heinrichs, M. A. , Fischbacher, U. & Fehr, E. 2008. Oxytocin shapes the neural circuitry of trust and trust adaptation in humans[J]. Neuron, 58(4):639-650.

Bègue, L. , Charmoillaux, M. , Cochet, J. , Cury, C. & Suremain, F. D. 2008. Altruistic behavior and the bidimensional just world belief [J]. The American Journal of Psychology, 121(1):47-56.

Berman, S. 1997. Children's social consciousness and the development of social responsibility[M]. New York: SUNY Press.

Berman, S. G. & La Farge, P. 1993. Promising practices in teaching social responsibility[M]. New York: SUNY Press.

Bolin, J. H. 2014. Review of introduction to mediation, moderation, and conditional process analysis: A regression-based approach[J]. Journal of Educational Measurement, 51(3):335-337.

Britt, T. W. 1999. Engaging the self in the field: Testing the triangle model of responsibility[J]. Personality and Social Psychology Bulletin, 25(6):696-706.

Brown, P. , Power, S. , Tholen, G. & Allouch, A. 2016. Credentials, talent and cultural capita: A comparative study of educational elites in England and France[J]. British Journal of Sociology of Education, 37(2): 191-211.

Canevello, A. & Crocker, J. 2010. Creating good relationships: Responsiveness, relationship quality, and interpersonal goals[J]. Journal of Personality and Social Psychology, 99(1):78-106.

Carbonero, M. A. , Martín-Antón, L. J. , Monsalvo, E. & Valdivieso,

J. A. 2015. School performance and personal attitudes and social responsibility in preadolescent students[J]. Annals of Psychology, 31 (3):990-999.

Chen, E. & Paterson, L. Q. 2006. Neighborhood, family, and subjective socioeconomic status: How do they relate to adolescent health [J]. Health Psychology,25(6):704-714.

Cheng,W. Y. & Lam,S. F. 2007. Self-construal and social comparison effects [J]. British Journal of Educational Psychology,77(1):197-211.

Cheung, C. K. , Lo, T. W. & Liu, S. C. 2015. Sustaining social trust and volunteer role identity reciprocally over time in pre-adult,adult,and older volunteers[J]. Journal of Social Service Research,(1):1-14.

Chow, R. M. & Lowery, B. S. 2010. Thanks, but no thanks: The role of personal responsibility in the experience of gratitude[J]. Journal of Experimental Social Psychology,46(3):487-493.

Cohen,J. 1988. Statistical Power Analysis for the Behavioral Sciences[M]. Psychology Press. Hillsdale: Lawrence Erlbaum Associates Inc.

Cojuharenco, I. ,Cornelissen, G. & Karelaia, N. 2016. "Yes, we can!": Self-construal,perceived ability to make a difference,and socially responsible behavior[J]. Journal of Environmental Psychology,48:75-86.

Correia,I. & Dalbert,C. 2008. School bullying:Belief in a personal just world of bullies, victims, and defenders[J]. European Psychologist, 13 (4): 248-254.

Costa,P. T. & Mccrea,R. B. 2011. Revised NEO personality inventory (NEO PI-R) and NEO five-factor inventory (NEO-FFI)[M]. Springer New York.

Crocker,J. & Luhtanen,R. 1990. Collective self-esteem and ingroup bias[J]. Journal of Personality and Social Psychology,58(1):60-67.

Dalbert,C. 1999. The world is more just for me than generally:About the personal belief in a just world scale's validity [J]. Social Justice Research,12(2):79-98.

Darling,N. & Steinberg,L. 1993. Parenting style as context: An integrative model[J]. Psychological Bulletin, 113(3):487-496.

Davis,M. H. 1983. Measuring individual differences in empathy:Evidence for a multidimensional approach [J]. Journal of Personality & Social Psychology,44(1):113-126.

De Dreu, C. K., Greer, L. L., Van Kleef, G. A., Shalvi, S. & Handgraaf, M. J. 2011. Oxytocin promotes human ethnocentrism[J]. Proceedings of the National Academy of Sciences of the United States of America,108 (4):1262-1266.

De Vignemont, F. & Singer, T. 2006. The empathic brain: How when and why[J]. Trends in Cognitive Sciences, 10(10):435-441.

Delve, C. I., Mintz, S. D. & Stewart, G. M. 1990. Promoting values development through community service: A design[J]. New Directions for Student Services,(50):7-29.

Demakakos, P., Nazroo, J., Breeze, E. & Marmot, M. 2008. Socioeconomic status and health: The role of subjective social status[J]. Social Science & Medicine,67(2):330-340.

Destin, M., Richman, S., Varner, F. & Mandara, J. 2012. "Feeling" hierarchy: The pathway from subjective social status to achievement[J]. Journal of Adolescence,35(6):1571-1579.

DeWall, C. N., Baumeister, R. F., Gailliot, M. T. & Maner, J. K. 2008. Depletion makes the heart grow less helpful: Helping as a function of self-regulatory energy and genetic relatedness[J]. Personality and Social Psychology Bulletin,34(12):1653-1662.

Domhoff,G. W. 1998. Who rules America:Power and politics in the year 2000 [M]. McGraw-Hill Humanities, Social Sciences & World Languages.

Doorn,N. & Kroesen,J. O. 2013. Using and developing role plays in teaching aimed at preparing for social responsibility[J]. Science & Engineering Ethics,19(4):1513-1527.

Dubas, J. S., Gerris, J. R., Janssens, J. M. & Vermulst, A. A. 2002. Personality types of adolescents: concurrent correlates,antecedents,and type X parenting interactions[J]. Journal of Adolescence,25(1):79-92.

Duckworth, A. L. & Kern, M. L. 2011. A Meta-analysis of the convergent validity of self-control measures[J]. Journal of Research in Personality, 45(3):259-268.

Eagly,A. H. 2009. The his and hers of prosocial behavior: An examination of

the social psychology of gender[J]. American Psychologist, 64 (8):
644-658.

Edlund, J. E., Sagarin, B. J. & Johnson, B. S. 2007. Reciprocity and the belief
in a just world[J]. Personality and Individual Differences, 43 (3):
589-596.

Ehrlich Thomas. 2000. Civic Responsibility and Higher Education[M].
American Council on Education/Oryx Press Series on Higher Education.

Ehteram, Dehnavi. & Li, Tsingan. 2016. Study on interdependent and
independent self-construal and three kind of responsibility with subject
well-being in Iranian adolescents[J]. Report and Opinion. 8(10):9-15.

Eisenberg, N., Wolchik, S. A., Goldberg, L. & Engel, I. 1992. Parental
values, reinforcement, and young children's prosocial behavior: A
longitudinal study[J]. Journal of Genetic Psychology,153(1):19-36.

Faircloth, B. S. & Hamm, J. V. 2005. Sense of belonging among high school
students representing 4 ethnic groups [J]. Journal of Youth and
Adolescence,34(4):293-309.

Flanagan, C. A., Cumsille, P., Gill, S. & Gallay, L. S. 2007. School and
community climates and civic commitments: Patterns for ethnic minority
and majority students[J]. Journal of Educational Psychology, 99 (2):
421-431.

Fuligni, A. J., Tseng, V. & Lam, M. 1999. Attitudes toward family
obligations among American adolescents with Asian, Iatin American, and
European backgrounds[J]. Child Development,70(4):1030-1044.

Funder, D. C. & Block, J. 1989. The role of ego-control, ego-resiliency, and IQ
in delay of gratification in adolescence[J]. Journal of Personality &
Social Psychology,57(6):1041-1050.

Garbarino, J. 2008. Children and families in communities: Theory, research,
policy and practice[J]. Journal of Child Psychology & Psychiatry, 49
(6):686-687.

Gilligan, C. 1982. In a different voice: Psychological theory and women's
development[M]. Harvard University Press, Cambridge Massachusetts,
24-39.

Gladstein, G. A. 1983. Understanding empathy: Integrating counseling, developmental, and social psychology perspectives [J]. Journal of Counseling Psychology,30(4):467-482.

Goodman, E. , Adler, N. E. , Daniels, S. R. , Morrison, J. A. , Slap, G. B. & Dolan, L. M. 2003. Impact of objective and subjective social status on obesity in a biracial cohort of adolescents[J]. Obesity Research, 11(8): 1018-1026.

Gottfredson, M. R. & Hirschi, T. 1990. A General Theory of Crime[M]. Stanford University Press.

Gutiérrez, S. M. , Escartí, C. A. & Pascual, B. C. 2011. Relationships among empathy, prosocial behavior, aggressiveness, self-efficacy and pupils' personal and social responsibility[J]. Psicothema,23(1):13-19.

Hafer, C. L. , Correy, B. L. 1999. Mediators of the Relation Between Beliefs in a Just World and Emotional Responses to Negative Outcomes[J]. Social Justice Research,12(3):189-204.

Hagger, M. S. , Wood, C. , Stiff, C. & Chatzisarantis, N. L. 2010. Ego depletion and the strength model of self-control: A meta-analysis[J]. Psychological Bulletin,136(4):495-525.

Halabi, S. , Statman, Y. & Dovidio, J. F. 2015. Attributions of responsibility and punishment for ingroup and outgroup members: The role of just world beliefs [J]. Group Processes & Intergroup Relations, 18 (1): 104-115.

Hayes, A. F. 2013. Introduction to mediation, moderation, and conditional process analysis: A regression-based approach [J]. Journal of Educational Measurement,51(3):335-337.

Heintzelman, S. J. & Bacon, P. L. 2015. Relational self-construal moderates the effect of social support on life satisfaction [J]. Personality & Individual Differences,73:72-77.

Hitokoto, H. , Glazer, J. & Kitayama, S. 2016. Cultural shaping of neural responses:Feedback related potentials vary with self-construal and face priming[J]. Psychophysiology,53(1):52-63.

Huang, S. , Hou, J. , Sun, L. , Dou, D. , Liu, X. & Zhang, H. 2017. The effects of objective and subjective socioeconomic status on subjective well-being among rural-to-urban migrants in China:The moderating role of subjective social mobility[J]. Frontiers in Psychology,8.

Huang,Y. & Wang,L. 2010. Sex differences in framing effects across task domain[J]. Personality & Individual Differences,48(5):649-653.

Hui,W. S. S. ,Hun,L. S. W. & Quinlan,K. M. 2016. Integrity in and beyond contemporary higher education: What does it mean to university students? [J]Frontiers in Psychology,7:1094.

Huston,A. C. & Bentley,A. C. 2010. Human development in societal context [J]. Annual Review of Psychology, 61(61):411-437.

Isen,A. M. 2009. A role for neuropsychology in understanding the facilitating influence of positive affect on social behavior and cognitive processes [M]. The Oxford Handbook of Positive Psychology (2. Ed. ),Edited by Shane,J. Lopez and C. R. Snyder.

Isen,A. M. ,Daubman,K. A. & Nowicki,G. P. 1987. Positive affect facilitates creative problem solving [J]. Journal of Personality and Social Psychology,52:1122-1131.

Jaime-Castillo,A. M. & MarquéS-Perales,I. 2014. Beliefs about social fluidity and preferences for social policies[J]. Journal of Social Policy, 43: 615-633.

Jetten,J. ,Branscombe,N. R. ,Haslam,S. A. ,Haslam,C. et al. 2015. Having a lot of a good thing:Multiple important group memberships as a source of self-esteem[DB]. PLoS ONE,10(5):e0124609.

Jin,L. 2016. Migration,relative deprivation, and psychological well-being in China[J]. American Behavioral Scientist,60(5-6):750-770.

John,O. P. ,Donahue,E. M. & Kentle,R. L. 1991. The big-five inventory[J]. University of California Berkeley, 18(5):367-385.

Jost,J. T. ,Chaikalis-Petritsis,V. ,Ambrams,D. ,Sidanius,J. ,van der Toom, J. & Bratt,C. 2012. Why men (and women) do and don't rebel effects of system justification on willingness to protest[J]. Personality and Social Psychology Bulletin,38(2):197-208.

Kay,A. C. & Jost, J. T. 2003. Complementary justice: effects of "poor but happy" and "poor but honest" stereotype exemplars on system justification and implicit activation of the justice motive[J]. Journal of Personal and Social Psychology,85(5):823-837.

Kelley, S. M. C. & Kelly, C. G. E. 2009. Subjective social mobility: Data from 30 nations [M] // Haller, M. , Jowell, R. & Smith, T. W. Charting the Globe: The International Social Survey Programmer 1984-2009. London: New Brunswick.

Kennemer, K. N. 2002. Factors predicting social responsibility in college students ( Order No. 3044310 ) [DB]. Available from ProQuest Dissertations and Theses A&I: The Humanities and Social Sciences Collection.

King, R. B. & Jr, F. A. G. 2015. Does family obligation matter for students' motivation, engagement, and well-being: It depends on your self-construal [J]. Personality & Individual Differences, 86: 243-248.

Kochanska, G. & Aksan, N. 1995. Mother-child mutually positive affect, the quality of child compliance to requests and prohibitions, and maternal control as correlates of early internalization[J]. Child Development, 66 (1): 236-254.

Kochanska, G. , Coy, K. C. & Murray, K. T. 2001. The development of self-regulation in the first four years of life[J]. Child Development, 72(4): 1091-1111.

Kopp, C. B. 1982. Antecedents of self-regulation: A developmental perspective[J]. Developmental Psychology, 18(2): 199-214.

Kosfeld, M. , Heinrichs, M. , Zak, P. J. , Fischbacher, U. & Fehr, E. 2005. Oxytocin increases trust in humans[J]. Nature, 435(7042): 673-676.

Kraus M. W. Côté S. & Keltner D. 2010. Social class, contextualism, and empathic accuracy[J]. Psychological science 21(11): 1716-1723.

Kraus, M. W. , Piff, P. K. & Keltner, D. 2011. Social class as culture: The convergence of resources and rank in the social realm [J]. Current Directions in Psychological Science, 20(4): 246-250.

Kremen, A. M. & Block, J. 1998. The roots of ego-control in young adulthood: Links with parenting in early childhood [J]. Journal of personality and social psychology, 75(4): 1062.

Kuijer, R. , De, R. D. , Ouwehand, C. , Houx, B. & Van, D. B. R. 2008. Dieting as a case of behavioural decision making. Does self-control matter[J]. Appetite, 51(3): 506-511.

Lam, S. F. , Lau, Y. M. I. , Chiu, C. Y. & Hong, Y. Y. 1998. Hong kong adolescents' social identities and conceptualization of modernization[J]. Hong Kong Journal of Social Sciences, 11:83-99.

Lamborn, S. D. , Mounts, N. S. , Steinberg, L. & Dornbusch, S. M. 1991. Patterns of competence and adjustment among adolescents from authoritative, authoritarian, indulgent, and neglectful families[J]. Child development, 62(5):1049-1065.

Laurin, K. , Fitzsimons, G. M. & Kay, A. C. 2011. Social disadvantage and the self-regulatory function of justice beliefs[J]. Journal of Personality and Social Psychology, 100(1):149-171.

Lawrence, A. P. & Oliver, P. J. 1999. Handbook of personality: Theory and research (Second Edition)[M]. New York:Guilford Press.

Lee, R. B. , Baring, R. V. & Maria, M. A. S. 2016. Gender variations in the effects of number of organizational memberships, number of social networking sites, and grade-point average on global social responsibility in Filipino university students[J]. Europe Journal of Psychology, 12(1): 191-202.

Lee, S. M. , Daniels, M. H. & Kissinger, D. B. 2006. Parental influences on adolescent adjustment: Parenting styles versus parenting practices[J]. Family Journal. Counseling & Therapy for Couples & Families, 14(3): 253-259.

Lepron, E. , Causse, M. & Farrer, C. 2015. Responsibility and the sense of agency enhance empathy for pain[J]. Proceedings of the Royal Society of London B:Biological Sciences, 282(1799):20142288.

Lerner, M. J. 1965. Evaluation of performance as a function of performer's reward and attractiveness [J]. Journal of Personality and Social Psychology, 1(4):355-360.

Lerner, M. J. & Miller, D. T. 1978. Just world research and the attribution process:Looking back and ahead[J]. Psychological Bulletin, 85 (5): 1030-1051.

Lewis, R. S. , Goto, S. G. & Kong, L. L. 2008. Culture and context: East-Asian American and European American differences in p3 event-related potentials and self-construal [J]. Personality and Social Psychology

Bulletin,34(5):623-634.

Lind,E. A. & Tyler,T. R. 1989. The social psychology of procedural justice [J]. Critical Issues in Social Justice, 57(5):830-838.

Liying,C. 2011. A study on the relationship among children's interpersonal trust,achievement motive,and cooperative behavior tendency[J]. Journal of Psychological Science,3,019.

Lucas,J. R. 1993. Responsibility[M]. Oxford University:Clarendon Press.

Luhtanen, R. & Crocker, J. 1992. A collective self-esteem scale: Self-evaluation of one's social identity[J]. Personality and Social Psychology Bulletin,18(3):302-318.

Luthar,S. S. & Goldstein, A. S. 2008. Substance use and related behaviors among suburban late adolescents: The importance of perceived parent containment[J]. Development & Psychopathology,20(2):591-614.

Mackinnon,D. P. ,Lockwood, C. M. & Williams, J. 2004. Confidence Limits for the Indirect Effect: Distribution of the Product and Resampling Methods[J]. Multivariate Behavioral Research,39(1):99-128.

Mantler,J. ,Schellenberg, E. G. & Page, J. S. 2003. Attributions for serious illness: are controllability, responsibility and blame different constructs [J]. Canadian Journal of Behavioural Science,35(2):142-152.

Markus, H. R. & Kitayama, S. 1991. Cultural variation in the self-concept [M]//Jaine Strauss, George R. Goethals. The self: Interdisciplinary approaches. NewYork:Springes Verlag.

Martel, J. , Mckelvie, S. J. & Standing, L. 1987. Validity of an intuitive personality scale: personal responsibility as a predictor of academic achievement[J]. Educational & Psychological Measurement, 47 (4): 1153-1163.

McDonough, M. H. , Ullrich-French, S. , Anderson-Butcher, D. , Amorose, A. J. & Riley,A. 2013. Social responsibility among low-income youth in physical activity-based positive youth development programs: Scale development and associations with social relationships[J]. Journal of Applied Sport Psychology,25(4):431-447.

Middlebrook, K. E. 2010. American Indian adolescents' ethnic identity and school identification:Relationships with academic achievement,perceived discrimination,and educational utility[D]. UC Berkeley: Education.

Miller, J. G. , Bersoff, D. M. & Harwood, R. L. 1990. Perceptions of social responsibilities in india and in the united states: moral imperatives or personal decisions[J]. Journal of Personality & Social Psychology, 58 (1):33-47.

Morishima, Y. , Schunk, D. , Bruhin, A. , Ruff, C. C. & Fehr, E. 2012. Linking brain structure and activation in temporoparietal junction to explain the neurobiology of human altruism[J]. Neuron,75(1):73-79.

Mummendey,A. ,Klink,A. & Brown, R. 2001. Nationalism and patriotism: National identification and out-group rejection [J]. British Journal of Social Psychology,40(2):159-172.

Nakamura, M. & Watanabe-Muraoka, A. 2006. Global social responsibility: Developing a scale for senior high school students in Japan [J]. International Journal for the Advancement of Counseling, 28 (3): 213-226.

Nelissen, R. M. A. 2014. Relational utility as a moderator of guilt in social interactions[J]. Journal of Personality and Social Psychology,106(2): 257-271.

O'connor, M. & Cuevas, J. 1982. The relationship of children's prosocial behavior to social responsibility, prosocial reasoning,and personality[J]. Journal of Genetic Psychology,140(1):33-45.

Ohtsubo, Y. & Yagi, A. 2015. Relationship value promotes costly apology making: Testing the valuable relationships hypothesis from the perpetrator's perspective[J]. Evolution and Human Behavior,36(3): 232-239.

Olney,C. & Grande,S. 1995. Validation of a scale to measure development of social responsibility [ J ]. Michigan Journal of Community Service Learning,2:43-53.

Osgood,J. M. & Muraven,M. 2015. Self-control depletion does not diminish attitudes about being prosocial but does diminish prosocial behavior[J]. Basic and Applied Social Psychology,37(1):68-80.

Osterman,K. F. 2000. Students' need for belonging in the school community [J]. Review of Educational Research, 70(3):323-367.

Parker,G. ,Tupling,H. &. Brown,L. B. 1979. A parental bonding instrument
[J]. British Journal of Medical Psychology,52(1):1-10.

Patterson,G. R. 1986. Performance models for antisocial boys[J]. American
Psychologist,41(4):432-444.

Peluso,T. ,Ricciardelli,L. A. &. Williams,R. J. 1999. Self-control in relation
to problem drinking and symptoms of disordered eating[J]. Addictive
Behaviors,24(3):439-442.

Pervin &. Lawrence, A. 1999. Handbook of personality [M]. NewYork:
Guilford Press.

Pettit,G. S. &. Bates,J. E. 1989. Family interaction patterns and children's
behavior problems from infancy to 4 years [J]. Developmental
psychology,25(3):413-420.

Piff, P. K. , Kraus, M. W. , Côté, S. , Cheng, B. H. &. Keltner, D. 2010.
Having less, giving more: The influence of social class on prosocial
behavior[J]. Journal of Personality &. Social Psychology, 99 (5):
771-784.

Plante,J. A. 1977. A study of future time perspective and its relationship to
the self-esteem and social responsibility of high school students
(Unpublished doctorial dissertation). University of Massachusetts
Amherst,Ann Arbor.

Power, S. , Brown, P. , Allouch, A. &. Tholen, G. 2013. Self, Career and
Nationhood: the Contrasting Aspirations of British and French Elite
Graduates[J]. British Journal of Sociology,64(4):578-596.

Prasertsang, P. , Nuangchalerm, P. &. Pumipuntu, C. 2013. Service learning
and its influence on pre-service teachers: a study of social responsibility
and self-efficacy[J]. International Education Studies,6(7): 144-149.

Preacher,K. J. &. Hayes,A. F. 2004. SPSS and SAS procedures for estimating
indirect effects in simple mediation models [J]. Behavior Research
Methods,Instruments &. Computers,36(4):717-731.

Rachman,S. , Thordarson, D. S. , Shafran, R. , Woody, S. R. 1995. Perceived
responsibility: Structure and significance [J]. Behaviour Research &.
Therapy,33(7):779.

Rich,Y. &. Schachter, E. P. 2012. High school identity climate and student

identity development[J]. Contemporary Educational Psychology, 37(3):
218-228.

Rivers, W. H. R. 1926. The Ethnological Analysis of Culture: Psychology and
Ethnology[M].

Rose, A. J. & Rudolph, K. D. 2006. A review of sex differences in peer
relationship processes: potential trade-offs for the emotional and
behavioral development of girls and boys[J]. Psychological Bulletin, 132
(1): 98-131.

Rosenberg, M. 1965. Society and the adolescent self-image[M]. Princeton,
NJ: Princeton University Press.

Roth, J. & Steffens, M. C. 2014. When I become we: Associative self-
anchoring drives implicit intergroup bias in minimal groups[J]. Social
Psychology, 45(4):253-264.

Rousseau, D. M. , Sitkin, S. B. , Burt, R. S. & Camerer, C. 1998. Not so
different after all: A cross-discipline view of trust [J]. Academy of
management review, 23(3):393-404.

Rubin, K. H. , Bukowski, W. M. & Parker, J. G. 1998. Peer interactions,
relationships, and groups [M]//William Damon, Richard M. Lerner.
Child and Adolescent Development: An Advanced Course. Publisher:
Wiley.

Rubin, M. & Hewstone, M. 1998. Social identity theory's self-esteem
hypothesis: A review and some suggestions for clarification [J].
Personality and Social Psychology Review, 2(1):40-62.

Ryan, R. M. & Deci, E. L. 2000. Self-determination theory and the facilitation
of intrinsic motivation, social development, and well-being[J]. American
Psychologist, 55(1):68.

Sadeghi, A. , Asghari, F. & Mehdi, Y. S. 2014. Relationship between
university students' social responsibility (ussr) and mental health (case
study, the university of guilan, faculty of humanities, Iran ) [ J ].
Mediterranean Journal of Social Sciences, 5(7):504-509.

Schlenker, B. R. , Britt, T. W. , Pennington, J. , Murphy, R. & Doherty,
K. 1994. The triangle model of responsibility[J]. Psychological Review,
101(4):632-652.

Schmid, C. 2012. The value "social responsibility" as a motivating factor for adolescents' readiness to participate in different types of political actions, and its socialization in parent and peer contexts [J]. Journal of Adolescence, 35(3):533-547.

Schubert, A., Holzmann, R., HlavÁ, S., Kulessa, R., Niebur, W. & Simon, R. S., et al. 2009. Contagion and differentiation in unethical behavior: The effect of one bade on the barrel[J]. Psychological Science, 20(3): 393-398.

Sedikides, C. & Brewer, M. B. 2002. Individual, relational and collective self: Partners, opponents, or strangers[M]. London: Psychology Press.

Sedikides, C. & Green, J. D. 2001. Affective influences on the self-concept: Qualifying the mood congruency principle [M]// Joseph P. Forgas. Handbook of affect and social cognition. Erlbaum:145-160.

Singelis, T. M. 1994. The measurement of independent and interdependent self-construal[J]. Personality & Social Psychology Bulletin. 20 (5): 580-591.

Singer, T. & Lamm, C. 2009. The social neuroscience of empathy[J]. Annals of the New York Academy of Sciences, 1156(1):81-96.

Singg, S. & Ader, J. A. 2001. Development of the student personal responsibility scale-10 [J]. Social Behavior & Personality: An International Journal, 29(4):331-335.

Snibbe, A. C. & Markus, H. R. 2005. You can't always get what you want: Educational attainment, agency, and choice[J]. Journal of Personality & Social Psychology, 88(4):703-720.

Starrett, R. H. 1996. Assessment of global social responsibility [J]. Psychological Reports, 78(2):535-554.

Steinberg, L. & Dornbusch, S. M. 1991. Negative correlates of part-time employment during adolescence: Replication and elaboration [J]. Developmental Psychology, 27(27):304-313.

Stephens, N. M., Markus, H. R. & Townsend, S. S. 2007. Choice as an act of meaning: The case of social class[J]. Journal of Personality & Social Psychology, 93(5):814-830.

Such, E. & Walker, R. 2010. Being responsible and responsible beings:

Children's understanding of responsibility[J]. Children & Society, 18 (3):231-242.

Tajfel, H. 2003. Social psychology of intergroup relations[J]. Annual Review of Psychology, 33(1):1-39.

Tan, Y. L. 2013. Does organizational injustice lead to unethical behavior in workplace? The moderating effect of Guanxi [C]// The 19th International Conference on Industrial Engineering and Engineering Management. Springer, Berlin, Heidelberg:1209-1216.

Tangney, J. P. , Baumeister, R. F. & Boone, A. L. 2004. High self-control predicts good adjustment, less pathology, better grades, and interpersonal success[J]. Journal of Personality, 72(2):271-324.

Taylor, S. E. & Sherman, D. K. 2012. Positive psychology and health psychology: A fruitful liaison [M]//P Alex Linley, Stephen Joseph Positive Psychology in Practice, 305-319.

Taylor, S. , Field, T. , Yando, R. , Gonzalez, K. P. , Harding, J. & Lasko, D. , et al. 1997. Adolescents' perceptions of family responsibility-taking[J]. Adolescence, 32(128):969-976.

Thornton, C. H. & Jaeger, A. J. 2008. The role of culture in institutional and individual approaches to civic responsibility at research universities[J]. The Journal of Higher Education, 79(2):160-182.

Twenge, J. M. 2000. The age of anxiety? Birth cohort change in anxiety and neuroticism, 1952-1993[J]. Journal of Personality & Social Psychology, 79(6):1007-1021.

Twenge, J. M. 2001. Changes in women's assertiveness in response to status and roles: A cross-temporal meta-analysis, 1931-1993 [J]. Journal of Personality & Social Psychology, 81(1):133-145.

Twenge, J. M. 2015. Time period and birth cohort differences in depressive symptoms in the U. S. 1982-2013[J]. Social Indicators Research, 121(2): 437-454.

Twenge, J. M. & Charles Im. 2007. Changes in the need for social approval, 1958-2001[J]. Journal of Research in Personality, 41(1):171-189.

Tweng, J. M. 2001. Birth cohort changes in extraversion: A cross-temporal meta-analysis, 1966-1993 [J]. Personality & Individual Differences, 30

(5):735-748.

UNESCO. 1998. Higher education in the twenty-first century: Vision and action[M]. World Conferenc,Paris, 5-9,October,Unesco.

Van Veelen,R. ,Otten, S. ,Cadinu, M. & Hansen, N. 2016. An integrative model of social identification: Self-stereotyping and self-anchoring as two cognitive pathways[J]. Personality and Social Psychology Review, 20 (1):3-26.

Verba,S. 1971. Sequences and development. Crises of Political Development [M]. New Jersey:Princeton University Press.

Watts, R. J. & Flanagan, C. 2007. Pushing the envelope on youth civic engagement:A developmental and liberation psychology perspective[J]. Journal of Community Psychology,35(6):779-792.

Waugh, C. E. & Fredrickson, B. L. 2006. Nice to know you: Positive emotions, self-other overlap, and complex understanding in the formation of a new relationship[J]. The Journal of Positive Psychology, 1(2): 93-106.

Wentzel, K. R. 1991. Social competence at school:Relation between social responsibility and academic achievement [J]. Review of Educational Research,61(1):1-24.

White,K. , Argo, J. J. & Sengupta, J. 2013. Dissociative versus associative responses to social identity threat: The role of consumer self-construal [J]. Journal of Consumer Research,39(4):704-719.

Wilkinson,R. G. 1999. Health,hierarchy,and social anxiety[J]. Annals of the New York Academy of Sciences, 896(1):48-63.

Wilkinson,R. G. & Pickett,K. E. 2007. The problems of relative deprivation: Why some societies do better than others [J]. Social Science & Medicine,65(9):1965-1978.

Willis, J. A. & Goethals, G. R. 2010. Social responsibility and threat to behavioral freedom as determinants of altruistic behavior[J]. Journal of Personality,41(3):376-384.

Wills, T. A. , Duhamel, K. & Vaccaro, D. 1995. Activity and mood temperament as predictors of adolescent substance use: Test of a self-regulation meditational model [J]. Journal of Personality & Social

Psychology，68(5):901-916.

Wills，T. A. , Isasi, C. R. , Mendoza, D. & Ainette, M. G. 2007. Self-control constructs related to measures of dietary intake and physical activity in adolescents[J]. Journal of Adolescent Health,41(6):551-558.

Witt，M. G. & Wood，W. 2010. Self-regulation of gendered behavior in everyday life[J]. Sex Roles,62(9-10): 635-646.

Wong，S. S. H. , Lim，S. W. H. & Quinlan，K. M. 2016. Integrity in and Beyond Contemporary Higher Education:What Does it Mean to University Students[J]. Frontiers in psychology,7:1094

Wray-Lake,L. 2010. The development of social responsibility in adolescence: Dynamic socialization，values， and action[M]. The Pennsylvania State University.

Wray-Lake,L. & Syvertsen, A. K. 2011. The developmental roots of social responsibility in childhood and adolescence[J]. New Directions for Child & Adolescent Development,(134):11-25.

Wraylake，L. , Syvertsen, A. K. & Flanagan， C. A. 2016. Developmental change in social responsibility during adolescence: an ecological perspective[J]. Developmental Psychology,52(1):130-142.

Xin,Z. ,Niu,J. & Chi,L. 2012. Birth cohort changes in Chinese adolescents' mental health[J]. International Journal of Psychology,47(4):287-295.

Yeung,D. Y. ,Fung, H. H. & Lang,F. R. 2008. Self-construal moderates age differences in social network characteristics[J]. Psychology & Aging,23 (23):222-226.

Zhang，Y. & Mittal,V. 2007. The attractiveness of enriched and impoverished options:Culture， self-construal， and regulatory focus[J]. Personality and Social Psychology Bulletin,33(4):588-598.

Zhao，X. S. , Lynch， J. G. ,Jr. & Chen， Q. M. 2010. Reconsidering baron and Kenny:Myths and truths about mediation analysis[J]. Journal of Consumer Research,37(2):197-206.

阿孜古丽·吐尔逊,王贞贞，窦亚兰,戴江红. 2015.新疆某医科院校中外临床专业医学生人际信任调查[J]. 新疆医科大学学报,38(11):1438-1440.

曹文泽. 2012. 全球化背景下大学生社会责任教育的路径探析[J].中国高等教育(8):22-24.

陈碧云,李小平.2008.责任观的中西文化比较研究[J].心理学探新,28(1): 12-15.

陈斌.2010.大学生社会责任感教育存在的问题及优化策略[J].扬州大学学报(高教研究版),14(4):46-49.

陈基越,徐建平,黎红艳,范业鑫,路晓兰.2015.五因素取向人格测验的发展与比较[J].心理科学进展,23(3):460-478.

陈晶.2004.11至20岁青少年的国家认同及其发展[D].武汉:华中师范大学.

陈蓉.2013.大学生社会责任感的实证研究[D].南昌:江西农业大学.

陈思静,马剑虹.2011.第三方惩罚与社会规范激活——社会责任感与情绪的作用[J].心理科学,34(3):670-675.

陈婷,王彬,李书宁.2008.当代大学生社会责任感调查报告——基于对广州市705名大学生的调查.青年探索,(6):23-26.

陈卫东.2016.初中历史课堂教学中对学生社会责任感的培养[J].中国校外教,(19):115-116.

陈武英,卢家楣,刘连启,林文毅.2014.共情的性别差异[J].心理科学进展,22(9):1423-1434.

陈翔,张晓文.2012.大学生共情能力与人际交往的相关研究[J].新疆大学学报(哲学、人文社会科学版),40(6):41-43.

陈艳红,程刚,关雨生,张大均.2014.大学生客观社会经济地位与自尊:主观社会地位的中介作用[J].心理发展与教育,30(6):594-600.

程岭红.2002.青少年学生责任心问卷的初步编制[D].重庆:西南师范大学.

辞海编辑委员会.2009.辞海[M].上海:上海辞书出版社.

辞源修订组.2015.辞源[M].北京:商务印书馆.

崔丽霞,刘娟,罗小婧.2014.社会支持对抑郁影响的中介模型探讨[J].心理科学,37(4):980-984.

崔乃鑫.2010.大学生社会责任感缺失的原因和教育对策[J].现代教育管理(5):111-113.

丁晖.2012.大学生社会适应能力培养研究[D].南京:南京工业大学.

丁甜.2012.大学生学校认同前因及结果的实证研究[D].湘潭:湘潭大学.

丁玉柱.2013.大学生民族文化认同感培育研究[M].武汉:华中师范大学.

丁园园,吕伟,姚本先.2009.大学生人际交往价值观的性别差异研究[J].中国成人教育(15):90-91.

段志光.2000.大学生社会责任感研究中的理论问题探讨(上)[J].山西高等学

校社会科学学报(2):54-56.

冯明,袁泉,焦静.2012.企业员工责任心与绩效结构关系的实证研究[J].科学决策,(1):1-14.

葛陈荣.2013.当代大学生社会责任的转型与重构——基于对广东省部分高校的调查分析[J].黑龙江高教研究,31(6):147-149.

葛金国,吴玲.2012.教师文化通论[M].合肥:安徽大学出版社.

葛金国.2006.校园文化:理论意蕴与实务运作[M].合肥:安徽大学出版社.

顾术英.2012.城乡不同文化背景下的初中生人际关系研究[D].大连:辽宁师范大学.

郭齐勇.2014.文化学概论[M].武汉:武汉大学出版社.

何安明,惠秋平.2015.大学生自我和谐与感恩:物质主义价值观和情绪智力的调节与中介作用[J].教育研究与实验(2):78-83.

何晓丽,王振宏,王克静.2011.积极情绪对人际信任影响的线索效应[J].心理学报,43(12):1408-1417.

洪慧芳,寇彧.2008.用典型相关进一步研究大学生亲社会倾向和亲社会推理的关系[J].心理发展与教育,24(2):113-118.

胡伟,陈世盛,吕勇.2014.高中生人际信任、疏离感和公民责任意识的关系研究[J].心理与行为研究,12(6):795-799.

怀特.1988.文化科学[M].杭州:浙江人民出版社.

黄光国.1985.人情与面子[J].经济社会体制比较(3):55-62.

黄光国.2010.人情与面子:中国人的权利游戏[M].北京:中国人民大学出版社.

黄蔷薇,李丹,徐晓滢.2010.儿童责任心研究的现状与展望[J].心理科学(6):1444-1447.

黄四林,韩明跃,宁彩芳,林崇德.2016.大学生学校认同对责任感的影响:自尊的中介作用[J].心理学报,48(6):684-692.

黄四林,韩明跃,孙铃,尚若星.2016.大学生公正感对其社会责任感的影响——社会流动信念的中介作用[J].北京师范大学学报(社会科学版)(1):68-74.

黄四林,韩明跃,张梅.2016.人际关系对社会责任感的影响[J].心理学报,48(5):578-587.

黄小瑞.2014.社会经济地位的测量指标及合成方法[J].全球教育展望,43(12):82-92.

黄月胜.2006.大学生弱势群体自我认知研究[J].当代青年研究(2):39-42.

贾绪计,王胜男.2009.大学生社会支持个人自尊集体自尊对主观幸福感的影响[J].中国学校卫生,30(4):365-366.

金芳,杨丽珠.2004.儿童责任心研究述评[J].辽宁师范大学学报(社会科学版),27(3):40-43.

金凤仙,程灶火.2015.家庭教养方式与青少年犯罪研究进展[J].中国健康心理学杂志(3):468-472.

金盛华,孙娜,史清敏,田丽丽.2003.当代中学生价值取向现状的调查研究[J].心理学探新,23(2):30-34.

金盛华.2010.社会心理学[M].北京:高等教育出版社.

康丽.2014.幼儿责任心与亲子关系、同伴地位的关系研究[D].济南:山东师范大学.

寇彧,洪慧芳,谭晨,李磊.2007.青少年亲社会倾向量表的修订[J].心理发展与教育,23(1):112-117.

寇彧,马艳,谭晨.2004.大学生亲社会倾向、亲社会推理以及它们的相关模式[J].心理科学,27(2):329-332.

况志华,叶浩生.2007.西方学界关于责任起源的三种构想及其比较[J].教育研究与实验,(4):53-58.

乐国安,赖凯声,姚琦,薛婷,陈浩.2014.理性行动-社会认同整合性集体行动模型[J].心理学探新,34(2):158-165.

雷巧霞.2009.当代大学生社会责任感教育研究[D].上海:华东师范大学.

黎红艳,徐建平,陈基越,范业鑫.2015.大五人格问卷(BFI-44)信度分析——基于信度概括化方法[J].心理科学进展,23(5):755-765.

李春玲.2005.当代中国社会的声望分层——职业声望与社会经济地位指数测量[J].社会学研究(2):74-102.

李宏国,王翔宇,刘永春.2014.基于"三维一体模式"大学生社会责任的培养途径[J].管理观察(34),154-157.

李静,曹琴,胡小勇,郭永玉.2016.物质主义对大学生网络强迫性购买的影响:自我控制的中介作用[J].中国临床心理学杂志,24(2):338-340.

李静,郭永玉.2009.物质主义价值观量表在大学生群体中的修订[J].心理与行为研究,7(4):280-283.

李明,叶浩生.2009.责任心的多元内涵与结构及其理论整合[J].心理发展与教育,25(3):123-128.

李明,叶浩生.2010.责任心的多元文化视角及其理论模型的再整合[J].心理科学,33(3):643-645.

李明,耿进昂.2010.责任意识的社会与文化心理学分析[J].南京师范大学学报(社会科学版)(3):111-115.

李启明,陈志霞.2015.大五人格5个维度及10个面的发展水平——基于我国15～75岁横断样本调查[J].心理科学,38(1):131-138.

李双双,李雪平.2015.大学生主观幸福感变迁的元分析研究[J].心理技术与应用(10):12-17.

李苑静.2014.改革开放以来我国大学生社会责任意识研究的回顾与展望[J].中国成人教育(17):60-62.

梁其贵.2010.对学校责任文化意识的思考[J].河南科技学院学报(6):30-32.

梁漱溟.1935.东西文化及其哲学[M].上海:商务印刷馆.

林崇德,杨治良,黄希庭.2003.心理学大辞典[M].上海教育出版社.

林崇德.1999.教育的智慧:写给中小学教师[M].北京:开明出版社.

林崇德.2009.创新人才与教育创新研究[M].北京:经济科学出版社.

林辉,潘小娆,陈新苗.2015.大学生学校认同、集体自尊与生命愿景关系研究[J].闽南师范大学学报(自然科学版),87(1):120-125.

刘春晖,辛自强,林崇德.2013.主题情境和信任特质对大学生信任圈的影响[J].心理发展与教育,29(3):255-261.

刘广增,胡天强,张大均.2016.中学生人际关系及其与自尊、人际信任的关系[J].中国临床心理学杂志,24(2):349-351.

刘国华,张积家.1997.论责任心及其培养[J].鲁东大学学报(哲学社会科学版)(3):67-72.

刘海涛,郑雪,聂衍刚.2011.大学生社会责任感的发展特点及影响因素[J].宁波大学学报(教育科学版),33(3):35-39.

刘海涛,郑雪.2010.大学生社会责任感与人格关系的研究[J].长春工业大学学报(高教研究版),31(2):89-92.

刘海涛.2006.大学生社会责任心理问卷的编制与特点[J].广州:华南师范大学.

刘佳.2012.大学生社会责任感现状调查与分析——以长春大学为例[J].长春大学学报,22(10):1250-1253.

刘娜.2013.大学生民族文化认同问题研究[D].石家庄:河北师范大学.

刘世宏,李丹,刘晓洁,陈欣银.2014.青少年的学校适应问题:家庭亲密度、家庭道德情绪和责任感的作用[J].心理科学,37(3):617-624.

刘愫.2012.父母教养方式及责任要求对初中生责任心发展的影响[D].北京:北京林业大学.

刘微.2000.当代高中生价值取向调查[J].教学与管理(12):14-16.

刘文婧,许志星,邹泓.2012.父母教养方式对青少年社会适应的影响:人格类型的调节作用[J].心理发展与教育,28(6):625-633.

刘艳,邹泓.2007.自我建构理论的发展与评价[J].心理科学,30(5):1272-1275.

刘艳.2011.自我建构研究的现状与展望[J].心理科学进展,19(3):427-439.

刘毅.2006.英文字根字典[M].北京:外文出版社.

刘有辉,辛自强,明朗.2014.考试制度信任对大学生学业投入意向的影响[J].心理发展与教育(4):380-386.

刘政军,朴勇慧.2009.社会主义核心价值观下的大学生社会责任研究[J].理论界(9):182-183.

卢光莉,陈超然.2004.大学生人际信任状况的研究[J].行政科学论坛,18(2):117-119.

陆雷娜,况志华,李雨霏,凌沁,赵露露.2016.理工院校大学生社会责任感现状与教育对策研究[J].天津大学学报(社会科学版),18(5):451-456.

罗蕾,明桦,田园,夏小庆,黄四林.2018.父母教养方式与大学生社会责任感的关系:自我控制的中介作用及其性别差异[J].心理发展与教育,34(2):164-170.

罗杰,周瑗,陈维,潘运,赵守盈.2016.大五人格测验在中国应用的信度概化分析[J].心理发展与教育,32(1):121-128.

罗香群.2007.大学生责任心问卷的编制与应用研究[D].福州:福建师范大学.

罗竹风.2011.汉语大词典[M].上海:上海辞书出版社.

马林诺夫斯基.2002.文化论[M].北京:华夏出版社.

马志尼.1995.论人的责任[M].北京:商务印书馆.

孟超,张龙.2015.EOS模式:青年大学生社会责任教育的路径[J].广西青年干部学院学报,25(1):43-45.

明朗.2013.制度信任和社会流动信念的特征及其与学业投入的关系[D].北京:中央财经大学.

欧文·拉兹洛.2001.多种文化的星球——联合国教科文组织国际专家小组的报告[M].戴侃,辛未,译.北京:社会科学文献出版社.

潘琪,史冬波,蓝煜昕.2015. 研究生社会责任感的内涵及影响因素研究:以清华大学为例[J]. 研究生教育研究(4):33-39.

庞朴.1988. 文化的民族性与时代性[M].北京:中国和平出版社.

庞朴.2003.文化传统与传统文化[J].科学中国人(4):9-11.

彭定光.2003.论大学生社会责任感的培养[J].现代大学教育(3):41-44.

钱铭怡,肖广兰.1998. 青少年心理健康水平、自我效能、自尊与父母养育方式的相关研究[J].心理科学(6):553-555.

邱俊杰,闵昌运,周艳艳,张锋.2012.人际亲密度对他人风险决策偏好的影响:决策采纳度的调节作用[J]. 应用心理学,18(4):374-382.

任亚辉.2008. 中国传统儒家责任心理思想探究[J].心理学报,40(11):1221-1228.

尚玉慧.2011.当代教育中教师幸福的失落与寻思[J].传承(2):44-45.

邵海英.2014.父母教养方式对中学生问题行为的影响[J].中国健康心理学杂志,22(3):439-441.

石晶,崔丽娟.2014.群体愤怒与群体效能对集体行动的驱动:内在责任感的中介作用[J].心理科学,37(4):412-419.

石墨,石英.2014.内蒙古青年对国家认同状况的分析[J].北京青年研究,23(1):98-105.

石世祥.2009.大学生自我监控、责任感和学习坚持性的相关性研究[D].重庆:西南大学.

舒刚.2014-06-04(2). 核心价值观是一个价值标准[N].北京日报.

宋琳婷.2012.大学生移情、社会责任心与内隐、外显利他行为的关系[D].哈尔滨:哈尔滨师范大学.

泰勒.1992.原始文化[M].上海:上海文艺出版社.

谭树华,郭永玉.2008.大学生自我控制量表的修订[J].中国临床心理学杂志,16(5):468-470.

谭小宏,秦启文.2005.责任心的心理学研究与展望[J].心理科学,28(4):991-994.

谭小宏.2004.中学生责任心问卷的编制[D].重庆:西南师范大学.

滕国鹏,金盛华,刘宏伟.2016.大学生社会公平期望对人际信任的影响——积极信念的中介作用[J].大连理工大学学报(社会科学版),37(4):22-25.

田园,明桦,黄四林,孙铃.2017.2004至2013年中国大学生人格变迁的横断历史研究[J].心理发展与教育,33(1):30-36.

田园.2017.大学生国家认同、自我建构与其社会责任感的关系[D].北京:北京师范大学.

涂薇.2008.威胁条件下内隐、外显自尊对于研究生社会认同影响的实验研究[D].南京:南京师范大学.

王健敏.2001.关爱教育的教学实施模式[J].北京师范大学学报(社会科学版)(3):109-115.

王希平.2011.大学生自我和谐、人际信任与主观幸福感的关系研究[D].保定:河北大学.

王鑫.2012.教师差别行为与中学生学业情绪、学业成绩的关系[D].西安:陕西师范大学.

王兴超,杨继平.2013.道德推脱与大学生亲社会行为:道德认同的调节效应[J].心理科学(4):904-909.

王燕.2003.当代大学生责任观的调查报告[J].青年研究(1):17-22.

王永明,夏忠臣.2012.大学生社会责任感状况的调查报告——基于北方某综合性大学352名大学生的调查[J].潍坊教育学院学报,25(4):42-49.

魏海苓.2014.当代大学生社会责任感特征及影响因素分析——基于广东高校的实证调查[J].现代大学教育(1):80-86.

魏海苓.2016.责任与担当:大学生社会责任感养成机制研究[M].北京:知识产权出版社.

魏进平,刘雪娟,薛玲.2015.我国大学生社会责任感现状及影响因素研究——基于东部十一所高校的调查[J].社会科学论坛(9):221-231.

魏进平,魏娜,张剑军.2015.全国大学生社会责任感调查报告[M].北京:中国书籍出版社.

魏进平,薛玲,魏娜.2016.我国大学生社会责任感年级差异实证研究——基于全国五千余名大学生样本的调查[J].社会科学论坛(2):217-228.

魏进平,杨易.2015.“90后”大学生社会责任感现状调查[J].理论建设(5):96-99.

魏娜.2015.90后大学生社会责任感调查报告[M].北京:知识产权出版社.

魏胜男.2013.公正感对集群行为倾向的影响:愤怒的中介作用[D].青岛:山东师范大学.

吴玲.2006.当代教师文化使命[M].合肥:安徽人民出版社.

吴鹏,刘华山,鲁路捷,田梦潇.2013.青少年网络不道德行为与父母教养方式的关系——道德脱离、责任心、道德同一性的中介作用[J].心理科学,36

(2):372-377.

吴胜涛,王力,周明洁,王文忠,张建新.2009.灾区民众的公正观与幸福感及
　　其与非灾区的比较[J].心理科学进展,17(3):579-587.

习近平.2012-11-29.承前启后、继往开来 继续朝着中华民族伟大复兴目标奋
　　勇前进[EB/OL].新华网.http://www.xinhuanet.com//politics/2012-
　　11/29/c_113852724.htm

习近平.2014-05-05.青年要自觉践行社会主义核心价值观——在北京大学师
　　生座谈会上的讲话[EB/OL].人民网.http://politics.people.com.cn/n/
　　2014/0505/c1001-24973097.html

夏勉,张玉,谢宝国.2015.大学生助人行为两难现象的影响因素及应对策略
　　[J].学习与实践(4):135-140.

肖波.2009.青少年社会责任心问卷编制[D].长沙:湖南师范大学.

肖英艳.2012.当代大学生社会责任感问题研究[D].沈阳:辽宁大学.

谢玮,李锦红,曹军强.2016.以志愿服务为载体的大学生社会责任培养机制研
　　究——基于上海4所高校的实证调查[J].思想教育研究(7):121-125.

辛自强,池丽萍.2008.横断历史研究:以元分析考查社会变迁中的心理发展
　　[J].华东师范大学学报(教育科学版)(2):44-51.

辛自强,辛素飞,张梅.2011.1993至2009年大学生焦虑的变迁:一项横断历史
　　研究[J].心理发展与教育,27(6):648-653.

辛自强,张梅,何琳.2012.大学生心理健康变迁的横断历史研究[J].心理学报,
　　44(5):664-679.

辛自强,周正.2012.大学生人际信任变迁的横断历史研究[J].心理科学进展,
　　20(3):344-353.

徐慧,张建新,张梅玲.2008.家庭教养方式对儿童社会化发展影响的研究综述
　　[J].心理科学,31(4):940-942.

徐玉玲,叶浩生.2007.责任心研究的现状与展望[J].常州工学院学报(社科
　　版),25(3):31-35.

薛婷,陈浩,乐国安,姚琦.2013.社会认同对集体行动的作用:群体情绪与效能
　　路径[J].心理学报,45(8):899-920.

严萍昌.2009.加强与和谐社会相适应的大学生社会责任感教育[J].高教论坛
　　(12):5-8.

阎云翔,徐大慰.2010.社会转型期助人被讹现象的人类学分析[J].民族学刊
　　(2):1-12.

阳萍,刘辉.2014.90 后大学生社会责任感现状与对策研究[J].理论观察(3):
　　149-150.

杨付,王飞,曹兴敏.2010. 薪酬公平感对企业员工责任心的影响——基于国有
　　大中型企业的实证研究[J]. 科学与科学技术管理,31(3):173-178.

杨红君,楚艳民,刘利,刘琴,陈哲,刘文莉,钟爱良.2009. 父母养育方式量表
　　(PBI)在中国大学生中的初步修订[J].中国临床心理学杂志,17(4):
　　434-436.

杨慧芳,刘金花.1997.西方对父母控制模式与儿童自我控制关系的研究[J].心
　　理发展与教育(增刊),13(2):63-65.

杨绍清,朱小茼,薄建柱.2013.大学新生自尊与责任心的相关研究[J].河北联
　　合大学学报(医学版),15(2):148-149.

杨沈龙.2014.不同社会阶层系统公正感的差异及其机制[D].武汉:华中师范
　　大学.

杨宜音.1995. 试析人际关系及其分类[J].社会学研究(5):18-23.

杨中芳,彭泗清.1999.中国人人际信任的概念化:一个人际关系的观点[J].社
　　会学研究(2):3-23.

殷冬水.2016.论国家认同的四个维度[J].南京社会科学(5):53-61.

殷融,张菲菲.2015.群体认同在集群行为中的作用机制[J].心理科学进展,23
　　(9):1637-1646.

于凤杰,赵景欣,张文新.2013.早中期青少年未来规划的发展及其与父母教养
　　行为的关系:行为自主的中介效应[J].心理学报,45(6):658-671.

于建福,于超.2014."正心"乃立德之本[J].中国德育(20):15-18.

虞亚君,张奇勇,周炎根.2014.我国大学生社会责任感 20 年研究综述[J].扬
　　州大学学报(高教研究版),(6):48-51.

翟慎娟,郑淑杰,王玲玉,权子雯.2011.大学生共情与人际关系的特点及其关
　　系[J].徐特立研究:长沙师范专科学校学报,92(2):53-57.

张春妹,周宗奎,Yeh Hsueh.2005.小学儿童的尊重观念及其发展[J].心理科
　　学,28(2):337-341.

张岱年,程宜山.1990.中国文化与文化论争[M].北京:中国人民大学出版社.

张丹凤.2016.社会主义核心价值观引领下的大学生社会责任感培养机制探索
　　[J].教育教学论坛(9):59-60.

张凤凤,董毅,汪凯,詹志禹,谢伦芳.2010. 中文版人际反应指针量表(IRI-C)
　　的信度及效度研究[J].中国临床心理学杂志,18(2):155-157.

张厚粲,龚耀先.2012.心理测量学[M].杭州:浙江教育出版社.

张积家.1998.试论责任心的心理结构[J].教育研究与实验(4):44-45.

张兰君,杨兆兰,马武玲.2006.大学生责任心认知结构与父母教养方式——军校与地方院校大学生比较研究[J].当代青年研究(2):24-26.

张立,毛晋平,张素娴.2009.高中生责任心与父母教养方式的相关研究[J].中国健康心理学杂志,17(11):1362-1365.

张立.2010.高中生责任心及其与父母教养方式、成就目标定向的关系[D].长沙:湖南师范大学.

张莉,申继亮,黄瑞铭,罗曼楠.2011.不同留守时间下儿童公正感的特点及其与主观幸福感的关系[J].心理发展与教育(5):484-490.

张良才,孙继红.2006.山东省高中生责任心现状的调查研究[J].教育学报(4):82-90.

张敏,张林,Jennifer Crocker.2012.中文版一般人际交往目标量表的信度与效度研究[J].中国健康心理学杂志,20(7):1010-1012.

张晓,王莉.2011.城乡儿童自我控制能力的发展及其与问题行为的关系[C].中国心理学会成立90周年纪念大会暨全国心理学学术会议论文摘要集:251-252.

张莹瑞,佐斌.2006.社会认同理论及其发展[J].心理科学进展,14(3):475-480.

赵国祥,王明辉,凌文辁.2004.管理者责任心和工作绩效关系的研究[J].心理科学,27(5):1261-1262.

赵靓.2014.人际关系的差序性对个体共情效果的影响[D].长沙:湖南师范大学.

赵兴奎,张大均.2006a.大学生社会责任心研究现状[J].国家教育行政学院学报,106(10):30-33.

赵兴奎,张大均.2006b.社会责任心研究述评[J].河北师范大学学报(教育科学版),8(5):48-51.

赵兴奎.2007.大学生社会责任心结构及发展特点[D].重庆:西南大学.

赵志裕,温静,谭俭邦.2005.社会认同的基本心理历程——香港回归中国的研究范例[J].社会学研究,(5):202-227.

郑剑虹,曾茂林,范兆雄.2014.大学生学校认同的实证研究及其教育启示[J].教育发展研究(13):119-124.

郑雪莲.2015.西藏大学生中华民族文化认同感培育的价值分析[J].新西部(理

论版)(33):35.

中共中央宣传部.2016.习近平总书记系列重要讲话读本[M].北京:学习出版社、人民出版社.

中国社会科学院语言研究所词典编辑室.2016.现代汉语词典[M].北京:商务印书馆.

钟建安,段锦云.2004."大五"人格模型及其在工业与组织心理学中的应用[J].心理科学进展,12(4):578-583.

周春燕,郭永玉.2013.公正世界信念——重建公正的双刃剑[J].心理科学进展,21(1):144-154.

周浩,龙立荣.2004.共同方法偏差的统计检验与控制方法[J].心理科学进展,12(6):942-950.

周丽萍.2013.试论中国传统文化的基本特征[J].学理论(15):187-188.

朱晨静.2010.当代大学生社会责任感现状分析[J].河北科技师范学院学报(社会科学版),9(1):92-96.

朱秋飞,何贵兵.2011.传统美德认同和责任情境对大学生责任行为倾向的影响[J].应用心理学,17(1):88-94.

庄鸿娟,刘儒德,刘颖.2017.青少年同伴依恋与问题性手机使用的关系:自我建构对孤独感中介作用的调节[J].心理科学,40(1):89-95.

庄华峰,蔡小冬.2015.大学生对中国传统文化的认知现状与对策探究——基于安徽省 W 市 S 大学的调查[J].高校辅导员学刊,7(5):16-21.